"청교도의 책을 읽고 유익을 얻었을 뿐 아니라 더욱 중요하게는 그들의 가르침에 따라 성경을 읽은 사람이 이 책을 썼다. 한 권의 짧은 책으로는 그리스도의 영광스러운 성품을 모두 논하기에 충분하지 않다. 그러나 이 책은 우리가 종종 간과하는 것을 능숙하게 밝혀냈다. 그것은 그리스도의 마음이 온유하고 겸손하며, 수고하고 무거운 짐 진 자들에게 안식을 제공한다는 것이다. 이 책은 목회적인 자상함과 잔잔한 아름다움으로 스물두 개의 성경 구절을 토대로 그리스도의 마음을 입체적으로 밝혀냈다. 이것을 모두 합치면 신자들에게 위로와 힘과 안식을 주는 그리스도의 마음이 생생하게 드러난다."

— D. A. 카슨, 트리니티 에반젤리컬 신학교 신약학 명예교수이자
'복음 연합' 공동 창립자

"저자는 이 시의적절한 책에서 우리의 관심을 다시금 예수님의 인격에 돌리게 만든다. 저자는 성경과 가장 훌륭한 청교도 전통에 근거해 그리스도 안에서 우리에게 나타난 하나님의 마음을 보도록 돕는다. 그는 안식과 위로에 관한 예수님의 약속만이 아니라 예수님에 관한 성경의 핵심적인 가르침, 곧 그분이 친절하고, 은혜로운 왕이시라는 사실을 일깨워준다."

— 러셀 무어, 남침례회연맹의 '윤리 및 종교 자유 위원회' 대표

"이 책의 제목을 읽는 순간, 내 안에서 즉시 열망과 소망과 감사가 솟구쳐 올랐다. 이 책에 담긴 메시지는 내외적인 모든 슬픔이나 죄에 짓눌린 사람들의 마음을 치유하는 향유와도 같다. 이 책은 우리가 아무런 은혜나 위로를 받을 자격이 없다는 생각이 들 때도 오히려 우리를 온유함과 은혜로 대해 주시는 구원자의 은혜로운 위로를 경험해 보라고 권유한다."

— 낸시 데모스 월게머스, 저술가, 'Revive Our Hearts' 라디오 진행자 겸 강사

"이 책이 전하는 아름답고, 충격적인 진리들을 통해 나의 삶이 변화되었다. 저자는 우리의 눈을 들어 죄인들과 고난받는 자들을 긍휼히 여기는 그리스도의 마음을 바라보게 할 뿐 아니라 예수님이 마지못해 구원을 베푸시는 분이 아니라 긍휼을 베풀기를 기뻐하시는 분이라는 사실을 분명하게 보여준다. 이 책은 상처받았거나 지쳤거나 공허하다고 느끼는 모든 사람을 치유하는 향유와 다름없다."

― 마이클 리브스, 영국 옥스퍼드의 유니온 신학교 신학부 학장 겸 교수

"'이미'와 '아직 아니' 사이를 가로지르는 험하고, 거칠고, 종종 어둡기까지 한 길을 지나면서 지칠 대로 지친 우리의 마음에 그 무엇보다 더욱 필요한 것은 그리스도의 마음을 아는 것이다. 그 아름다움만이 우리가 길을 가면서 마주치게 될 모든 추한 것을 압도하는 능력을 지닌다. 나는 이 책보다 더 신중하고, 철저하고, 자상하게 그리스도의 마음을 열어 보여주는 책을 일찍이 읽어본 적이 없다. 마치 위대한 교향곡을 듣는 것처럼, 서로 다른 성경 구절을 통해 다양한 방식으로 뭉클한 감동이 느껴졌지만, 매번 품에 안기는 듯한 축복을 느낄 때마다 이 책이 묘사하고 있는 것이 나의 구원자요 친구요 구속자이신 주님의 마음이라는 것을 분명하게 알 수 있었다. 하나님의 가족 가운데 저자와 같은 재능 있는 안내자의 눈을 통해 예수님의 마음을 들여다보고 큰 도움을 얻지 못할 사람은 아무도 없을 것이다."

― 폴 데이비드 트립, 폴 트립 미니스트리스 대표,
《폴 트립의 은혜 묵상》, 《My Heart Cries Out》 저자

"청교도는 그리스도 중심적인 실천을 추구했다. 그들은 성경을 생명줄로 여겼고, 근육처럼 활용했으며, 방탄복처럼 의지했다. 그들이 스스로를 미워하지 않고 죄만 미워하는 법을 깨달을 수 있었던 이유는 은혜가 항상 존재하시는 그리스도, 곧 우리 자신보다 우리의 필요와 상황을 더 잘 알고 있는 분에게서 비롯하는 것이라는 사실을 이해했기 때문이다. 그들은 우리가 고난받는 이유가 죄 때문이라는 것을 알았다. 저자는 청교도의 보배로운 글들을 능숙하게 다루며 그리스도인들에게 적절하게 제시하고 있다. 이 책을 읽고, 청교도들이 그리스도를 알았던 것처럼 그분을 알게 해달라고 성령님께 기도하라. 그러면 새롭게 되어 완전히 새로운 방식으로 하나님의 은혜를 이해할 수 있을 것이다."

— 로사리아 버터필드, 시러큐스대학교 전직 영어과 교수, 《집 열쇠와 복음》 저자

"'그가 친절할 수 있는 것은 강하기 때문이다.' 이 책의 저자가 신학적인 정확함과 목회적인 마음으로 죄를 짓고 지쳐 허덕이며 절망하는 연약한 영혼들을 향한 하나님의 마음을 묘사한 내용을 생각하면, 이 옛 영화 대사가 아무렇게나 내뱉은 감상적인 말처럼 들리지 않는다. 진실로 이 책의 뛰어난 통찰력은 마치 하나님의 보좌에서 흘러나오는 긍휼의 강수가 과거의 위대한 목회자들을 거쳐 오늘날을 위한 귀하고, 강력한 사역 안으로 흘러 들어오는 듯한 인상을 준다."

— 브라이언 채플, 그레이스 장로교회 담임 목사

"1장을 몇 쪽 읽어보았는데도 이 책이 매우 중요하고, 색다른 책이라는 인상을 받았다. 이 책은 그리스도의 마음에 대한 해설이다. 이 책은 우리

를 향한 그리스도의 사랑이 엄청난 용량과 풍부함을 지니고 있다는 것을 보여줌으로써 우리를 놀라게 한다. 너무 놀라워서 숨이 턱 막히는 동시에 치유의 힘을 느끼게 한다. 이 책은 지금까지 내가 읽은 가장 훌륭한 책 가운데 하나다."

― 샘 올베리, '라비 자카리어스 미니스트리스'의 강사이자 변증학자,
《독신에 관한 일곱 가지 오해》 저자

"저자는 너무나 좋아 사실로 믿어지지 않는 것, 곧 그리스도께서 우리에게 긍휼을 베풀기를 기뻐하신다는 사실에 관해 말했다. 그는 핵심적인 성경 구절들과 옛 성도들의 도움을 받아 이 사실을 주의 깊게 설명했다. 나는 큰 깨우침을 얻었고, 앞으로도 계속해서 많은 깨우침을 얻을 수 있기를 기대한다."

― 에드 웰치, '기독교 상담 교육원'의 교수이자 상담가

"저자는 성육하신 하나님의 마음 속으로 우리를 안내한다. 그는 예수님이 우리를 위해 하신 일만이 아니라 우리에 대해 느끼시는 감정을 보여준다. 그렇다, 주님이 우리에 대해 느끼시는 것 말이다. 성경과 청교도 토머스 굿윈의 가르침에 근거한 이 책은 상한 마음을 치유하는 약이다."

― 마이클 호튼, 캘리포니아 웨스트민스터 신학교 조직신학 및 변증학 교수

"저자는 복음의 핵심인 예수님의 마음을 재발견하도록 도와준다. 이 흥미로운 책은 우리를 향한 예수님의 부드러운 사랑이 얼마나 크고 광대한지를 분명하게 보여준다. 그리스도의 마음 속에 깊이 잠기면 하나님의 사랑의 불길에 의해 우리의 마음이 뜨거워지는 것을 경험할 수 있을 것이다.

저자는 청교도들이 논의하였던 주제들 중에서 그동안 간과되었던 주제를 부담 없이 읽을 수 있는 양으로 작게 나눠 심도 있게 다루었다. 우리는 이 책을 통해 예수님의 사랑이 얼마나 아름다운지 알 수 있다. 이 책은 우리의 영혼을 유익하게 한다. 이 책을 강력히 추천한다."

− 폴 밀러, 《일상기도》, 《J-Curve》 저자

온유하고 겸손하니

Gentle and Lowly

Copyright ⓒ 2020 by Dane C. Ortlund
Published by Crossway
a publishing ministry of Good News Publishers
Wheaton, Illinois 60187, U.S.A.

This edition published by arrangement
with Crossway through rMaeng2, Seoul, Republic of Korea.
All right reserved.

This Korean Edition ⓒ 2022 by Reformed Practice Books, Seoul, Republic of Korea.

이 한국어판의 저작권은 알맹2를 통하여 Crossway와 독점 계약한 개혁된실천사에 있습니다.
신 저작권법에 의해 한국 내에서 보호받는 저작물이므로 무단 전재와 무단 복제를 금합니다.

온유하고 겸손하니

지은이 데인 오틀런드
옮긴이 조계광
펴낸이 김종진
초판 발행 2022. 3. 4.
등록번호 제2018-000357호
등록된 곳 서울특별시 강남구 선릉로107길 15, 202호
발행처 개혁된실천사
전화번호 02)6052-9696
이메일 mail@dailylearning.co.kr
웹사이트 www.dailylearning.co.kr

책값은 뒤표지에 있습니다.
ISBN 979-11-89697-32-7

GENTLE and LOWLY

온유하고 겸손하니

죄인과 고난받는 자를 위한 그리스도의 마음

데인 오틀런드

개혁된실천사

우리의 연약함을 잘 아시는 주님,
우리를 아버지처럼 아끼고 보살펴주시며
우리를 손으로 부드럽게 붙드시고
모든 원수로부터 구해주시네.

-1834년, 헨리 라이트

:: 목차

머리말		17
1장	그리스도의 마음	23
2장	행동에서 드러난 예수님의 마음	33
3장	그리스도의 행복	45
4장	동정하실 수 있는 그리스도	55
5장	무식하고 미혹된 자들을 능히 용납하실 수 있는 그리스도	65
6장	우리를 결코 내쫓지 않으시는 예수님	75
7장	우리의 죄는 무엇을 촉발하는가	87
8장	온전히 구원하시는 그리스도	99

9장	대언자이신 그리스도	111
10장	그리스도의 마음의 아름다움	121
11장	그리스도의 감정생활	131
12장	자애로운 친구이신 그리스도	143
13장	성령	153
14장	자비의 아버지	161
15장	하나님의 본성적 사역과 비상한 사역	171
16장	여호와라, 여호와라	183
17장	우리의 길과는 다른 하나님의 길	195
18장	들끓는 창자	205

19장	긍휼이 풍성하신 하나님	215
20장	우리의 율법적인 마음과 그리스도의 너그러운 마음	229
21장	과거에도 우리를 사랑하셨고, 지금도 우리를 사랑하시는 하나님	239
22장	자기 백성을 끝까지 사랑하시는 그리스도	249
23장	그리스도의 마음속에 영원히 간직되어 있는 우리	261

맺는말   273

머리말

이 책의 주제는 그리스도의 마음이다. 그분은 어떤 분이신가? 그분은 참으로 어떤 분이신가? 무엇이 그분에게 가장 자연스러운가? 죄인들과 고난받는 자들을 볼 때 그분 안에서 어떤 마음이 가장 즉각적으로 촉발되는가? 그분에게서 가장 본능적이고, 자연스럽게 흘러나오는 것은 무엇인가? 그분은 어떤 분이신가?

나는 이 책을 낙심한 이들, 절망한 이들, 지친 이들, 환멸을 느낀 이들, 냉소적인 이들, 공허한 이들을 위해 썼다. 나는 이 책을 기진맥진한 이들, 하강하는 에스컬레이터를 연신 달려 올라가는 것 같은 신앙생활을 하는 이들, '어떻게 내가 이런 나쁜 일을 또다시 저지를 수 있었을까?'라고 자책하는 이들을 염두에 두고 썼다. 이 책을 쓴 이유는 우리를 향한 하나님의 인내심이 고갈되어 가고 있다고 의심하는 사람들이 갈수록 늘고 있기 때문이다. 이 책은 하나님이 우리를 사랑하신다는 것을 알고 있지만 그분께 큰 실망을 안겨드리고 만 것은 아닌지 불안해하는 이들, 다른 사람들에게는 그리스도의 사랑에 관해 말하면서도 그분이 우리 자신을 향해서는 속으로 은근히 분개하고 계신 것은 아닌지 염려하는 이들, 우리의 삶이 정비될 수 없을 정도로 엉망이 되고 말았다고 생각하는 이들, 주님께 유용하게

머리말 17

쓰임을 받을 자격이 갈수록 줄어들고 있다고 믿는 이들, 당혹스러운 고통으로 인해 넋이 나간 상태에서 '어떻게 모든 의식을 마비시키는 듯한 이런 어둠 속에서 삶을 계속 유지해 나갈 수 있을까?'를 고민하는 이들, 자신의 삶을 바라보며 하나님이 너무 인색하시다고 결론짓고, 오직 그런 결론에 근거해서만 모든 상황과 경험을 해석하려 드는 이들을 염두에 두고 쓰였다.

간단히 말해, 이 책은 정상적인 그리스도인들, 특히 죄인들과 고난 가운데 있는 이들을 위해 쓰였다. 예수님은 그런 사람들에 대해 어떻게 느끼실까?

이렇게 말하면 어떤 사람들은 눈썹을 치켜뜨며 못마땅한 기색을 드러낼는지도 모른다. 예수님의 감정을 이런 식으로 다루는 것은 그분을 지나치게 인간화하는 것은 아닌가? 다른 각도에서 말하자면, 그리스도의 마음은 삼위일체 교리와 어떻게 조화를 이루는가? 그리스도께서는 성부나 성령께서 우리와 관계를 맺으시는 방식과 다른 방식으로 우리와 관계를 맺으시는가? 그리스도의 인격을 구성하는 가장 중심적인 요소가 무엇인지를 묻는 것 자체가 이미 균형을 잃은 시도가 아닌가? 그분의 마음과 그분의 진노는 어떤 관련이 있나? 그리스도의 마음이 구약성경과 그 안에 묘사된 하나님의 모습과 어떻게 일치할 수 있는가?

이것들은 정당할 뿐 아니라 필요한 질문들이다. 따라서 신학적으로 신중하게 다루어야 한다. 그러나 신학적인 충실함을 유지할 수 있는 가장 안전한 방법은 성경 본문에 충실하는 것이다. 즉 성경이 그리스도의 마음에 관해 어떻게 가르치는지를 묻고, 그분의 마음이 온갖 우여곡절이 뒤따르는 우리의 삶에 어떤 영광스러움을 드러내는지를 생각하는 것이다.

그러나 우리는 성경을 최초로 읽는 사람도 아니고, 가장 현명하게 읽는 사람도 아니다. 교회사를 돌아보면, 하나님이 독특한 은사와 통찰력을 지닌 교사들을 많이 허락하신 것을 알 수 있다. 그들은 목자가 양들을 푸른 풀밭과 맑은 물가로 인도하는 것처럼, 우리 나머지 사람들의 인도자가 되어 그리스도 안에 나타난 하나님이 어떤 분이신지를 일깨워준다. 특히 1600년대의 영국, 곧 청교도 시대는 하나님이 통찰력이 뛰어난 성경 교사들을 집중적으로 허락하셨던 특별한 시기 가운데 하나였다. 아마도 내가 청교도들, 특히 토머스 굿윈을 우연히 발견하지 못했더라면 그리스도의 마음을 다룬 이 책은 세상에 존재하지 않았을 것이다. 굿윈은 다른 누구보다도 내 눈을 더 많이 열어 그리스도 안에 나타나신 하나님의 가장 자연스럽고 중요한 속성이 무엇인지, 곧 그분이 변덕스러운 죄인들을 어떤 식으로 대하는 분이신지를 볼 수 있게 해주었다. 그러나 굿윈을 비롯해 십스나 번연과 같은 다른 청교도들은 원천이라기보다 통로이다. 원천은 성경이다. 그들은 단지 뛰어난 통찰력을 발휘해 우리에게 성경이 하나님에 관해 가르치는 것을 명확하게 보여주었을 뿐이다.

따라서 이 책은 성경 본문이나 청교도 등의 말을 간략하게 인용하고 나서 하나님과 그리스도의 마음에 관한 가르침을 살펴보는 방식으로 전개될 것이다. 구체적으로 말하면, 이사야와 예레미야와 같은 선지자들, 요한과 바울과 같은 사도들, 굿윈과 십스와 번연과 오웬과 같은 청교도들, 에드워즈와 스펄전과 워필드와 같은 사람들의 말에 귀를 기울이면서 그들이 하나님과 그리스도의 마음에 관해 가르친 것을 숙고하는 방식을 따를 생각이다. 핵심 질문은 "그리스도께서는 어떤 분이신가?"라는 것이다. 이 책의 논의는 장을 거듭하면서 자연스레 조금씩 발전해 나갈 테지만, 논리적으로 논증을 펼쳐 나가는 형식이 아닌 그리스도의 마음이라는 하나의 다이아몬드를 여러 각도에서 들여다보는 형식을 취할 것이다.

"그리스도께서 어떤 일을 하셨느냐?"라는 질문을 다룬 좋은 책들은 매우 다양하다. 스토트의 《그리스도의 십자가》,[1] 제프리와 오베이와 색이 공동 저술한 《우리의 허물을 위해 찔리신 그리스도》,[2] 매클라우드의 《십자가에 못 박히신 그리스도》,[3] 패커의 1974년 논문을 비롯해[4] 과거나 현재의 견실한 자료들이 많다. 나는 그리스도께서 하신 일에만 초점을 맞추지 않고, 그분이 어떤 분이신지를 아울러 살펴볼 생각이다. 이 두 문제는 상호 의존적으로 밀접하게 연관되어 있지만, 별개의 문제이기도 하다. 복음은 법적인 사면(이것은 보배롭고 신성한 진리다)을 제시할 뿐 아니라 우리를 그리스도의 마음 속으로 인도한다. 아마도 여러분은 그리스도께서 우리의 모든 죄를 깨끗

---

[1] John R. W. Stott, *The Cross of Christ* (Downers Grove, IL: InterVarsity Press, 1986).

[2] Steve Jeffery, Michael Ovey, and Andrew Sach, *Pierced for Our Transgressions: Recovering the Glory of Penal Substitution* (Wheaton, IL: Crossway, 2007).

[3] Donald Macleod, *Christ Crucified: Understanding the Atonement* (Downers Grove, IL: InterVarsity Press, 2014).

[4] J. I. Packer, "What Did the Cross Achieve? The Logic of Penal Substitution," *Tyndale Bulletin* 25 (1974): 3–45.

하게 씻어주려고 우리를 대신해 죽었다가 다시 살아나셨다는 것은 잘 알고 있을 것이다. 그러나 우리를 향한 그분의 가장 깊은 마음에 대해서는 얼마나 알고 있는지 궁금하다. 단지 우리의 죄를 속량하는 그리스도의 속죄 사역만이 아니라 우리의 죄악을 바라보는 그분의 애끓는 마음을 의식하며 살아가는지 묻고 싶다.

아내는 자신의 남편에 관해 키, 눈동자 색깔, 식습관, 교육, 직업, 집을 가꾸는 솜씨, 가장 친한 친구, 취미, 마이어스-브리그스 성격 유형, 좋아하는 스포츠팀 등, 많은 이야기를 해줄 수 있다. 그렇다면 아내는 남편과 즐겨 찾는 레스토랑에서 식탁을 마주한 채 앉아 있는 남편의 의미심장한 눈빛에 관해서는 무엇을 말해줄 수 있을까? 그 눈빛에는 날이 갈수록 깊어지는 정겨움, 아내와 함께 나누어 온 수천 번의 대화와 주장들, 포옹의 확신을 느낄 만큼 세월이 무르익었다는 암시 등이 담겨 있다. 남편의 눈길은 한순간에 천 마디 말보다 더 분명한 사랑과 보호의 마음을 전달한다. 과연 아내는 자신을 향한 남편의 마음에 대해 다른 사람에게 어떻게 말할 수 있을까?

남편의 말과 행위와 생김새를 묘사하는 것과 그의 마음을 더욱 깊고, 참되게 묘사하는 것은 서로 별개다.

그리스도의 경우도 마찬가지다. 성육신과 속죄를 비롯해 수많은 중요한 교리들을 아는 것과 우리를 향한 그분의 마음을 아는 것은 서로 별개다. 더 깊이 탐구할 문제는 바로 후자다.

그리스도께서는 과연 어떤 분이실까?

1장
그리스도의 마음

"나는 마음이 온유하고 겸손하니"

마태복음 11:29

나의 아버지는 찰스 스펄전이 지적한 사실을 내게 알려주었다. 즉 사복음서(마태복음, 마가복음, 누가복음, 요한복음)에 포함된 89장의 내용 가운데 예수님이 자신의 마음에 관해 말씀하신 구절은 단 한 곳에 불과하다.

    사복음서는 그리스도의 가르침에 관해 많은 것을 알려준다. 그분의 탄생, 사역, 제자들, 다니신 장소들, 기도 습관 등 매우 다양하다. 예수님의 긴 설교도 소개되어 있고, 청중의 반론으로 인해 또 다른 가르침이 더해진 경우도 여러 곳에서 확인된다. 또한, 자신이 구약성경 전체를 이루기 위해 오셨다는 그리스도의 자기 이해에 관해서도 알 수 있고, 부당한 체포, 수치스러운 죽음, 놀라운 부활에 관한 기사도 찾아볼 수 있다. 지난 2천 년 동안, 신학자들은 이 모든 것을 주제로 수많은 책과 글을 썼다.

    그러나 예수님이 우리에게 자신의 마음을 열어 보여주신 구절은 단 한 곳뿐이다. 아마도 이 말씀은 인간이 한 말 가운데 가장 놀라운 말일 것이다. 예수님은 이렇게 말씀하셨다.

"수고하고 무거운 짐 진 자들아 다 내게로 오라 내가 너희를 쉬게 하리라 나는 마음이 온유하고 겸손하니 나의 멍에를 매고 내게 배우라 그리하면 너희 마음이 쉼을 얻으리니 이는 내 멍에는 쉽고 내 짐은 가벼움이라"(마 11:28-30).[1]

하나님의 아들께서 휘장을 걷어내고 자신의 본성을 들여다볼 수 있도록 허락하신 단 한 곳의 성경 구절에서 그분은 '나는 마음이 엄하고 까다로우니'라거나 '나는 마음이 숭고하고 위엄이 있으니'라거나 '나는 마음이 명랑하고 너그러우니'라고 말씀하지 않았다. 그분은 놀랍게도 '나는 마음이 온유하고 겸손하니'라고 말씀하셨다.

처음부터 분명하게 말해 둘 것이 한 가지 있다. 구약이든 신약이든 성경에서 마음heart을 언급할 때, 그것은 우리의 감정 생활에 대해 말하고 있는 것이 아니며 우리가 행하는 모든 것의 발원지에 대해 말하고 있는 것이다. 아침에 잠자리에서 일어나거나 이런저런 생각을 하다가 잠이 드는 행위도 마음이 관장한다. 마음은 동기의 지휘소다. 성경에 따르면, 마음은 단지 우리의 존재의 일부가 아니라 존재의 중추다. 우리의 마음이 우리를 규정하고, 인도한다. 이것이 솔로몬이 "더욱 네 마음을 지키라 생명의 근원이 이에서 남이니

---

1. 마태복음 11장 29절은 독일의 개혁자 필리프 멜란히톤이 좋아했던 성경 구절이다.

라"(잠 4:23)라고 가르친 이유다.[2] 마음에 생명이 달려 있다. 마음은 우리를 인간으로 만들며, 우리의 모든 행위를 이끈다. 마음은 곧 우리의 실체다.[3]

예수님은 자기에게 가장 깊은 동기를 부여하는 것, 곧 자신의 참모습을 드러내는 것을 말씀하셨다. 그분은 자신의 가장 깊은 내면을 보여주셨다. 우리는 그곳에서 온유함과 겸손함을 발견한다.

과연 어느 누가 그런 구원자를 상상이나 할 수 있었을까?

"나는 마음이 온유하고…"

"온유하고"로 번역된 헬라어는 신약성경에서 단 세 차례 사용되었다. 첫 번째는 "온유한 자는 복이 있나니"(마 5:5)라는 팔복의 구절이고, 두 번째는 스가랴서 9장 9절의 예언을 인용해 "그는 겸손하여 나귀를…탔도다"(마 21:5)라고 말한 왕이신 예수님에 대한 말씀이며, 세 번째는 아내들에게 다른 무엇보다 "마음에 숨은 사람을 온유하고 안정한 심령의 썩지 아니할 것"(벧전 3:4)으로 단장하라는 베드로의 권고다. 예수님은 온유하고, 겸손하고, 온순하시다. 그분은 난폭

---

2. 청교도 가운데 한 사람인 존 플라벨은 이 한 구절을 중심으로 한 권의 책을 써서 마음을 옳게 유지하는 방법들을 제시했다. John Flavel, *Keeping the Heart: How to Maintain Your Love for God* (Fearn, Scotland: Christian Focus, 2012).

3. 이런 관점에서 마음에 관한 성경의 가르침을 잘 설명한 내용을 원한다면 다음의 자료를 참조하라. Craig Troxel, *With All Your Heart: Orienting Your Mind, Desires, and Will toward Christ* (Wheaton, IL: Crossway, 2020).

하거나 사납거나 완고하거나 쉽게 분노하지 않으신다. 그분은 세상에서 이해심이 가장 많은 분이시다. 그분의 가장 자연스러운 몸짓은 손가락으로 가리키는 것이 아닌 양팔을 활짝 펼치는 것이다.

"…겸손하니…"

"겸손하니lowly"는 "온유하고"와 짝을 이루어 예수님의 마음에 관한 한 가지 현실을 보여준다. 이 용어(lowly)는 신약성경에서 일반적으로 '겸손하다'(humble)로 번역된다. 예를 들어, 야고보서 4장 6절은 "하나님이 교만한 자를 물리치시고 겸손한humble 자에게 은혜를 주신다 하였느니라"라고 말한다. 그러나 이 헬라어는 신약성경에서 대개 미덕으로서의 겸손이 아닌 삶의 상황의 빈궁함이나 열악함을 가리킨다(구약성경을 헬라어로 번역한 성경에서도 이 용어는 그런 의미로 사용되었다. 이 점은 시편에서 특히 두드러진다). 예를 들어, 예수님을 임신한 마리아가 부른 노래에서 이 용어는 "비천한 자"를 높이신 하나님의 행위를 묘사하는 데 사용되었다(눅 1:52). 바울도 "높은 데 마음을 두지 말고 도리어 낮은 데 처하며"(롬 12:16)라고 말하면서 이 용어를 사용했다. 이처럼, 이 용어는 사회적으로 크게 중요하지 않은 사람들, 즉 사람들에게 환영받지 못하고 외면당하는 이들을 가리키는 데 사용되었다.

예수님이 겸손하다는 말의 핵심은 그분이 누구나 쉽게 접근할 수 있는 분이시라는 것이다. 찬란한 영광과 눈부신 거룩함, 절대적 유일성과 타자성에도 불구하고 예수 그리스도보다 더 쉽게 접근할 수 있는 사람은 인류 역사상 아무도 없었다. 그분께 나가기 위한 전제 조건이나 넘어야 할 장벽은 아무것도 없다. 워필드는 마태복음 11장 29절을 주해하면서 "그분이 이 땅에서 살면서 남기신 인상들 중에서 고귀한 겸손의 태도보다 제자들의 의식 속에 더 깊이 각인된 인상은 없다."고 말했다.[4] 예수님께 나와 그분을 끌어안는 데 방해가 되는 최소한의 요건은 너무나도 단순하다. 그것은 그분을 향해 우리 자신을 여는 것이다. 이것이 그분이 요구하시는 전부다. 마태복음 11장 28절은 예수님과 교제를 나눌 수 있는 자격을 지닌 사람들이 누구인지를 분명하게 밝혔다. 그들은 다름 아닌 "수고하고 무거운 짐 진 자들"이다. 짐을 제거하거나 마음을 차분하게 가라앉히고 나서 예수님께 나갈 필요가 없다. 짐을 진 상태 그대로 나아갈 수 있다. 아무런 대가도 요구하시지 않는다. 그리스도께서는 "내가 너희를 쉬게 하리라"라고 말씀하셨다. 그분의 안식은 거래가 아닌 선물이다. 삶을 평온하게 만들기 위해 능동적으로 힘써 노력하든("수고하고"), 우리의 통제를 벗어난 일로 인해 수동적으로 무겁게 짓눌리든 ("무거운 짐 진"), 예수님은 우리가 폭풍우 속에서 빠져나와 안식을 누리기를 우리 자신보다도 더욱 간절히 바라신다.

주님 자신이 증언하신 대로, 그분의 마음은 "온유하고 겸손하다." 이것이 그분의 실체다. 그분은 자상하고, 개방적이며, 너그럽고, 포

---

4. B. B. Warfield, *The Person and Work of Christ* (Oxford, UK: Benediction Classics, 2015), 140.

용적이며, 이해심이 많고, 친절하시다. 만일 누군가가 예수님이 어떤 분이신지 한 가지만 말해보라고 할 때 '그분은 겸손하고 온유하신 분이십니다.'라고 대답한다면, 예수님의 가르침을 존중하는 대답이 될 것이다.

만일 예수님이 자신의 개인적인 웹사이트를 운영하고 계신다면 '자기소개'에서 가장 두드러져 나타나는 글귀는 '나는 마음이 온유하고 겸손합니다.'일 것이다.

———

물론, 예수님이 무차별적으로 누구에게나 다 그런 분이신 것은 아니다. 그분은 자기에게 나아오는 자들, 자신의 멍에를 멘 자들, 자기에게 도움을 부르짖는 자들에게만 그런 태도를 보이신다. 예수님은 본문의 말씀을 하기 전에 회개하지 않은 자들을 향해 "화 있을진저 고라신아 화 있을진저 벳새다야…내가 너희에게 이르노니 심판 날에 소돔 땅이 너보다 견디기 쉬우리라"(마 11:21, 24)라고 말씀하셨다. '온유하고 겸손하다'는 것이 '감상적이고 허황되다'라는 뜻은 결코 아니다.

그러나 회개한 사람에 대해서는 어떤 죄나 약점이나 불안이나 의심이나 근심이나 실패가 있더라도 예수님은 온유한 마음으로 부드럽게 감싸주신다. 겸손과 온유는 예수님이 이따금 한 번씩 보이시는 태도가 아니다. 온유는 그분의 본질이자 마음이다. 우리가 우리의 눈동자 색깔을 바꿀 수 없는 것처럼, 그분도 자기 백성을 온유하게 대하는 태도를 바꿀 수 없으시다. 눈동자 색깔은 우리의 실체다.

신앙생활에는 많은 수고와 고난이 뒤따르기 마련이다(고전 15:10, 빌 2:12-13, 골 1:29). 예수님도 복음서에서 이 점을 분명하게 밝히셨다 (마 5:19-20, 18:8-9). 그분은 마태복음 11장에서 '육체의 안식'이 아닌 '영혼의 안식'을 약속하셨다. 그러나 모든 그리스도인의 수고는 살아 계시는 그리스도와의 교제 안에서 이루어진다. 그분의 가장 뛰어난 본질적 속성은 온유와 겸손이다. 그분은 무한한 친절로 우리를 놀라게 하고, 또한 지탱하신다. 이 온유한 친절을 더욱 깊이 경험해야만 신약성경이 요구하는 기독교적인 삶을 살 수 있다. 그리스도의 마음에서 우러나오는 친절을 받아들여야만 어디를 가든지 천국의 향기를 남길 수 있고, 언젠가는 너무나 위대해 우리 안에만 가두어 놓을 수 없는 이 거룩한 친절을 어렴풋하게나마 발현함으로써 세상을 놀라게 할 수 있다.

친절의 개념은 본문 안에서 발견된다. "내 멍에는 쉽고"라는 말씀에서 '쉽고'로 번역된 용어는 주의를 기울여 이해해야 할 필요가 있다. 예수님은 삶이 고통이나 시련으로부터 자유롭다고 말씀하지 않으셨다. 이 용어는 다른 곳에서 '친절'로 번역되었다. 예를 들어, 에베소서 4장 32절은 "서로 친절하게 하며 불쌍히 여기며"라고 말씀한다(롬 2:4 참조). 예수님이 말씀하신 것에 주목하라. 멍에는 황소에게 지워 농기구를 끌고 밭을 갈게 하는 기구였다. 예수님은 일종의 반어법을 사용해 제자들이 짊어진 멍에가 멍에가 아니라고 말씀하셨다. 그것은 친절의 멍에였다. 그런 멍에를 거부할 사람이 누가 있겠는가? 만일 그런 사람이 있다면 그것은 물에 빠진 사람에게 구명조끼를 입는 짐을 감당해야 한다고 말했을 때, "아뇨. 절대로 그럴 수 없소이다. 여기에서 폭풍우 속에서 물에 빠져 죽어가는 것만으로도 충분히 힘듭니다. 지금 내게 가장 필요하지 않은 것은 몸에 구명조끼라는 가외의 짐을 짊어지는 것이요."라고 소리치는 것과 같다. 사실은 우리가 모두 그런 식이다. 우리는 입으로만 그리스도를 고백할 뿐, 그분의 마음을 이해하지 못하는 탓에 그분과 깊은 교제를 나누기를 싫어하는 경향이 있다.

예수님의 멍에는 친절하고, 그분의 짐은 가볍다. 그분의 멍에는 멍에가 아니고, 그분의 짐은 짐이 아니다. 예수님의 멍에와 그분을 따르는 자들의 관계는 헬륨과 풍선의 관계와 같다. 우리는 예수님의 무한한 친절과 언제라도 쉽게 다가갈 수 있는 접근성 때문에 힘차게 살아갈 수 있다. 그분은 우리가 어려울 때 단지 도움만 베푸는 것이 아니라 우리의 어려움을 함께 짊어지신다. 그분은 언제나 싫어하는 내색 없이 우리를 부드럽게 감싸주신다. 이것이 그분의 마음이다. 예수님은 항상 이런 마음으로 행동하신다.

———

이것은 우리가 직관적으로 생각해 낸 예수 그리스도에 관한 사실이 아니다. 옛 영국의 목회자 토머스 굿윈은 예수님의 말씀에 담겨 있는 실질적인 의미를 이해하도록 도와준다. 그는 이렇게 말했다.

사람들은 그리스도를 본래와 정반대로 생각하는 경향이 있다. 그러나 그리스도께서는 자신을 그런 식으로 생각하지 말고 자기에게 더욱 가까이 다가오도록 이끌기 위해 자신의 속마음을 분명하게 드러내셨다. 우리는 그리스도께서 너무나도 거룩하시기 때문에 죄인들을 엄하고, 까다롭게 대할 뿐 아니라 그들을 용납하지 않으실 것이라고 생각하는 경향이 있다. 그러나 그분은 "그렇지 않다. 나는 온유하다. 온유가 나의 본성이고 기질이다."라고 말씀하셨다.[5]

우리는 세상사를 바라보는 우리의 왜곡된 시각으로 예수님을 똑같이 바라보려고 든다. 인간은 본능적으로 부유할수록 가난한 자들을 멸시하고, 잘 생길수록 못생긴 사람들을 무시하는 법이라고 믿는다. 우리는 신분이 고귀하고 높을수록 불결하고 비천한 사람들을 가까이하기가 어렵다고 생각한다. "예수님은 우리에게 가까이 다가오셔. 그러나 그분은 마지못해 그렇게 하실 뿐이야."라는 것이 우리의 속마음이다. 부활하신 그리스도께서는 하나님이 지극히 높여 장차 모든 무릎으로 그 이름 앞에 꿇게 하실 분이시다(빌 2:9-11). 그분의 눈은 "불꽃 같고," 목소리는 "많은 물소리와 같으며," 입에서는 "좌우에 날 선 검이 나오고," 얼굴은 "해가 힘 있게 비치는 것과 같다"(계 1:14-16). 다시 말해, 예수님은 더할 나위 없이 영광스러운 분이시다. 그분의 광채는 말로 형용하기가 불가능하다. 그것은 이루 형언할 수 없이 장엄하기 때문에 그분의 영광 앞에서는 인간의 모든 말이 다 아무런 쓸모가 없다.

그러나 그리스도의 가장 깊은 마음은 그 무엇보다도 더 온유하고 겸손하다.

---

5. Thomas Goodwin, *The Heart of Christ* (Edinburgh: Banner of Truth, 2011), 63.

굿윈은 이처럼 존귀하고 거룩한 그리스도께서 더러운 죄인들과 고난으로 인해 망연자실해 있는 사람들에게 가까이 다가가기를 주저하지 않으신다고 말했다. 그런 포용이 그분이 즐겨 행하시는 일이다. 그분은 조금도 망설이지 않으신다. 생전 처음 민달팽이를 만지는 어린 소년은 잔뜩 찌푸린 표정으로 조심스럽게 손을 내밀어 그것과 접촉하는 순간, 즉각 혐오감을 드러내며 얼른 손을 뒤로 뺀다. 우리는 예수님이 그런 식으로 우리를 만지실 것이라고 생각하는 경향이 있다. 우리는 굿윈이 말한 대로 부활하신 그리스도께서 우리를 "엄하고 까다롭게" 대하실 것이라고 믿는다.

이것이 우리에게 성경이 필요한 이유다. 우리의 본성적 직관만으로는 우리와 똑같은 하나님을 생각해 낼 수밖에 없다. 성경에 계시된 하나님은 우리의 직관적인 생각을 해체하시며, 무한한 완전과 무한한 온유가 잘 어울려 영광을 발산하시는 그리스도로 우리를 놀라게 하신다. 실로, 그리스도의 완전하심은 그분의 완전한 온유를 포함한다.

이것이 그리스도의 참모습이요, 그분의 마음이다. 예수님이 친히 "수고하고 무거운 짐 진 자들아 다 내게로 오라 내가 너희를 쉬게 하리라 나는 마음이 온유하고 겸손하니 나의 멍에를 매고 내게 배우라 그리하면 너희 마음이 쉼을 얻으리니 이는 내 멍에는 쉽고 내 짐은 가벼움이라"라고 말씀하셨다.

2장
행동에서 드러난 예수님의 마음

"예수께서…큰 무리를 보시고 불쌍히 여기사"

마태복음 14:14

예수님이 마태복음 11장 29절에서 친히 주장한 말을 행동으로 거듭해서 입증해 보이신 사건들이 사복음서 곳곳에 잘 드러나 있다. 그분의 실체와 그분의 행동은 일치한다. 그분은 자신의 실체와 다르게 행동하실 수 없다. 그분의 삶은 그분의 마음을 증명한다.

- 나병 환자가 "주여 원하시면 저를 깨끗하게 하실 수 있나이다"라고 말하자 예수님은 즉시 손을 내밀어 그를 만지며 "내가 원하노니 깨끗함을 받으라"라고 말씀하셨다(마 8:2, 3). 나병 환자의 요청과 예수님의 대답에 사용된 '원하다'라는 용어는 소원이나 바람을 뜻하는 헬라어다. 나병 환자는 예수님의 가장 깊은 소원에 관해 물었고, 예수님은 그를 치유함으로써 자신의 가장 깊은 소원을 드러내셨다.
- 사람들이 중풍병자 친구를 데려오자 예수님은 심지어 그들이

원하는 것을 요구하기도 전에 "그들의 믿음을 보시고 중풍 병자에게…작은 자야 안심하라 네 죄 사함을 받았느니라"라고 말씀하셨다(마 9:2). 그들이 입을 열어 도움을 구하기 전에 예수님이 먼저 확신과 안도의 말씀을 건네셨다.

- "예수께서 모든 도시와 마을에 두루 다니사…무리를 보시고 불쌍히 여기시니 이는 그들이 목자 없는 양과 같이 고생하며 기진함이라"(마 9:35, 36). 예수님은 사람들을 가르치며 그들의 질병을 고쳐주셨다. 의지할 데 없는 무리를 보는 순간, 그분은 즉시 동정심을 느끼셨다.
- 그리스도께서는 사역하는 동안 거듭해서 동정심을 느끼셨다. 그분은 동정심에 이끌려 병자들을 치유하고("예수께서…큰 무리를 보시고 불쌍히 여기사 그 중에 있는 병자를 고쳐 주시니라," 마 14:14), 주린 자들을 먹이고("내가 무리를 불쌍히 여기노라 그들이 나와 함께 있은 지 이미 사흘이매 먹을 것이 없도다," 마 15:32), 군중을 가르치고("예수께서…큰 무리를 보시고…불쌍히 여기사 이에 여러 가지로 가르치시더라," 막 6:34), 사별을 당한 사람들의 눈물을 닦아주셨다("주께서 과부를 보시고 불쌍히 여기사 울지 말라 하시고," 눅 7:13). 인용한 성경 구절들 모두에서 '불쌍히 여기다'로 번역된 동일한 헬라어 단어가 사용되었다. 이 단어는 문자적으로 사람의 창자를 가리킨다. 이것은 사람의 가장 깊은 내면에서 우러나오는 것을 표현하는 고대의 방식이었다. 이런 동정심은 그리스도의 가장 깊은 마음을 여실히 드러낸다.
- 예수님이 슬퍼하며 눈물을 흘리신 사실이 복음서에 두 차례 기록되었다. 두 번 모두 예수님 자신이나 자신의 고통으로 인

한 슬픔이 아니었다. 그것은 다른 대상, 곧 예루살렘(눅 19:41)과 세상을 떠난 나사로(요 11:35)에 대한 슬픔이었다. 그분의 가장 큰 고통은 무엇이었을까? 그것은 바로 다른 사람들의 고통이었다. 무엇이 그분의 마음을 흔들어 눈물까지 흘리게 했을까? 그것은 바로 다른 사람들의 눈물이었다.

- 그리스도께서는 도덕적으로 혐오스러운 자들, 사회적으로 비난을 받는 자들, 용서받을 수도 없고 그럴 자격도 없는 사람들에게 단지 동정을 베푸는 것으로 그치지 않으셨다. 그분은 그들에게 가장 자연스럽게 이끌리셨다. 예수님의 원수들은 그런 그분을 "죄인의 친구"(눅 7:34)로 일컬었다.

사복음서가 예수님을 묘사한 내용을 모두 종합해 살펴보면 무엇이 가장 두드러져 나타날까?

익히 아는 대로, 예수님은 구약성경의 소망과 염원의 성취자였고(마 5:17), 제자들까지도 자신들의 죄를 의식하며 두려워 엎드려 경배하지 않을 수 없을 만큼 거룩하신 분이었으며(눅 5:8), 당시의 율법 학자들을 능가하는 권위를 나타낸 탁월한 교사이셨다(막 1:22). 이런 사실들 가운데 어느 하나라도 부인하면 역사적 정통주의에서 벗어나는 결과가 초래된다. 그러나 사복음서를 읽고 나서 우리의 마음속에서 가장 강하게 울리는 소리, 곧 예수님을 가장 생생하고, 가장 매혹적으로 묘사한 내용이 있다면, 그것은 곧 거룩하신 하나님의 아들께서 아무런 자격도 없지만 진정으로 은혜를 바랐던 이들을 불쌍히 여겨 만져주며, 치유와 포용과 용서를 베푸셨다는 사실일 것이다.

청교도 리처드 십스는 이 사실을 이렇게 묘사했다. "불행한 사람들을 보시면 그분 안에서 창자가 들끓는 듯했다. 그리스도의 은혜와 긍휼의 사역은 그분의 창자에서부터 흘러나왔다." 바꾸어 말해, "그리스도께서는 무슨 일을 하든 사랑과 은혜와 긍휼의 마음으로 하셨다." 십스는 그렇게 말하고 나서 "그분은 창자 속에서 우러나오는 마음으로 그 일을 하셨다."라고 덧붙였다.[1] 복음서가 제시하는 예수님은 단순히 사랑을 베푸는 분이 아니라 사랑 자체이시다. 태양에서 빛줄기가 뿜어져 나오듯, 자애로운 감정이 그분의 가장 깊은 마음속에서 흘러나왔다.

―――

그렇다면 예수님의 엄격한 태도는 어떻게 생각해야 할까?

패커는 "온전한 진리로 위장한 절반의 진리는 완전한 비진리에 지나지 않는다."라고 말했다.[2] 이 말은 성경이 계시하는 그리스도를 논의할 때 특히 중요하다. 교회사에 등장했던 이단들은 성경과 전적으로 다른 그리스도라기보다는 균형을 잃은 그리스도를 제시했다. 초창기의 기독론 논쟁은 하나의 중요한 요소를 제외한 다른 기본적인 기독교 교리들에 대해서는 모두 합의가 이루어진 상태였다. 그 중요한 요소가 때로는 그리스도의 인성일 때도 있었고, 때로는 그분

―――

1. Richard Sibbes, *The Church's Riches by Christ's Poverty*, in *The Works of Richard Sibbes*, ed. A. B. Grosart, 7 vols. (Edinburgh: Banner of Truth, 1983), 4:523.

2. J. I. Packer, A Quest for Godliness: The Puritan Vision of the Christian Life (Wheaton, IL: Crossway, 1990), 126.

의 신성일 때도 있었다. 그리스도의 마음을 논하면서 그분의 진노를 무시할 위험이 없지는 않을까? 혹시 그리스도의 한쪽 측면만을 강조하고, 다른 한쪽 측면은 배제하는 일이 발생하지는 않을까?

우리 가운데 많은 사람에게 이런 위험은 노골적인 이단보다는 좀 더 미묘할 것이 분명하다. 우리는 온전한 정통신학을 표방하면서도 여러 가지 이유에서 예수님의 두 가지 측면 가운데 어느 한쪽에 더 많이 끌릴 수 있다. 우리 가운데는 규칙을 엄격하게 강조하는 환경에서 늘 기준에 미치지 못한다는 자괴감에 시달리며 성장한 사람들이 있을 수 있다. 그런 사람들은 예수님의 은혜와 긍휼에 특별히 마음이 끌리기 마련이다. 또 우리 가운데는 혼란스러울 정도로 자유분방한 분위기에서 성장한 까닭에 그리스도의 명령에 따라 도덕적으로 제한된 삶의 구조와 질서를 강조하는 것이 특별히 매력적으로 느껴지는 사람들이 있을 수 있다. 또한, 삶 속에서 우리의 보호자가 되어야 할 사람들에 의해 오히려 심한 학대를 당한 경험이 있는 사람들은 천국과 지옥의 정의와 응보가 이루어져 모든 잘못을 바로잡아 주기를 갈망할 가능성이 크다.

상황이 이러한데 사랑이 넘치는 그리스도의 마음에 초점을 맞춰 생각할 때, 하나님의 온전하신 뜻을 건전하게 이해할 수 있고, 포괄적이고 균형 잡힌 시각으로 그리스도를 바라볼 수 있으리라고 어떻게 확신할 수 있을까?

이와 관련해 세 가지 요점을 분명하게 밝혀둘 필요가 있다. 첫째, 그리스도의 진노와 긍휼은 한쪽이 기울면 다른 한쪽이 올라가는 시소처럼 서로 상충되지 않는다. 우리의 안팎에 있는 악에 대한 그리스도의 의로운 분노를 더욱 올바로 이해할수록 그분의 긍휼도 더욱 올바로 이해할 수 있다.

둘째, 그리스도의 마음을(그리고 구약성경이 묘사하는 하나님의 마음을) 논할 때, 우리는 진노가 몇 %이고, 긍휼이 몇 %라는 식으로 비율을 정하려고 해서는 안 된다. 그리스도의 마음은 그리스도의 마음일 뿐이다. 그리스도의 마음을 논한다는 것은 그분의 여러 속성 가운데 다른 것들을 제쳐놓고 어느 하나를 논하는 것이 아니다. 우리는 그분의 가장 심원한 실체가 무엇인지를 탐구하는 것일 뿐이다. 바꾸어 말하면, "그분에게서 가장 자연스럽게 흘러나오는 것이 무엇인가?"라는 물음을 묻는 것이다.

셋째, 우리는 단지 죄인들과 고난받는 자들을 사랑하시는 그리스도의 마음에 관한 성경의 증언을 추적할 따름이다. 다시 말해, 성경이 그리스도를 불균형하게 묘사하는 것 같으면 우리도 불균형하게 말할 수밖에 없다. 인위적으로 '균형을 맞추는 것'보다는 성경을 따르는 것이 더 낫다.

논의를 진행하는 동안, "그리스도의 마음과 그분의 행동, 곧 그분의 마음과 어울리지 않는 것처럼 보이는 성경의 진술을 어떻게 조화시킬 것인가?"라는 물음을 계속 생각할 것이다. 그러나 항상 위에서 말한 세 가지 요점을 염두에 두어야 한다. 사랑이 넘치는 그리스도의 마음은 아무리 높이 기리고, 아무리 많이 과장해도 지나치지 않다. 그분의 마음은 다 측량하기가 불가능하다. 그러나 우리는 이 진리를 무시하거나 쉽게 잊을 때가 많다. 우리가 이 진리에서 얻어내는 유익은 너무나도 적다. 우리는 그리스도의 마음을 논할 때 결코 그분의 엄격한 태도를 등한시하지 않을 것이다. 예수님의 가장 놀라운 측면이 무엇인지를 탐구하는 동안, 우리의 유일한 목표는 성경 자체의 증언을 따르는 것이다.

만일 예수님의 행동이 그분의 가장 심원한 모습을 보여준다면 그분이 타락한 세상의 문제를 해결하기 위해 오셨고, 그것이 그분을 가장 강력하게 이끄는 힘이었다고 결론지을 수밖에 없을 것이다.

―――

이것은 예수님이 자애롭고, 은혜롭고, 사랑이 풍성하시다는 말보다 훨씬 더 깊은 의미를 지닌다. 사복음서에 축적된 증언에 따르면, 예수님은 자신의 주변에서 타락한 세상의 모습을 보실 때마다 깊은 동정심(그분의 가장 자연스러운 본능)을 느끼고 죄와 고난을 해결하기 위해 움직이셨다. 그분은 타락한 세상을 외면하지 않으셨다.

이런 사실을 살펴보는 한 가지 방법은 정결과 불결에 관한 구약 성경의 율법을 고려하는 것이다. 성경적인 관점에서 이 율법은 물리적인 위생이 아닌 도덕적 정결을 다룬다. 이 둘을 완전히 떼어놓을 수는 없지만 일차적인 의미는 도덕적 정결에 있다. 불결함을 없애기 위해 목욕을 한 것이 아니라 희생제사를 드렸다는 것이 그 명백한 증거다(레 5:6). 구약 시대의 유대인들은 도덕적 정결을 회복하기 위해 다양한 불결의 원인과 희생제사를 다룬 정교한 체계를 따랐다. 이 체계에서 한 가지 특별히 놀라운 사실은 불결한 사람이 정결한 사람과 접촉하면 후자가 불결해진다는 것이었다. 도덕적인 불결은 전염성을 지녔다.

예수님을 생각해보라. 레위기의 율법에 따르면 그분은 지구상에서 가장 정결한 분이셨다. 타락으로 인해 이미 본성적으로 불결한 우리가 이 땅에서 무언가를 잘못 접촉해서 불결해질 것을 두려워하면서 벌벌 떤다면, 예수님은 더더욱 그러시는 것이 당연하다. 그분의 생각과 마음이 얼마나 순결하고, 거룩하고, 깨끗한지는 감히 짐작조차 할 수 없다. 그분의 단순함과 결백함과 사랑스러움은 상상을 초월한다.

그런데 그리스도께서는 불결한 사람을 보았을 때 어떻게 하셨을까? 창기와 나병 환자들과 마주쳤을 때 그분은 가장 먼저 어떤 마음이 드셨을까? 그분은 깊은 연민을 느끼셨다. 불쌍히 여기는 마음, 곧 참된 동정심이 그분의 마음속에서 홍수처럼 솟구쳤다. 그리스도께서는 그들과 함께 어울리며 그들을 어루만지셨다. 우리는 신체적 접촉이 얼마나 다정스러운 것인지 잘 알고 있다. 따뜻한 포옹은 따뜻한 인사말만으로는 불가능한 무언가를 느끼게 해준다. 그러나 동정심에서 우러나온 그리스도의 어루만짐에는 그보다 더 깊은 무언가가 담겨 있었다. 그분은 유대교의 체계를 뒤엎으셨다. 깨끗한 예수님이 불결한 죄인을 만지셨지만 그분은 더럽혀지지 않으셨다. 죄인이 깨끗해졌다.

예수 그리스도의 지상 사역의 목표 가운데 하나는 아무 자격 없는 죄인들의 인간성을 되찾아주는 것이었다. 우리는 사복음서에 기록된 기적들이 자연의 질서를 깨뜨렸다고 생각하는 경향이 있다. 그러나 독일 신학자 위르겐 몰트만은 기적은 자연의 질서를 깨뜨린 것이 아니라 회복한 것이라고 지적했다. 우리는 타락한 세상에 너무나

익숙해진 까닭에 질병, 고통, 죽음이 자연스럽게 느껴진다. 그러나 사실 그것들은 타락 후에 끼어든 것들이다.

귀신들을 쫓아내고, 병자들을 고치신 예수님의 행위는 피조 세계에서 파괴의 세력을 내쫓고, 상처를 입어 병들게 된 피조물들을 치유하고 회복하는 의미를 지녔다. 치유를 통해 드러난 하나님의 주권이 피조 세계를 건강하게 회복한다. 예수님의 치유는 자연 세계에서 일어난 초자연적인 기적이 아니었다. 그것은 악마화되어 상하고, 부자연스럽게 된 세상에서 일어난 유일하고, 참된 '자연스러운' 일이었다.[3]

예수님은 세상을 돌아다니며 비인간화된 사람들을 새롭게 인간화하고, 불결한 사람들을 깨끗하게 하셨다. 왜 그러셨을까? 그 이유는 그분의 마음이 그분을 가만히 놔두지 않았기 때문이다. 예수님은 모든 마을에서 슬픔을 목격하셨다. 그분은 어느 곳을 가든 고통과 갈망의 눈빛과 마주치셨다. 그리고 그때마다 깨끗하게 하는 긍휼의 힘을 넓게 펼치셨다. 토머스 굿윈은 "그리스도는 살로 뒤덮인 사랑이셨다."라고 말했다.[4] 한 번 상상해보라. 터미네이터에게서 살을 벗겨내면 기계가 나올 것이다. 그러나 그리스도에게서 살을 벗겨내면

---

3. Jürgen Moltmann, *The Way of Jesus Christ: Christology in Messianic Dimensions*, trans. M. Kohl (Minneapolis: Fortress, 1993), 98. Similarly Graeme Goldsworthy, *The Son of God and the New Creation*, Short Studies in Biblical Theology (Wheaton, IL: Crossway, 2015), 43.
4. Thomas Goodwin, *The Heart of Christ* (Edinburgh: Banner of Truth, 2011), 61.

사랑이 나올 것이다.

동정심이 육신을 입고 세상에 돌아다닌다면 어떤 모습일까? 우리는 궁금해할 필요가 없다.

예수님은 세상에 있을 때 그런 모습으로 사셨다. 그렇다면 지금은 어떠실까?

"예수 그리스도는 어제나 오늘이나 영원토록 동일하시니라"(히 13:8)라는 신약성경의 증언을 기억하라. 나사로의 무덤에서 눈물을 흘리신 예수님이 외로움 속에서 절망하는 우리와 함께 슬퍼하신다. 손을 내밀어 나병 환자들을 만져주신 예수님이 오해와 배척을 당하는 우리를 팔로 감싸주신다. 더러운 죄인들에게 다가가 그들을 깨끗하게 하신 예수님이 우리의 영혼 속에 다가오셔서 불가항력적인 강력한 정결의 능력을 베풀어 반신반의하는 태도로 긍휼을 구하는 우리의 미지근하고 불완전한 탄원에 응답하신다. 그분은 그렇게 하실 수밖에 없는 마음을 지니고 계신다.

그리스도께서는 지금 하늘에 계시지만 그분의 마음은 이 땅에서 멀리 떨어져 있지 않다. 그분은 지금 자신의 영을 통해 모든 일을 행하고 계신다. 이 책 13장에서 그리스도의 마음과 성령의 관계를 자세히 살펴보겠지만, 여기에서는 그리스도께서 성령을 통해 우리를 만져주실 뿐 아니라 우리 안에 거하신다고 말하는 것으로 족할 듯하다. 신약성경은 신자와 그리스도의 연합에 대해 가르친다. 신자와 그리스도의 연합은 매우 긴밀하다. 신자가 그리스도의 몸의 지체로 불릴 정도이다(고전 6:15, 16). 지금 예수 그리스도께서는 과거에 세상에 있을 때 죄인들과 고난받는 자들과 접촉하며 대화를 나누셨을 때보다 우리와 더 가까우시다. 성령을 통해 그리스도의 마음이 물리적인 포옹보다 더 강하고, 친밀한 포옹으로 우리를 감싼다. 그분이 육체로 거하면서 하셨던 행동들은 그분의 마음을 여실히 드러낸다. 그분은 그와 똑같은 마음과 방식으로 우리를 대하신다. 그 이유는 우리가 그분의 몸이기 때문이다.

3장
그리스도의 행복

"그는 그 앞에 있는 기쁨을 위하여"

히브리서 12:2

토머스 굿윈은 "그리스도의 기쁨, 위로, 행복, 영광은 ……를 통해 더 증대되고 커진다."라고 말했다.

이 문장을 어떻게 완성하고 싶은가?

이에 대해 성경적으로 대답할 수 있는 방법은 매우 다양하지만, 그리스도를 일차원적으로만 묘사해 다른 것들은 무시한 채 한 가지만을 강조하지 않도록 주의해야 한다. 제자들이 모든 것을 버리고 예수님을 따르겠다고 말할 때 그분이 기뻐하신다거나(막 10:28), 신자들이 적은 일에 충실함으로써 많은 것에 충실할 수 있는 준비를 갖추었을 때 그리스도께서 기뻐하신다거나(마 25:21, 23) 성부께서 지적으로 뛰어난 사람들보다 어린아이와 같은 사람들 안에서 거룩한 진리를 나타내실 때 그분이 기뻐하신다고 말하는 것(눅 10:21)은 모두 틀린 대답은 아닐 것이다.

그러나 우리가 그리스도를 생각할 때 망각하기 쉬운 성경적 진리가 또 하나 있다. 그리스도인들은 그리스도의 말씀을 듣고, 복종하면 그분을 기쁘시게 할 수 있다는 것을 직관적으로 알고 있다. 그러나 그리스도의 마음과 기쁨이 우리의 약점과 실패와 관련이 있다면 어떻게 될까?

굿윈은 자신의 문장을 이렇게 완성했다. "그리스도 자신의 기쁨, 위로, 행복, 영광은 여기 세상에 있는 자신의 지체들에게 은혜와 긍휼을 베풀고, 그들을 용서하고, 안심시키고, 위로하시는 일을 통해 더 증대되고 커진다."[1]

어떤 인정 많은 의사가 전염병으로 고통받는 원시 부족을 치료하기 위해 정글 깊숙한 곳으로 들어갔다. 그는 자신의 의료 장비를 비행기에 싣고 왔고, 문제를 정확하게 진단했으며, 항생제를 준비했다. 그는 충분히 부자였기 때문에 어떤 종류의 경제적 보상도 바라지 않았다. 그러나 그가 도움을 제공하려고 하자 고통받는 사람들이 이를 거부했다. 그들은 스스로 자신들을 돌보기를 원했다. 그들은 자신들의 방법으로 병을 치료하고 싶어했다. 마침내 몇몇 용감한 젊은이들

---

1. Thomas Goodwin, *The Heart of Christ* (Edinburgh: Banner of Truth, 2011), 107. Similarly Sibbes: "We cannot please Christ better than in showing ourselves welcome, by cheerful taking part of his rich provision. It is an honor to his bounty to fall to." Richard Sibbes, *Bowels Opened, Or, A Discovery of the Near and Dear Love, Union, and Communion Between Christ and the Church*, in *The Works of Richard Sibbes*, ed. A. B. Grosart, 7 vols. (repr., Edinburgh: Banner of Truth, 1983), 2:34.

이 앞으로 나와 값없이 제공되는 치료를 받았다.

의사의 심정은 어땠을까?

그는 기쁨을 느꼈다.

그는 병자들이 자기에게 나와서 도움과 치료를 구할 때 기쁨을 느꼈다. 그것이 그가 그곳에 간 목적이었다.

병자들이 낯선 사람들이 아닌 그의 가족이라면 그 기쁨은 훨씬 더 크지 않았겠는가?

우리와 그리스도의 경우도 마찬가지다. 그분은 우리가 고통과 필요와 공허함을 느끼며 새로운 용서를 구할 때 당황하거나 실망하지 않으신다. 그것이 핵심이다. 그분은 치유하기 위해 오셨다. 그분이 고난과 죽음의 공포를 감내하신 이유는 자기 백성에게 무한한 긍휼과 은혜를 베풀기 위해서였다.

그러나 굿윈의 말에는 좀 더 깊은 의미가 담겨 있다. 예수님이 우리가 자신의 긍휼과 은혜를 받기를 원하셨던 이유는 자신의 속죄 사역이 그래야 유효하게 쓰일 수 있어서가 아니었다. 그분이 우리가 자신의 긍휼과 은혜를 받기를 원하셨던 이유는 그것이 곧 그분의 참된 실체였기 때문이다. 그리스도께서 성육신을 통해 우리에게 가까이 다가오신 이유는 그분의 기쁨과 우리의 기쁨이 정비례하기 때문이다. 그분은 긍휼을 베풂으로써 기쁨을 누리고, 우리는 그것을 받음으로써 기쁨을 누린다.

심지어 굿윈은 우리가 도움과 긍휼을 구할 때 우리보다 그리스도께서 더 많은 기쁨과 위로를 느끼신다고까지 말했다. 아내를 사랑하는 남편이 자신이 치유되는 것보다 아내가 치유되는 것에서 더 많

3장 그리스도의 행복 47

은 안도감과 위로를 느끼는 것처럼, 그리스도께서도 자신의 피로 우리의 죄가 깨끗해지는 것을 보실 때 "우리가 느끼는 것보다 더 많은 위로를 느끼신다."[2]

굿윈은 하늘의 중보자이신(즉 하나님과의 교제를 나눌 수 없게 만드는 모든 장애 요인을 없애주시는 분) 그리스도를 생각하면서 이렇게 말했다.

그리스도의 영광과 행복은 그분의 지체들이 그분의 죽음의 효력을 스스로에게 더 많이 적용할 때 더욱 증대되고 커진다. 그들의 죄가 용서받고, 그들의 마음이 거룩해지고, 그들의 정신이 위로를 느낄 때 그분은 자신이 수고한 열매를 보고, 위안을 느끼신다. 그분은 그것을 통해 더욱 영광을 받으시고, 그들 자신보다 그 일로 인해 훨씬 더 큰 기쁨과 즐거움을 얻으신다. 이로 인해 그분의 마음 속에서 세상에 있는 자기 지체들을 향한 사랑과 보살핌이 계속 유지되어, 매 순간 그들을 물로 씻어 새롭게 하는 일이 일어난다.[3]

고통과 당혹감과 죄 가운데서 그리스도께 나와 긍휼과 사랑과 도우심을 구하는 것은 그분의 가장 깊은 열망을 거스르는 것이 아니라 따르는 것이다.

우리는 어려움 속에서 예수님께 나와 도움을 구하거나 죄 가운데 있으면서 긍휼을 구하는 것은 그분의 가치를 떨어뜨리는 것이라

---

2. Goodwin, *Heart of Christ*, 108.
3. Goodwin, *Heart of Christ*, 111–12.

고 생각하는 경향이 있다. 그러나 굿윈은 그렇지 않다고 말했다. 예수님은 "자기 지체들에게 계속해서 선을 행하고, 은혜를 베풀며…그들에게 모든 긍휼과 은혜와 위로와 행복으로 충만하게 하실 뿐 아니라, 그들을 충만하게 함으로써 스스로 더욱 충만해지신다."[4]

사실, 그리스도께서는 참된 하나님이시기 때문에 더 이상 충만해지실 수 없다. 그분은 성부의 영원하고, 불변하는 충만을 공유하신다. 그러나 그리스도께서는 또한 참된 인간이시다. 우리가 그리스도께 나가면 그분의 마음이 메마르는 것이 아니라 오히려 더욱더 충만해진다.

바꾸어 말해, 우리가 뒤로 물러나 어둠 속에 숨어 두려워하며 절망한다면 우리 자신의 위로가 증대될 기회를 놓칠 뿐 아니라, 그리스도의 위로가 증대될 기회도 놓치게 된다. 그분은 이 목적을 위해 사신다. 이것이 그분이 원하시는 일이다. 그분의 기쁨과 우리의 기쁨은 정비례한다.

---

4. Goodwin, *Heart of Christ*, 111. 과거의 또 다른 목회자도 감동적인 어조로 이렇게 말했다. "창으로 내 옆구리를 찌른 그 가엾은 사람을 만나거든, 자기가 찌른 자를 바라보고 슬퍼하며 뉘우친다면 내 가슴에 안길 수 있는 또 다른 길, 더 나은 길이 있다고 말해주라. 그러면 나는 그가 상처를 입힌 내 가슴으로 그를 소중히 안아줄 것이고, 그는 자기가 흘리게 한 피가 그 피를 흘리게 만든 죄를 충분히 속량하고도 남는다는 사실을 알게 될 것이다. 나는 그에게 '내 피를 흘리게 만든 것보다 내 피를 주겠다는 제안을 거부하는 것이 나를 더 고통스럽고 불쾌하게 만든다.'라고 말해주고 싶다." Benjamin Grosvenor, "Grace to the Chief of Sinners," in *A Series of Tracts on the Doctrines, Order, and Polity of the Presbyterian Church in the United States of America*, vol. 3 (Philadelphia: Presbyterian Board of Publication, 1845), 42–43. 이 자료를 내게 알려준 드루 헌터에게 감사한다.

그렇다면 이런 주장은 과연 성경적일까?

히브리서 12장을 생각해보자. 히브리서 12장 2절은 "믿음의 주요 또 온전하게 하시는 이인 예수를 바라보자 그는 그 앞에 있는 기쁨을 위하여 십자가를 참으사 부끄러움을 개의치 아니하시더니 하나님의 보좌 우편에 앉으셨느니라"라고 말한다.

"그 앞에 있는 기쁨," 이것은 무슨 기쁨일까? 십자가 건너편에서 무엇이 예수님을 기다리고 있었을까?

그것은 다름 아닌 자기 백성이 죄 사함을 받는 것을 보는 기쁨이었다.

히브리서의 전체 요지를 생각해보라. 예수님은 대제사장 제도를 종식한 궁극적인 대제사장이셨다. 그분은 마지막 속죄제를 드려 자기 백성의 죄를 완벽하게 덮어주심으로써 그들을 "온전히 구원"하셨다(히 7:25). 히브리서 저자는 위의 인용 구절 끝부분에서 예수님이 하나님의 우편에 앉아 계신다고 말한다. 그는 다른 곳에서 이 말이 무슨 의미인지를 분명하게 밝힌다.

"죄를 정결하게 하시는 일을 하시고 높은 곳에 계신 지극히 크신 이의 우편에 앉으셨느니라"(히 1:3).

"지금 우리가 하는 말의 요점은 이러한 대제사장이 우리에게 있다는 것이라 그는 하늘에서 지극히 크신 이의 보좌 우편에 앉으셨으니"(히 8:1).

"오직 그리스도는 죄를 위하여 한 영원한 제사를 드리시고 하나님 우편에 앉으사"(히 10:12).

이 모든 성경 구절에서 예수님이 하나님의 오른편에 앉으신 것과 제사장이신 그분의 속죄 사역이 서로 연관되어 있는 것을 알 수 있다. 제사장이신 예수님은 하나님과 인간을 연결하는 통로였다. 그분은 하늘과 땅을 새롭게 결합하셨다. 예수님은 자기를 제물로 드린 궁극적인 희생제사를 통해 이 사역을 완벽하게 이루심으로써 자기 백성의 죄를 깨끗하게 씻어 그들을 단번에 정화하셨다. 그분은 자기 백성이 깨끗해질 것이라는 즐거운 희망을 품고 체포, 죽음, 장사, 부활의 과정을 기쁘게 받아들이셨다. 오늘날, 우리가 그리스도의 속죄 사역을 받아들여 그분 앞에 나가 죄 사함을 구하고, 그분과 교제를 나눈다면 예수님의 가장 큰 열망과 기쁨이 이루어지는 셈이다.

이것은 한 사람의 죄인이 회개하면 온 천국이 기뻐한다는 말씀이나(눅 15:7) 제자들이 자신의 사랑 안에 거함으로써 그들의 기쁨과 자신의 기쁨이 충만해지기를 바랐던 그리스도의 말씀(요 15:11, 17:13)과 같은 신약성경의 다른 구절들과 일맥상통한다. 그리스도께서는 우리가 자신의 사랑을 통해 힘을 얻기를 바라신다. 그러나 받을 자격이 없는 사랑을 절실히 필요로 하는 죄인들만이 그렇게 할 자격이 있다. 그분은 우리가 단지 죄 사함을 받는 것으로 만족하지 않으신다. 그분은 우리를 원하신다. 예수님이 자신의 가장 깊은 열망을 어떻게 표현하셨는지 아는가? 그분은 "아버지여 내게 주신 자도 나 있는 곳에 나와 함께 있어…나의 영광을 그들로 보게 하시기를 원하옵니다"(요 17:24)라고 기도하셨다.

―――

그런데도 믿음이 없는 우리는 주저하며 조심스러워한다. 그리스도의 긍휼을 그렇게 무작정 바라는 것은 뻔뻔하고, 파렴치한 행위가 아닐까? 그분께 너무 큰 부담을 지우지 않으려면 신중하고, 합리적이고, 조심스러워야 하지 않을까?

자식이 숨쉬기가 어려운 상태인데 산소 탱크를 신중하고, 합리적인 방식으로 이용하기를 바라는 아버지가 과연 세상에 있을까?

우리의 문제는 성경이 우리를 그리스도의 몸이라고 말씀하는데도 그 말씀을 진지하게 받아들이지 않는 데 있다. 그리스도께서는 머리이시고, 우리는 그분의 지체이다. 머리가 자기 지체를 어떻게 생각할까? 바울 사도는 그리스도께서 우리를 "양육하고 보호하"신다고 말했다(엡 5:29). 그는 그렇게 말하면서 "그리스도께서 교회에게 함과 같이 하나니 우리는 그 몸의 지체임이라"(엡 5:29, 30)라는 말로 그리스도와의 연관성을 분명하게 밝혔다. 우리는 상처 난 신체 부위를 어떻게 돌보는가? 우리는 상처 난 곳을 치료하기 위해 붕대를 감아 보호하고, 시간을 들여 보살핀다. 몸의 지체는 단순히 가까운 친구가 아니라 우리의 일부다. 그리스도와 신자들의 관계도 마찬가지다. 우리는 그분의 일부다. 이것이 부활하신 그리스도께서 자기 백성을 박해하는 자에게 "네가 어찌하여 나를 박해하느냐"(행 9:4)라고 말씀하신 이유다.

예수 그리스도께서 우리가 자신의 풍성한 속죄 사역을 의지하기를 바라는 이유는 자신의 몸이 치유받기를 원하시기 때문이다.

4장
동정하실 수 있는 그리스도

"우리에게 있는 대제사장은 우리의 연약함을 동정하지 못하실 이가 아니요"

히브리서 4:15

청교도들이 책을 쓰는 방식은 성경 한 구절을 철저하게 파헤쳐 마음에 영향을 주는 가르침을 찾아내 그것을 중심으로 2, 3백 쪽의 원고를 쓴 다음 출판업자에게 보내는 것이었다. 토머스 굿윈이 저술한 《그리스도의 마음》The Heart of Christ도 마찬가지였다. 그가 철저히 파헤친 성경 구절은 히브리서 4장 15절이었다.

"우리에게 있는 대제사장은 우리의 연약함을 동정하지 못하실 이가 아니요 모든 일에 우리와 똑같이 시험을 받으신 이로되 죄는 없으시니라."

굿윈의 목표는 낙담한 신자들에게 그리스도께서 지금 하늘에 계시지만 죄인들과 고난받는 자들을 세상에 계실 때와 똑같이 관대하고, 자애롭게 얼싸안으신다는 확신을 일깨워주는 것이었다. 1651년에 출판된 그 책의 겉표지에 표기된 책의 제목은 그런 목표를 분명하게 보여준다. 특히 '하늘에 계시는 그리스도'와 '땅에 있는 죄인들'을 병기하여 두드러져 보이게 한 것에 주목하라.

땅에 있는 죄인들을
향한
하늘에 계시는 그리스도의
마음.
인성을 지닌 채로 지금 영광 중에 계시는
그리스도께서 죄 또는 비참함 등 온갖 종류의
연약함을 짊어진 자신의 지체들을 향해 나타내 보이시는
은혜로운 성품과 자애로운 애정에 대해 탐구하는
논고

위에 표기한 긴 제목을 읽어보면, 굿윈이 말하는 그리스도의 마음이 그분의 '은혜로운 성품과 자애로운 애정'을 의미한다는 것을 분명하게 알 수 있다. 굿윈은 지금 살아서 하늘에 거하시는 부활의 주님이 세상에 계실 때보다 다가가기가 더 어렵게 되셨거나 그분의 동정심이 더 줄어들었거나 하지 않았다는 성경의 명백한 가르침을 독자들에게 상기시켜주려고 노력했다.

굿윈은 머리글을 마무리하고 나서 히브리서 4장 15절을 선택한 이유를 이렇게 설명했다.

내가 이 구절을 선택한 이유는 이 구절이 다른 어떤 성경 구절보다 예수님의 마음을 더 잘 증언하고 있고, 죄인들을 향한 그 마음의 상태와 작용 방식을 정확하게 설명하고 있기 때문이다. 이 구절은 참으로 적절하게 우리의 손을 붙잡아 그리스도의 가슴에 올려놓고, 지금 영광 중에 계시는 이 순간에도 그분의 심장이 어떻게 뛰고 있고, 또 우리를 향한 그분의 애정이 어떠한지를 느낄 수 있게 해준다. 이 구절의 목적은 지금 하늘에서 신자들을 향해 마음을 기울이시는 그리스도를 생각하게 함으로써 온갖 낙심의 요인들을 극복하도록 독려하는 데 있는 것이 분명하다.[1]

친구가 우리의 두 손을 붙잡아 부활하신 주 예수 그리스도의 가슴에 올려놓고, 청진기로 힘차게 뛰는 심장 소리를 듣는 것처럼 그리스도의 가장 깊은 열망과 애정의 기운찬 힘을 느낄 수 있게 한다면 어떤 기분이 들까? 굿윈은 그런 친구를 멀리에서 찾을 필요가 없다고 말한다. 히브리서 4장 15절이 바로 그런 친구에 해당한다.

―――

히브리서 4장 15절의 전체적인 문맥을 잠시 살펴봐야 할 필요가 있다. 그 전후 문맥을 살펴보면 그 구절의 내용을 좀 더 온전하게 파악할 수 있다.

"그러므로 우리에게 큰 대제사장이 계시니 승천하신 이 곧 하나님의 아들 예수시라 우리가 믿는 도리를 굳게 잡을지어다 (왜냐하면) 우리에게 있

---

1. Thomas Goodwin, *The Heart of Christ* (Edinburgh: Banner of Truth, 2011), 48.

는 대제사장은 우리의 연약함을 동정하지 못하실 이가 아니요 모든 일에 우리와 똑같이 시험을 받으신 이로되 죄는 없으시니라 그러므로 긍휼하심을 받고 때를 따라 돕는 은혜를 얻기 위하여 은혜의 보좌 앞에 담대히 나아갈 것이니라"(히 4:14-16).

14절과 16절은 권고의 말씀이다. 전자는 하나님에 관한 교리에 충실하라고 권고하며("우리가 믿는 도리를 굳게 잡을지어다"), 후자는 하나님과 교제를 나누라고 권고한다("은혜의 보좌 앞에 담대히 나아갈 것이니라"). 15절은 "왜냐하면"이라는 접속사로 시작한다(한글 성경에는 접속사가 생략되어 있음—편집주). 이것은 15절이 14절의 근거라는 뜻이다. 16절은 "그러므로"로 시작하는데 이 또한 15절이 16절의 근거라는 뜻이다. 간단히 말해, 15절이 전체 구절의 근거이고, 전후 구절은 15절에서 논리적으로 유도되어 나온다.

근거가 되는 15절은 그리스도와 그분의 백성의 밀접한 관계에 대해 말하고 있다. 우리는 삶이 형통할 때는 직관적으로 예수님이 우리의 곁에 계시면서 도움을 베푸신다고 생각한다. 본문은 그와 반대되는 경우를 언급한다. 예수님이 동정하시는 것은 '우리의 연약함'이다. '동정하다'로 번역된 용어는 '함께'를 뜻하는 접두어와 '고난받는다'를 뜻하는 동사를 결합해서 만든 복합어다. 따라서 동정한다는 것은 안됐다는 마음으로 느끼는 약간의 연민이 아닌 깊은 유대감에서 우러나온 애절한 연민을 의미한다. 이것은 우리 자신의 경험에 비춰보면 부모가 자식에게 느끼는 감정과 가장 비슷하다. 사실, 그리스도의 동정심은 그보다 훨씬 더 강렬하다. 우리가 고통받을 때 예수님도 함께 고통받으신다. 우리가 고난받을 때 그분은 그 고난을 자신의 고난처럼 느끼신다. 물론, 그분의 절대적 신성은 조금도 영향을 받지 않는다. 이 말은 우리의 고통을 생각하는 그분의 마음이 그렇다는 뜻이다. 예수님의 인성은 우리의 고난에 온전히 참여한다.[2] 그분은 자기 백성이 고통받는 것을 보면 사랑의 감정을 억제하지 못하신다.

히브리서 저자는 우리의 손을 잡아 그리스도의 마음 깊은 곳으로 인도해 그분이 조금도 거리낌 없이 자기 백성과 함께하신다는 사실을 보여준다. 그는 2장에서 예수님이 "범사에 형제들과 같이 되셨고," "시험을 받아 고난을 당하셨다"라고 말했다(히 2:17-18. 여기에도 히브리서 4장 15절의 '시험을 받다'를 뜻하는 용어와 똑같은 헬라어가 사용되었다).

그러나 히브리서 4장 15절이 놀라운 이유는 예수님이 고통받는 자기 백성과 그토록 깊은 유대관계를 맺고 계시는 이유를 설명했기 때문이다. 그분은 '우리와 똑같이 시험을 받으셨다.' 예수님이 우리와 그토록 깊은 유대관계를 맺고 계시는 이유는 그분 자신도 직접 고난을 겪으셨기 때문이다. 예수님은 의사가 약을 처방하듯 우리를 시련에서 건져내실 수 있을 뿐 아니라, 똑같은 질병을 앓아본 의사처럼 고난을 겪는 우리와 함께하신다.

예수님은 제우스가 아니시다. 그분은 죄 없는 슈퍼맨이 아닌 죄

---

2. 신성과 구별되는 예수님의 인성을 그분이 고난받는 자기 백성과 깊은 유대감을 느끼는 것에 초점을 맞춰 설명한 내용을 살펴보고 싶으면 다음의 자료를 참조하라. John Owen, *An Exposition of the Epistle to the Hebrews*, in *The Works of John Owen*, vol. 25, ed. W. H. Goold (repr., Edinburgh: Banner of Truth, 1965), 416-28.

없는 인간이셨다. 그분은 부스스한 머리로 잠에서 깨어났고, 사춘기에는 얼굴에 여드름이 났다. 아마도 그분은 〈맨즈 헬스〉와 같은 잡지의 표지 모델에는 절대로 실리지 않을 외모를 지니셨을 것이다(그분은 "우리가 보기에 흠모할 만한 아름다운 것이 없으셨다." 사 53:2). 그분은 보통 사람의 모습으로 보통 사람들에게 왔다. 그분은 목마르고, 배고프고, 멸시받고, 배척받고, 모욕받고, 수치를 느끼고, 당혹스러워하고, 버림받고, 오해받고, 그릇된 비난을 당하고, 숨을 쉴 수 없어 헐떡이고, 고문당하고, 죽임을 당하는 것이 무엇인지를 잘 아셨다. 그분은 또한 외로움이 무엇인지도 잘 알고 계셨다. 제자들이 가장 절실히 필요할 때 그들은 그분을 저버렸다. 만일 예수님이 지금 살아 계신다면 그분이 서른세 살이 되던 해에 트위터 팔로워와 페이스북 친구들이 한 사람도 남지 않고 그분을 등졌을 것이다. 그러나 예수님은 우리를 저버리지 않으신다.

히브리서 4장 15절의 의미를 옳게 이해하려면 "모든 일에"와 "죄는 없으시니라"라는 두 개의 문구를 기밀하게 연관지어 생각해야 한다. 우리의 연약함이란 곧 우리의 삶 전체가 죄로 오염되었다는 뜻이다. 만일 죄가 푸른색이라면 우리는 가끔 푸른색을 말하거나 행하지 않는다. 우리가 말하거나 행하거나 생각하는 것 모두가 푸른색에 오염되었다. 그러나 예수님은 그렇지 않으시다. 그분은 죄가 없으시다. 그분은 "거룩하고 악이 없고 더러움이 없고 죄인에게서 떠나 계신다"(히 7:26-27). 그러나 우리는 "죄가 없으시다"라는 문구의 의미를 조금도 퇴색시키지 않고, 예수님의 무죄하심을 그대로 유지하면서 "모든 일에"라는 문구의 의미를 생각해봐야 한다. 예수님도 강력한 유혹, 혹독한 시련, 당혹스러운 일을 겪으셨다. 그분은 지극히 정결한 분이었기 때문에 우리 같은 죄인들이 느끼는 것보다 훨씬 더 큰 고통을 느끼셨을 것이 분명하다.

―――

우리의 삶을 생각해보자.

관계가 소원해지거나 허무한 감정이 밀려들거나 삶이 우리를 모른 척하거나 공든 탑이 무참히 허물어지거나 감정을 해결할 방법이 없거나 오랜 친구에게서 실망을 느꼈거나 가족에게 배신당하거나 심한 오해를 받거나 유력자에게서 비웃음을 당하는 등, 한 마디로 타락한 세상의 현실에 짓눌려 삶을 포기하고 싶은 생각이 들 때, 우리에게는 그 모든 시험이 어떤 느낌인지를 정확하게 알고 있을 뿐 아니라 우리 곁에서 우리를 안아주는 친구이신 예수님이 계신다. 그분은 우리와 연대하여 우리와 함께하신다.

우리는 삶이 어려워질수록 더 외로워질 것이라고 생각하는 경향이 있다. 우리는 고통 속에 깊이 빠져들수록 더욱 깊은 소외감을 느낀다. 성경은 그런 잘못된 생각을 바로잡는다. 우리의 고통은 예수님이 당하신 고통을 능가할 수 없다. 우리는 결코 혼자가 아니다. 그분은 과거에 누구도 겪어보지 못한 절대적인 소외감을 불러일으키는 슬픔을 느껴보셨기 때문에 오늘날 그 어떤 슬픔도 능히 짊어지실 수 있다.

14절은 예수님이 지금 하늘에 계신다고 말씀한다. 이 말씀은 그분이 우리의 고통과 멀리 떨어진 곳에 계신다는 의미가 아니다. 굿윈은

15절은 "그리스도의 마음이 모든 연약함을 짊어진 죄인들을 볼 때 감정적으로 크게 영향을 받는다는 것을 알게 해준다."라고 말했다.[3] 우리의 고난은 그리스도의 마음속에서 우리의 상상을 초월하는 깊은 감정을 불러일으킨다.

그렇다면 우리의 죄는 어떨까? 예수님이 우리의 가장 예리한 고통, 곧 죄의 수치와 죄책과 관련해 우리와 연대하실 수 없다면 우리는 낙심해야 하는가? 그렇지 않다. 그 이유는 두 가지다.

첫째, 예수님의 무죄하심은 그분이 우리 자신보다 유혹에 관해 더 잘 알고 계신다는 것을 의미하기 때문이다. 루이스는 바람을 마주하고 걷는 사람을 비유로 들어 이 점을 설명했다. 유혹의 바람이 강하게 불면 그 사람은 포기하고 엎드린다. 따라서 그는 10분 뒤에 상황이 어떻게 될지 전혀 알지 못한다. 그러나 예수님은 포기하지 않고 유혹과 시험을 모두 감내했기 때문에 유혹의 힘을 우리 가운데 그 누구보다 더 잘 아신다. 오직 그분만이 유혹에 저항하기 위해 치러야 할 대가를 온전히 아신다.[4]

둘째, 우리의 모든 고난에 동참하시는 분이 거룩하고, 정결한 분이시라는 것에 우리의 유일한 희망이 있기 때문이다. 우리의 죄 없으신 대제사장은 구원이 필요한 분이 아니라 구원을 베푸는 분이시다. 이것이 우리가 그분께 나가 '긍휼하심을 받고 은혜를 얻을 수 있는' 이유다. 그분은 우리와 함께 죄의 구덩이에 빠지지 않으신다. 그

---

3. Goodwin, *Heart of Christ*, 50.
4. C. S. Lewis, *Mere Christianity* (New York: Touchstone, 1996), 126.

분은 우리를 그곳에서 건져내실 수 있다. 그분의 무죄하심이 곧 우리의 구원이다. 지금 우리는 그리스도의 사역을 서서히 살펴보기 시작하는 중이다. 히브리서 4장 15절과 그것을 다룬 토머스 굿윈의 책의 주제는 그리스도의 마음이다. 물론, 16절은 "은혜의 보좌"에 관해 말하지만 15절은 은혜의 마음을 보여준다. 오직 그분만이 우리를 죄의 구덩이에서 건져 올리실 수 있다. 오직 그분만이 구덩이에 내려가서 우리의 짐을 짊어지고 싶어 하신다. 예수님은 우리를 동정하실 수 있다. 그분은 우리와 함께 고난을 받으신다. 굿윈과 동시대인인 존 오웬이 말한 대로, 그리스도께서는 "자신의 마음과 사랑에서 우러나는…도움과 구원을 우리에게 베풀기를 좋아하신다…그분은 우리가 고난과 시련을 겪을 때 동류의식을 느끼며 내적으로 깊은 영향을 받으신다."[5]

우리가 그리스도 안에 있다면, 저 멀리 하늘에서 단지 격려의 말 한마디를 툭 던지는 것만으로는 절대 만족하지 않을 친구를 둔 셈이다. 그분은 거리를 두기를 원하지 않으신다. 그분을 제재할 수 있는 것은 아무것도 없다. 그분의 마음은 우리와 밀접하게 연합되어 있다.

---

5. John Owen, *An Exposition of the Epistle to the Hebrews*, in *The Works of John Owen*, vol. 21, ed. W. H. Goold (repr., Edinburgh: Banner of Truth, 1968), 422.

5장
무식하고 미혹된 자들을
능히 용납하실 수 있는 그리스도

"그가 무식하고 미혹된 자를 능히 용납할 수 있는 것은"

히브리서 5:2

고대 이스라엘에서 왕은 백성들 앞에서 하나님의 대변자였고, 제사장은 하나님 앞에서 백성들의 대변자였다. 왕은 백성들에게 권위를 행사했고, 제사장은 백성들과 유대관계를 맺었다. 히브리서는 예수님이 우리의 대제사장이시라는 것이 무슨 의미인지를 보여준다. 그분이 참된 제사장이시고, 다른 모든 제사장은 그림자요, 예표였다.

이스라엘의 제사장들은 죄인들이었다. 따라서 그들은 백성의 죄뿐만 아니라 자신의 죄를 위해서도 희생제사를 드려야 했다. 이스라엘의 제사장들은 이론상으로는 물론, 실질상으로도 죄인이었다. 구약 시대의 일부 제사장들은 구약성경에서 가장 가증스러운 사람들 가운데 하나였다. 홉니와 비느하스가 그 대표적인 경우다(삼상 1-4장). 오늘날 우리도 고대 이스라엘 사람들 못지않게 제사장이 필요하다. 하나님 앞에서 우리를 대변해줄 누군가가 있어야 한다. 그러나 구약 시대의 제사장들은 때로 너무나 실망스럽고, 악하고, 사나웠다.

우리의 대제사장은 우리의 연약함을 잘 알기 때문에 우리를 깊이 동정하지만 스스로 죄를 지은 적은 단 한 번도 없으시다. 그분의 마음은 자기연민이나 자기도취에 빠지지 않는다. 따라서 그분은 우리를 용납할 수 있는 진정한 대제사장이시다.

―――

우리가 앞 장에서 히브리서 4장 마지막 부분을 살펴보며 생각했던 내용이 히브리서 5장에서도 계속된다. 앞에서 그리스도께서 자기 백성에게 마음을 기울여 그들과 연대하여 그들의 고통과 고난에 참여하신다는 내용을 살펴보았다. 이번에는 히브리서 5장 2절을 중심으로 그분이 자기가 사랑하는 사람들을 어떻게 대하시는지 잠시 생각해볼 계획이다. 히브리서 4장 15절은 그리스도께서 대제사장으로서 무슨 역할을 하시는지를 설명하고, 히브리서 5장 2절은 그 역할을 어떻게 감당하시는지를 보여준다.

그리스도께서는 제사장의 역할을 어떻게 감당하실까?

히브리서 4장 15절의 '능히 용납할 수 있다'는 말은 '부드럽게 대한다'는 뜻이다.

히브리서 5장 2절에서 '용납한다'(영어로는 'deal gently'로서 부드럽게 대한다는 의미임)로 번역된 헬라어는 히브리서 4장 15절의 '동정하다'로 번역된 헬라어와 어근이 같다. 히브리서를 원어로 읽거나 청취한 본래의 독자나 청중은 번역 성경이 미처 표현하지 못한 의미를 쉽게 감지했을 것이 틀림없다. 더욱이 이 두 구절은 헬라어 동사 '두나마이'를 똑같은 형태로 되풀이하고 있을 뿐 아니라('할 수 있다'나 '할 능력이 있다'라고 번역된 문구에서는 이런 사실을 쉽게 발견하기가 어렵다), '연약함'을 반복해서 언급하고 있다(이 점에 대해서는 뒤에서 좀 더 자세히 살펴볼 예정이다). 본래의 청중이 감지했을 이 두 구절의 병행적 의미를 포착할 수 있도록 그 의미를 되살려 다시 번역하면 다음과 같다.

히 4:15 – "두나메논 순파데사이 토이스(동정할 수 있는)"
히 5:2 – "메트리오파데인 두나메논 포이스(용납할 수 있는)"

'-할 수 있는 자'나 '-할 능력이 있는 자'를 뜻하는 '두나메논'이 반복되어 사용된 사실과 밑줄을 그은 대로 두 구절에 사용된 핵심 동사의 어근이 똑같다는 사실에 주목하라. 앞장에서 '순파데사이'가 그리스도께서 우리와 온전한 유대감을 느끼시고, '함께 고난을 받으신다'는 의미라는 것을 살펴보았다. 이 헬라어에서 '동정심'sympathy을 뜻하는 영어 단어가 파생되었다는 것을 기억한다면, 이 용어가 우리가 흔히 생각하는 것보다 훨씬 깊은 의미를 지닌다는 것을 익히 짐작할 수 있을 것이다. 이처럼, 우리의 대제사장이신 예수님이 어떤 식으로 그 직임을 수행하시는지를 설명한 히브리서 5장 2절에서 '메트리오파데인'이라는 용어가 발견된다. 신약성경에서 이 용어가 사용된 곳은 여기 한 곳뿐이다. 이 용어는 본문에 사용된 그대로 '부드럽게 대한다'deal gently라는 뜻이다(한글 개역개정에서는 '용납하다'로 번역됨—편집주). 접두사 '메트리오'는 억제하거나 삼간다는 의미를 지니고, 어근 '파데오'는 분노나 고통을 가리킨다. 결국, 히브리서 5장 2절에는 예수님이 죄인들을 대하실 때 혐오스러워하며 손사래를 치지 않으신다는 개념이 담겨 있는 것으로 보인다. 예수님은 침착하고, 부드럽고, 차분하고, 절제된 태도를 보이신다. 그분은 우리를 부드럽게 대하신다(용납하신다).

───

예수님은 정확히 어떤 사람들을 '부드럽게 대하실까?' 우리는 큰 죄를 지은 죄인들은 좀 더 거친 대우를 받아야 할 테니까 너무 엄청나지 않은 보통의 잘못을 저지른 사람들이 여기에 해당할 것이라고 판단하기 쉽다.

그러나 본문을 주의 깊게 읽어보면 그런 판단이 타당하지 않다는 것을 알 수 있다. 본문은 '그는 무식하고 미혹된 자들을 부드럽게 대하실 수' 있다고 말한다. '무식한 사'와 '미혹된 자'는 가벼운 죄를 지은 두 종류의 죄인을 가리키지 않는다. 이 표현은 모든 죄인을 포함한다는 의미를 지닌다. 구약성경을 살펴보면 기본적으로 두 가지 종류의 죄가 있었다는 것을 알 수 있다(히브리서가 구약성경을 많이 다루고 있다는 점을 기억하라). 그것은 고의적이지 않은 죄와 고의적인 죄, 곧 우발적인 죄와 의도적인 죄다. 민수기 15장에 보면, 부지 중에 지은 죄와 고의로 지은 죄가 분명하게 언급되어 있다(민 16:27-31). 히브리서 저자도 이것을 염두에 두고 말했을 가능성이 크다. 즉, '무식한 자'는 우발적인 죄를 저지른 자를, '미혹된 자'는 고의적인 죄를 저지른 자를 각각 의미하는 것으로 보인다.

따라서 예수님이 '무식하고 미혹된 자를 능히 부드럽게 대할 수 있다(한글 개역개정에는 '용납하다'라는 단어로 번역되어 있음—편집주)'는 히브리서 5장 2절의 말씀은 그분이 자기에게 나오는 죄인들이 무슨 죄를 지었든, 그것이 얼마나 가증스러운 죄든 상관없이 모두를 부드럽게 대하실 수 있다는 뜻이다.[1] 예수님의 부드러운 태도는 죄의 심각한 정도에 달려 있지 않고 죄인들이 그분께 나오느냐 나오지 않느냐에 달려 있다. 우리가 무슨 죄를 지었더라도 그분 앞에 나가면 그분은 우리를 부드럽게 대하신다. 우리가 그분 앞에 나가지 않으면, 그분의 입에서 좌우에 날 선 검이 나오는 것과 같은 혹독한 심판을 받게 될 것이다(계 1:16, 2:12, 19:15, 21). 그분 앞에 나가지 않으면 사자와 같은 사나운 심판을 당하게 될 테지만, 그분 앞에 나가면 양과 같이 부드러운 대우를 받게 될 것이다(계 5:5, 6, 사 40:10, 11). 우리는 이 둘 중 하나를 경험하게 될 것이다. 예수님은 그 누구에게도 중립적이지 않으시다.

이 모든 것이 무슨 의미인지 생각해보자. 죄를 지었을 때는 용기를 내 우리의 잘못을 예수님께 기꺼이 고백해야 한다. 그 이유는 그분이 우리를 어떻게 대해야 할지 잘 알고 계시기 때문이다. 그분은 우리를 거칠게 다루지 않으신다. 그분은 얼굴을 찌푸리며 엄히 꾸

---

1. 오웬은 이에 대해 특별히 정교하게 논증한다. John Owen, *An Exposition of the Epistle to the Hebrews*, in *The Works of John Owen*, vol. 21, ed. W. H. Goold (repr., Edinburgh: Banner of Truth, 1968), 457–61.

짖지 않으신다. 그분은 많은 부모들이 하는 것과는 달리 심한 욕설을 퍼붓지 않으신다. 예수님이 그런 행동을 삼가는 이유는 죄를 심각하게 생각하지 않으시기 때문이 아니다. 그분은 우리의 죄성을 우리 자신보다 훨씬 더 잘 알고 계신다. 우리 자신을 아무리 면밀하게 살피더라도 우리의 부패함에 관한 깨달음은 그야말로 빙산의 일각에 지나지 않는다. 그럼에도 그분이 모든 질책과 분노를 자제하는 이유는 자기 백성을 사랑하는 마음을 지니셨기 때문이다. 히브리서는 예수님이 우리를 꾸짖지 않고 오히려 사랑하신다고 말하는 데 그치지 않고, 그분의 사랑이 어떤 사랑인지를 분명하게 보여준다. 예수님은 높은 곳에서 우리에게 은혜를 베푸는 것으로 만족하지 않고, 그곳에서 내려와 우리와 함께하시고, 우리를 팔로 안아주시며, 우리에게 꼭 필요한 방식으로 우리를 대해 주신다. 그분은 우리를 부드럽게 대하신다(용납하신다).

아마도 지금까지 저술된 히브리서 주석 가운데 가장 중요한 것은 존 오웬의 주석일 것이다. 오웬이 전집을 구성하고 있는 스물세 권의 책 가운데 일곱 권이 히브리서를 한 구절씩 차례로 해설한 것이다.[2] 그는 거의 20년에 걸쳐 이 책들을 저술했다. 첫 번째 책은 1668년에, 마지막 책은 1684년에 각각 출판되었다. 그렇다면 이 위대한 히브리서 주석가는 히브리서 5장 2절을 어떻게 주해했을까? 오웬은 대제사장이 '무식하고 미혹된 자를 부드럽게 대하실 수 있다'는 말

---

2. 배너오브트루스사에서 출간한 책을 말한 것이다. 새롭고 중요한 오웬의 전집 판본이 크로스웨이 출판사에 의해 준비되고 있으며, 이는 30권 이상의 책으로 구성될 것이다.

씀의 의미를 이렇게 설명했다.

자녀를 양육하는 아버지가 시끄럽게 운다는 이유로 젖먹이 자녀를 내버리지 않는 것처럼, 대제사장도 무식하고 미혹되었다는 이유로 가엾은 죄인들을 내치지 않는다…대제사장이 마땅히 그래야 하는 것처럼 예수 그리스도께서도 마찬가지다. 유모나 자녀를 양육하는 아버지가 가엾은 젖먹이의 연약함을 다 참아넘기는 것처럼, 그분은 온유함과 친절함, 인내심과 자제력으로 자기 백성의 연약함과 죄와 도발 행위를 부드럽게 대해 주신다.[3]

젖먹이 자녀를 키우는 사랑 많은 아버지가 시끄럽게 운다는 이유로 사랑스러운 자녀를 밀쳐내지 않는 것처럼, 예수님도 우리를 밀쳐내지 않으신다. 예수님은 우리에게 마음을 기울이신다. 그 무엇도 그분의 사랑을 하늘에만 묶어 둘 수 없다. 그분의 마음은 자애로운 사랑으로 가득 부풀어 있다.

더욱이, 그리스도의 '온유함과 친절함, 인내심과 자제력'은 마치 그분의 가장 큰 즐거움이 다른 곳에 있는 것처럼 그분의 본성에 부수적으로 딸려 있는 것이 아니다. 모든 종류의 죄인들을 부드럽게 대하고, 보살피는 것은 그분의 가장 자연스러운 본성이다. 오웬은 "(그리스도께서) 우리를 대할 때 그분의 본성에 속한 그 어떤 속성보다도 동정심과 인내심과 오래 참음을 더 온전하고, 더 적절하게 나타

---

3. Owen, *Works*, 21:455-56.

내신다."라고 말했다.⁴⁾ 다시 말해, 예수님이 우리를 '부드럽게 대하는' 것은 그분에게 가장 적절하고, 자연스러운 일을 행하시는 것이다.

우리의 깊은 죄성을 고려할 때 예수님이 우리를 내치지 않으신다는 사실은 인내와 온유가 그분의 가장 깊은 욕구이자 기쁨이라는 것을 보여준다. 오웬은 대제사장이신 예수님이 "죄인들을 부드럽게 대하신다는 사실이야말로 신자들을 위한 가장 큰 격려와 위로가 아닐 수 없다. 예수님 안에 이런 성품이 절대적으로 넉넉하게 존재하지 않는다면 그분은 우리 모두를 불쾌하게 여겨 내치셔야 할 것이다."라고 말했다.⁵⁾ 오웬은 옛날식으로 투박하게 말했지만 그의 요지는 분명하다. 우리의 죄성이 너무 깊어 보통 수준의 부드러움으로는 우리를 용납할 수 없지만, 우리의 죄성이 깊은 만큼 그분의 부드러움은 더 깊다.

―――

그렇다면 그 이유는 무엇일까? 예수님은 왜 우리를 부드럽게 대하시는 것일까?

본문은 "자기도 연약에 휩싸여 있음이라"라고 말한다.

이 말씀은 일반적인 대제사장의 특성을 가리킨다. 이 점은 바로 다음 구절에서 분명하게 드러난다. 히브리서 5장 3절은 대제사장도

―――

4. Owen, *Works*, 21:462.
5. Owen, *Works*, 21:454.

자기를 위해 속죄제를 드려야 할 필요가 있다고 말씀한다. 물론, 예수님은 그럴 필요가 없으셨다(히 7:27). 그러나 히브리서 4장 15절이 말하는 대로, 예수님은 죄가 없고, 우리의 연약함을 동정하지만 모든 일에 우리와 똑같이 시험을 받으셨다. 그분은 죄를 짓지 않았지만 모든 것을 경험하며 타락한 세상에서 참된 인간으로 살아가셨다. 그분은 고난과 유혹의 연약함을 비롯해 모든 종류의 인간적 한계를 몸소 경험하셨다(히 2:14-18 참조). 이스라엘의 역사 속에 등장했던 대제사장들은 모두 죄가 있는 상태로 연약했지만, 대제사장이신 예수님은 죄가 없는 상태로 연약하셨다(고후 13:5 참조).

따라서 우리의 생각과는 정반대로 우리의 연약함과 고난과 시험이 크면 클수록 그리스도와 우리의 유대관계는 더욱더 깊어진다. 우리가 고통과 고뇌 속에 깊이 빠져든다면, 그것은 곧 그리스도의 마음에서 멀어지는 것이 아니라 그 안으로 더 깊이 들어가는 것을 의미한다.

그리스도를 바라보라. 그분은 우리를 부드럽게 대하신다. 그것이 그분이 알고 있는 유일한 방식이다. 그분은 모든 대제사장직을 종결지은 궁극적인 대제사장이시다. 우리 자신의 죄에만 관심을 집중하면 안전한 길을 발견할 수 없다. 그러나 대제사장이신 예수님을 바라보면 위험에서 벗어날 수 있는 길을 발견할 수 있다. 우리 자신의 내면만을 바라보면 호된 하늘의 심판을 기대할 수밖에 없지만, 그리스도를 바라보면 그분의 온유하신 태도를 기대할 수 있다.

6장
우리를 결코 내쫓지 않으시는 예수님

"내게 오는 자는 내가 결코 내쫓지 아니하리라"

요한복음 6:37

토머스 굿윈과 존 오웬은 세상에서 가장 좋은 대학에서 훌륭한 교육을 받았던 박학하고, 분석력이 뛰어난 지성인들이었지만 존 번연은 그렇지 않았다. 번연은 교육을 받지 못한 가난한 사람이었다. 세상의 기준에 비춰보면 번연이 인류 역사에 지속적인 영향을 남길 가능성은 전혀 없었다. 그러나 하나님은 구원의 역사 속에서 세상이 주목하지 않는 열외자들을 들어 조용히 중요한 역할을 감당하게 하기를 기뻐하신다. 번연은 문장력은 많이 뒤처지지만, 그리스도의 마음을 독자들에게 열어 보여주는 능력은 굿윈에 비해 조금도 뒤떨어지지 않는다.

번연은 역사상 성경 다음으로 가장 많은 인기를 누려온 책 가운데 하나인 《천로역정》의 저자로 가장 유명하다. 그러나 그는 그 외에도 쉰일곱 권이나 되는 책을 저술했다. 1678년에 저술된 《예수 그리스도께로 나와 환영받으라》*Come and Welcome to Jesus Christ*는 가장 사랑을 많이 받는 책 가운데 하나다. 제목에서 느껴지는 따뜻함이 책의 전체 내용을 대변한다. 번연은 전형적인 청교도 스타일을 사용해 한 구절의 성경 말씀을 중심으로 한 권의 책을 저술했다. 그는 그 구절을 길게 묵상했다. 그 한 구절의 성경 말씀은 요한복음 6장 37절이었다. 예수님은 영적으로 굶주린 자에게 친히 생명의 떡을 주겠다고 말씀하면서(요 6:32-40) 이렇게 선언하셨다.

> "아버지께서 내게 주시는 자는 다 내게로 올 것이요 내게 오는 자는 내가 결코 내쫓지 아니하리라"(요 6:37).

이것은 번연이 좋아하는 성경 구절 가운데 하나였다. 그는 자신의 책들에서 이 말씀을 자주 인용했다. 그는 특히 전술한 한 권의 책을 통해 이 말씀에 관심을 집중하고, 모든 각도에서 그 의미를 낱낱이 파헤쳤다.

이 한 구절에 엄청난 양의 위로의 신학이 응집되어 있다. 예수님의 말씀을 하나씩 생각해보라.

- '대다수'가 아닌 '다'라고 말씀하셨다. 일단 성부께서 방황하는 죄인에게 사랑의 눈길을 고정시키시면 그의 구원은 확실하다.
- '아버지께서'라고 말씀하셨다. 우리의 구원은 은혜로운 성자께서 분노를 주체하지 못하는 성부를 달래려고 애쓰시는 것과는 거리가 멀다. 성부께서 친히 우리의 구원을 작정하셨다. 그분이 먼저 사랑의 손길을 내미셨다(38절 참조).

- '홍정한' 것이 아니라 '주셨다'라고 말씀했다. 저항하는 반역자들을 성자의 은혜로운 보살핌에 맡긴 것은 성부의 큰 기쁨이었다.
- '올 것이요'라고 말씀했다. 죄인을 위한 하나님의 구원 목적은 절대 실패하지 않는다. 그분은 결코 좌절되지 않으신다. 그분의 자원은 고갈되지 않는다. 성부께서 우리를 부르시면 우리는 그리스도께 나아갈 수밖에 없다.
- '오는 자는'이라고 말씀했다. 우리는 로봇이 아니다. 성부께서 주권적으로 우리의 구원을 관장하시지만, 우리는 우리의 의지를 거슬러 소리를 지르고 버둥거리면서 그리스도에게로 끌려가지 않는다. 하나님의 은혜는 너무나도 강력해서 우리의 지각을 바꾸어놓는다. 우리의 눈이 열려 그리스도의 아름다움을 보고 그분께 나아간다. 누구든 환영받는다. 예수님께 나와 환영받으라.
- '내게 오는 자'라고 말씀했다. 우리는 교리나 교회나 복음 앞으로 나가지 않는다. 그것들은 모두 중요하지만, 우리는 인격체이신 그리스도께로 나간다.

번연은 이 외에도 많은 것을 말했다. 그의 책 전체를 읽어볼 가치가 있다.[1] 그가 가장 오랫동안 살핀 것은 이 구절의 마지막 부분이었

---

1. 배너오브트루스사에서 단행본으로 출간하였다. *Come and Welcome to Jesus Christ*

다. 그는 그 부분을 가장 뜻깊게 보았다. 그는 책의 중간 부분에서 그리스도의 가장 깊은 마음을 의심하는 우리의 성향에 의문을 제기했다. 그는 〈킹 제임스 성경〉을 사용해 "내게 오는 자는 내가 결코 내쫓지 아니하리라"라는 말씀을 아래와 같이 설명했다.

예수 그리스도께 나오는 자들은 그분이 자기들을 받아주지 않을 것이라고 두려워할 때가 많다.

이 문제에 대한 대답이 본문에 함축되어 있다. 나는 "내게 오는 자는 내가 결코 내쫓지 아니하리라"라는 위대하고, 관대한 약속에서 그 대답을 발견한다. 우리 안에 '내침을 당할까봐 두려워하는 성향'이 없다면 그리스도께서 굳이 '결코'라는 표현까지 써가면서 우리의 두려움을 없애주려고 애쓰실 필요가 없었을 것이다.

죄인들은 온갖 이유를 제기하며 낙심한다. 죄인에게 그런 성향이 없다면, 하늘의 지혜이신 분이 그들이 제기하는 모든 이유를 단 한 방에 산산조각낼 의도로 그런 약속의 말씀을 제시하실 필요가 없었을 것이다.

'결코'라는 말은 모든 변명과 이유를 불식시킨다. 예수님이 이 말씀을 하신 이유는 불신앙이 뒤섞여 있는 믿음을 보호하고, 돕기 위해서다. 말하자면 이것은 모든 약속의 요체다. 우리 자신에게서 발견되는 무가치함을 이유로 제기하는 반론 가운데 이 약속이 불식시킬 수 없는 반론은 아무것도 없다.

(Edinburgh: Banner of Truth, 2004); 이 책은 *The Works of John Bunyan*, 3 vols., ed. George Offor (repr., Edinburgh: Banner of Truth, 1991), 240-99.의 제1권에서도 발견된다.

우리가 "저는 큰 죄인입니다."라고 말하면,

    그리스도는 "나는 결코 내쫓지 않을 것이다."라고 말씀하신다.

우리가 "저는 늙을 때까지 죄만 지은 죄인입니다."라고 말하면,

    그리스도는 "나는 결코 내쫓지 않을 것이다."라고 말씀하신다.

우리가 "저는 마음이 강퍅한 죄인입니다."라고 말하면,

    그리스도는 "나는 결코 내쫓지 않을 것이다."라고 말씀하신다.

우리가 "저는 일평생 사탄을 섬겼습니다."라고 말하면,

    그리스도는 "나는 결코 내쫓지 않을 것이다."라고 말씀하신다.

우리가 "저는 빛을 거슬러 죄를 지었습니다."라고 말하면,

    그리스도는 "나는 결코 내쫓지 않을 것이다."라고 말씀하신다.

우리가 "저는 은혜를 거역하고 죄를 지었습니다."라고 말하면,

    그리스도는 "나는 결코 내쫓지 않을 것이다."라고 말씀하신다.

우리가 "저는 내놓을 만한 선한 것이 아무것도 없습니다."라고 말하면,

    그리스도는 "나는 결코 내쫓지 않을 것이다."라고 말씀하신다.

이 약속은 모든 반론에 대답하기 위해 주어졌다. 이 약속은 모든 반론에 대답한다.[2]

우리는 'in no wise'라는 영어 표현을 더 이상 사용하지 않는다(위의 인용구에서 '결코'에 해당하는 표현임—편집주). 그것은 요한복음 6장 37절의 헬라어 표현이 담고 있는 강한 부정의 의미를 살려내기 위한

---

2. Bunyan, *Come and Welcome to Jesus Christ*, in *Works*, 1:279–80.

17세기 영어 표현이었다. 이 구절은 문자적으로 "내가 결코, 결코 내쫓지 아니하리라"라는 뜻이다. 여기에서처럼 헬라어는 때로 두 개의 부정어를 사용해 문장의 의미를 강조했다. 이 말씀은 "내가 가장 확실하게 말하지만 결단코, 절대로 쫓아내지 않을 것이다."라는 의미다. 그리스도께서 우리를 쫓아내지 않으실 것이라는 강한 부정어를 번연은 '위대하고 이상한 표현'으로 일컬었다.

번연의 의도는 무엇이었을까?

요한복음 6장 37절과 그것을 중심 주제로 삼은 번연의 책에 언급된 예수님의 말씀은 인내심이 가득한 그리스도의 마음으로 우리의 의심을 달래주기 위해 주어졌다. 우리는 "저는…죄인입니다."라고 말하지만, 그분은 "나는 결코 내쫓지 않을 것이다."라고 말씀하신다.

타락한 인간은 불안하기 때문에 예수님이 자기를 내쫓으실 것이라고 생각하는 이유를 끊임없이 제시한다. 우리는 어떤 식으로든 그리스도의 사랑을 거부할 이유를 양산하는 공장과 같다. 심지어는 특정한 죄나 실패와 같이 내침을 당할 만한 구체적인 이유가 전혀 생각나지 않을 때도 우리는 충분한 시간이 지나면 예수님은 마침내 우리에게 싫증을 느끼고 우리를 멀리하실 것이라는 막연한 생각을 떠올리는 경향이 있다. 번연은 그런 우리의 성향을 정확하게 이해했다. 그는 우리에게 어떻게든 그리스도께서 주시는 확신을 피하려는 경향이 있다는 것을 잘 알고 있었다.

우리는 조심스럽게 예수님께 다가가서 "잠깐만요. 주님은 이해하지 못해

요. 저는 정말로 모든 것이 엉망진창이랍니다."라고 말한다.

그러나 그분은 "나는 다 알고 있다."라고 대답하신다.

"물론, 많은 것을 알고 계시겠지요. 분명히 다른 사람들보다는 더 많은 것을 알고 계실 거예요. 그러나 제 안에는 아무도 알 수 없는 악이 도사리고 있습니다."

"나는 그 모든 것을 알고 있다."

"단지 저의 과거만이 아닙니다. 현재도 마찬가지예요."

"알고 있다."

"제가 언제쯤이나 이 모든 것에서 자유롭게 될 수 있을지 모르겠어요."

"나는 바로 그런 사람을 돕기 위해 이곳에 있다."

"짐이 너무 무거워요. 갈수록 더 무거워져요."

"그렇다면 내가 짊어지마."

"짊어지기에는 너무 많아요."

"나는 거뜬히 짊어질 수 있다."

"잘 모르시는군요. 저는 다른 사람들이 아닌 바로 주님께 죄를 지었습니다."

"그러니 내가 그 죄를 용서할 가장 적합한 사람이라 할 수 있다."

"그러나 저의 추악함을 더 많이 알게 되면 제게 곧 싫증을 느끼실 거예요."

"내게 오는 자는 내가 결코 내쫓지 않을 것이다."

번연은 우리가 그리스도께 나오기를 회피할 의도로 제기하는 반

론들을 길게 열거하고 나서 더는 논박할 수 없는 단호한 어조로 "이 약속은 모든 반론에 대답하기 위해 주어졌다. 이 약속은 모든 반론에 대답한다."라고 결론지었다. 상황은 끝났다. 더 이상 이런저런 이유를 들어 그리스도께서 결국에는 자기 양들에게 마음을 닫아버리실 것이라고 주장할 수 없다. 그런 이유는 존재하지 않는다. 인간 친구는 누구라도 한계가 있기 마련이다. 우리가 충분히 불쾌하게 만들거나 관계가 충분히 훼손되거나 우리가 여러 번 배신하면, 인간 친구는 우리를 더는 용납하지 않을 테고, 서로 담을 높이 쌓게 될 것이다. 그러나 그리스도와 관련해서는 우리의 죄와 연약함은 오히려 그분에게 접근할 수 있는 자격을 부여하는 이력서와도 같다. 처음 회심한 이후부터 그 후로 수천 번 죄를 짓더라도 우리는 이 세상을 떠날 때까지 아무런 조건도 요구받지 않고 그리스도 앞에 나갈 수 있다.

어쩌면 우리가 그리스도의 인내를 의문시하는 이유는 죄가 아닌 고난 때문인지도 모른다. 고난이 갈수록 커지고, 무력감에 시달리며 몇 달을 지내고 나면 어느 순간에는 자신이 버림받은 것이 분명하다는 생각이 들면서 "이것이 온유하고 겸손한 구원자의 품에 안긴 사람의 삶이란 말인가?"라는 물음이 떠오를 수밖에 없다. 그러나 예수님은 고난이 없는 삶을 사는 사람은 결코 버림받지 않을 것이라고 말씀하지 않았다. 그분은 자기에게 오는 자는 결코 내쫓지 않겠다고 말씀하셨을 뿐이다. 우리를 향한 그리스도의 사랑의 마음을 결정하는 것은 삶의 평탄함이나 삶의 고난이 아니라 우리가 그분에게 속해 있다는 사실에 있다.

그런 사랑을 누리기 위해 그리스도께 나오는 것 외에 다른 조건을 말씀하지 않았다. 그분은 '충분히 통회하고 내게 오는 자'라거나 '자기의 죄를 충분히 끔찍하게 생각하면서 내게 오는 자'라거나 '배전의 노력을 기울여 내게 오는 자'에 대해 말씀하지 않으셨다. 그분은 단순히 '내게 오는 자'를 내쫓지 않을 것이라고 말씀하셨다.

그리스도의 호의는 우리의 결심과 의지력에 의존하지 않는다. 우리 집 근처에 해변처럼 인위적으로 완만한 경사를 이루게 만든 수영장이 있다. 나의 두 살 된 아들 벤저민은 그 경사를 따라 풀장 안으로 걸어 들어가면서 본능적으로 내 손을 꼭 쥐었다. 녀석은 물이 점차 깊어지자 내 손을 힘껏 붙잡았다. 그러나 두 살 된 아이가 붙잡는 힘은 그렇게 강하지 않았다. 곧 녀석이 내 손을 붙잡는 것이 아니라 내가 녀석의 손을 붙잡는 상태로 바뀌었다. 녀석의 힘에만 맡겨놓으면 내 손을 놓칠 것이 분명했다. 그러나 내가 녀석의 손을 놓지 않겠다고 생각하는 한 녀석은 안전했다. 그럴 경우는 녀석이 내 손을 놓으려고 해도 놓을 수가 없었다.

그리스도와 우리도 마찬가지다. 우리는 그분을 붙잡는다. 거친 세파 속에서 우리의 붙잡는 힘은 두 살 난 어린아이의 힘에 지나지 않는다. 그러나 그리스도께서 우리를 붙잡는 힘은 조금도 불안정하지 않다. 시편 63편 8절은 "나의 영혼이 주를 가까이 따르니 주의 오른손이 나를 붙드시거니와"라는 말로 이 이중 진리를 적절하게 표현했다.

———

"한 번 구원받으면 영원히 구원받는다"는 교리는 참되고 영광스러운 교리가 아닐 수 없다. 이 교리는 때로 성도의 견인으로 일컬어진다. 그러나 지금 우리는 성도의 영원한 안전이라는 교리보다 더 깊은 무언가를 말하고 있다. 우리는 그보다 좀 더 깊은 것, 곧 그리스도의 인내하는 마음의 교리를 다루고 있다. 그리스도인들도 실족함으로써 진정으로 그리스도 안에 있지 않은 것처럼 보일 수 있다. 물론, 죄인이 일단 그리스도와 연합하면 그 무엇도 그 연합을 깨뜨릴 수 없다. 그러나 살이 없는 뼈대와 같은 이런 교리만으로는 그리스도 안에서 느낄 수 있는 하나님의 심장 박동을 느끼기가 어렵다. 우리의 죄와 고통이 커져갈 때 그리스도께서 가장 본능적으로 느끼시는 것은 무엇일까? 그분을 냉담하게 만들지 않는 것은 무엇일까? 그것은 바로 그분의 마음이다. 성부께서 작정하시고, 성령께서 적용하시는 성자의 속죄 사역은 우리의 안전을 영원히 보장한다. 그러나 요한복음 6장 37절과 같은 성경 말씀은 이것이 단지 하나님의 작정과 관련된 문제가 아니라 그분의 진정한 소원을 나타낸다는 것을 분명하게 보여준다. 이것은 하나님의 기쁨이다. 그리스도께서는 "내게 오라, 너희를 나의 가장 깊은 존재 안으로 받아들이고 너희를 결코 잃지 않으리라"라고 말씀하신다.

당신이 그리스도 안에 있다면 당신에게 어떤 놀라운 사실이 적용되는지 생각해본 적 있는가? 당신이 지금은 물론, 영원토록 그리스도의 사랑의 마음에 안길 수 없는 지위로 추락하기 위해서는 그분이 친히 하늘에서 내려와 다시 무덤에 묻히셔야만 할 것이다. 그리스도께서는 죽음과 부활을 통해 자기 백성이 아무리 자주 실족하더라도 그들을 내쫓지 않을 수 있는 정당성을 확보하셨다. 이런 그리스도의 사역에 생명을 불어넣는 것은 바로 그분의 마음이다. 그분은 자기 백성이 버림을 당해야 마땅한 상태이더라도 그들을 절대로 버리실 수 없다.

"그러나 저는 이러이러합니다."

어떤 반론이든 제기해보라. "내게 오는 자는 내가 결코 내쫓지 아니하리라"라는 강력한 말씀을 위협할 수 있는 반론은 있을 수 없다.

그리스도와 연합한 자들에게 그분의 마음은 셋집이 아닌 영원한 새로운 거처다. 우리는 세입자가 아닌 자녀다. 그분의 마음은 시한폭탄이 아니라 우리의 영적 현재 상태와 상관없이 그분의 임재와 위로를 확신할 수 있게 해주는 푸른 초장이요 잔잔한 물가다. 그리스도의 마음은 곧 그분의 실체다.

7장
우리의 죄는 무엇을 촉발하는가

"내 마음이 내 속에서 돌이키어"

호세아 11:8

마지막 날에 그리스도 밖에 있는 자들이 겪게 될 지옥의 공포와 보응의 공의 및 의로운 진노의 격렬함은 가히 상상조차 하기 어렵다. '격렬함'이라는 용어는 하나님의 진노가 무절제하게 되는 대로 마구 쏟아져 내릴 것과 같은 의미로 들릴 수 있다. 그러나 하나님 안에 무절제하거나 공평하지 못한 것은 아무것도 존재하지 않는다.

하나님의 진노가 과장된 것처럼 느껴지는 이유는 우리가 죄의 심각성을 옳게 의식하지 못하기 때문이다. 마틴 로이드존스는 이 점을 되새겨보면서 이렇게 말했다.

> 우리가 죄인이라는 사실을 스스로 느끼지 못하는 이유는 타락의 결과로 어떤 비난에도 항상 우리 자신을 변호하려고 하는 심리적 경향이 생겨났기 때문이다. 우리는 우리 자신을 좋게만 생각하고, 항상 스스로를 선하게 생각한다. 우리가 죄인이라는 생각을 가지려고 애써도 결코 그럴 수가

없다. 우리가 죄인이라는 것을 알 수 있는 유일한 길은 희미하고, 어렴풋하게나마 하나님이 어떤 분인지를 떠올리는 것이다.[1]

다시 말해, 우리가 우리 죄의 심각성을 의식하지 못하는 이유는 우리의 죄 때문이다. 죄가 얼마나 음험하고, 역겹고, 널리 만연되어 있는지를 좀 더 분명하게 볼 수 있다면, 그리고 로이드존스가 위에서 제시한 대로 하나님의 아름다우심과 거룩하심을 볼 수만 있다면, 우리는 인간의 악이 하나님의 강렬하고, 공정한 심판을 초래할 수밖에 없다는 사실을 알 수 있을 것이다. 심지어 토머스 굿윈처럼 사랑이 넘치는 그리스도의 마음을 깊이 의식한 사람조차도 "만일 죄에 대한 하나님의 진노가 불이라면 세상의 풀무를 모두 합쳐도…그 불의 뜨거움에 미치는 불을 일으킬 수 없을 것이다."라고 말하기를 주저하지 않았다.[2]

그리스도 밖에 있는 사람들을 기다리고 있는 격렬한 심판을 이루 다 이해하기 어려운 것처럼, 그리스도 안에 있는 사람들이 이미 경험하고 있는 하나님의 자애로운 사랑도 이루 다 헤아리기 어렵기는 마찬가지다. 하나님의 자애로운 사랑을 그분의 진노만큼 강렬하게 강조하려면 왠지 좀 거북하거나 쑥스럽거나 심지어는 죄책감이 느

---

1. Martyn Lloyd-Jones, *Seeking the Face of God: Nine Reflections on the Psalms* (Wheaton, IL: Crossway, 2005), 34.

2. Thomas Goodwin, *Of Gospel Holiness in the Heart and Life*, in *The Works of Thomas Goodwin*, 12 vols. (repr., Grand Rapids, MI: Reformation Heritage, 2006), 7:194.

껴질 수도 있다. 그러나 성경은 그런 거북함을 전혀 느끼지 않는다. 예를 들어, 로마서 5장 20절은 "죄가 더한 곳에 은혜가 더욱 넘쳤나니"라고 말한다. 그리스도 안에 있는 자들의 죄책과 수치는 그분의 풍성한 은혜에 온전히 압도된다. 우리는 우리의 생각과 말과 행위가 우리를 향한 하나님의 은혜를 감소시킨다고 생각하지만, 사실은 그런 죄와 실패가 은혜를 더욱더 넘치게 만든다.

그러나 복음 안에서 발견되는 이 신성한 원리는 좀 더 심도 있는 논의를 요구한다. 지금 우리는 하나님의 은혜를 다루면서 은혜가 그것을 필요로 하는 곳에 어떤 식으로 항상 풍성하게 임하는지를 논의하는 중이다. 그러나 순수하게 말해 은혜라는 '물건'은 존재하지 않는다. 그것은 로마 가톨릭교회의 신학이다. 로마 가톨릭 신학은 은혜를 일종의 비축된 재원으로 간주해 신중하게 통제된 다양한 수단을 통해 얻을 수 있는 것처럼 생각한다. 그러나 하나님의 은혜가 우리에게 임하는 방식은 예수 그리스도께서 우리에게 오시는 방식과 아무런 차이가 없다. 성경적인 복음에 따르면 우리에게는 물건이 아닌 인격체가 주어진다.

이 점을 좀 더 깊이 생각해보자. 그리스도께서 우리에게 주어진다는 것은 곧 무엇이 주어진다는 것일까? 좀 더 정확하게 말해, 우리가 죄를 지을 때마다 항상 우리에게 주어지는 은혜가 오직 그리스도 안에서만 주어진다면, 우리는 그리스도의 본성과 관련된 한 가지 중요한 측면과 마주치게 된다. 그것은 청교도들이 묵상하기를 좋아했던 성경적 측면, 곧 우리가 죄를 지을 때 그리스도의 마음이 우리에게로 향한다는 진리다.

어떤 사람들은 이런 말을 들으면 "그리스도께서 온전히 거룩하시다면 죄를 피해 물러나셔야 하는 것 아닌가?"라고 생각하며 뒷걸음질 칠지도 모른다.

그리스도 안에 나타나신 하나님이 어떤 분인지를 보여주는 가장 심원한 신비 가운데 하나가 여기에 있다. 거룩함과 죄가 상호 배타적인 것은 분명하다. 온전히 거룩하신 그리스도께서는 죄의 심각성을 죄인인 우리들보다 더욱 깊이 알고, 느끼신다. 이는 마음이 순수한 사람일수록 이웃이 강도를 당하거나 학대를 받는 것을 생각할 때 더 큰 두려움을 느끼는 이치와 같다. 바꾸어 말하면, 마음이 부패한 사람일수록 주위의 악에 덜 민감한 법이다.

이 비유를 좀 더 발전시켜 생각해보자. 마음이 순수할수록 악을 더 두렵게 느끼는 것처럼, 마음이 순수할수록 도움과 구원과 보호와 위로를 제공하려는 생각이 더 자연스럽게 일어나는 법이다. 그와는 달리, 부패한 마음은 무관심한 태도로 가만히 앉아 아무것도 하지 않는다. 거룩하신 그리스도께서는 우리 가운데 그 누구보다도 악을 더 역겨워하신다. 그러나 바로 그 거룩하심 때문에 그분의 마음은 도움과 구원과 보호와 위로를 베풀기 위해 움직인다. 다시 말하지만, 그리스도 안에 있는 자들과 그렇지 않은 자들을 구별하는 것은 매우 중요하다. 그리스도께 속하지 않은 자들의 경우에 죄는 거룩한 진노를 불러일으킨다. 도덕성을 중시하는 하나님이 그렇게 반응하시는 것이 당연하지 않겠는가? 그러나 그리스도께 속한 자들의 경우에 죄는 하나님의 거룩한 열망, 거룩한 사랑, 거룩한 자애로움을 불러일으킨다. 하나님의 거룩하심을 다룬 중요한 성경 본문을 한 곳(사 6:1-8) 살펴보면, 거룩하심(6:3)이 즉각적으로 자연스럽게 용서와 은혜(6:7)로 이어지는 것을 알 수 있다.

굿윈은 일련의 결론적인 적용을 전개해 《그리스도의 마음》이라는 책을 마무리하면서 이 점을 상세히 설명했다. 그는 우리의 죄와 고난 안에서 아픔을 느끼시는 그리스도로 인한 '위로와 격려'를 생각하면서 이렇게 말했다.

> 그런 연약함에 위로가 뒤따르는 이유는 그분이 우리의 죄를 보고 분노보다 긍휼을 더 많이 느끼시기 때문이다…그분은 우리의 연약함으로 인한 고통을 우리와 함께 짊어지신다. 연약함이란 죄를 비롯한 갖가지 불행을 의미한다…그리스도께서는 우리에게 화를 내지 않고, 우리와 함께하신다. 그분은 단지 죄를 없애기 위해 우리의 죄에 대해서만 분노하신다. 아버지가 역겨운 질병에 걸린 자식을 안쓰럽게 여기는 것처럼, 그리스도께서도 우리를 더욱더 불쌍히 여기신다. 어떤 사람의 몸에 나병이 발생했더라도 그는 병이 발생한 부위를 증오할 수 없다. 왜냐하면 그것이 질병이 아닌 그의 몸의 지체이기 때문이다. 그는 오히려 병이 발생한 부위에 더 많은 관심을 기울인다. 따라서 그리스도와 우리를 모두 적대하는 우리의 죄마저 그분이 우리를 더욱더 불쌍히 여기시는 동기가 되니, 그 무엇이 우리를 위하지 않으리요?[3]

어떤 사람을 사랑한다면 그가 겪는 불행이 크면 클수록 더 많이 동정할

---

3. "우리에게 더 유익하고, 행복한 결과가 되지 않겠는가?"라는 의미.

것이 분명하다. 모든 불행 가운데 가장 큰 불행은 바로 죄다. 우리가 죄를 가장 큰 불행으로 여기는 것처럼, 그리스도께서도 그렇게 여기신다. 그분은 우리의 인격은 사랑하고, 오직 죄만을 미워하신다. 그분이 오직 죄만을 미워하는 이유는 그것을 없애고 파괴해 우리를 자유롭게 하시기 위해서다. 그분은 죄인인 우리에게는 더 많은 사랑을 기울이신다. 이런 이치는 다른 고난을 겪을 때와 마찬가지로 죄를 지었을 때도 똑같이 적용된다. 그러므로 두려워하지 말라.[4]

굿윈의 말은 무슨 의미일까?
만일 당신이 그리스도의 몸에 속한 지체라면 당신의 죄는 그분의 가장 깊은 마음을 자극해 동정심과 연민을 불러일으킬 것이다. 그분은 '당신의 편이시다.' 그분은 당신의 편에 서서 당신의 죄를 적대하신다. 당신을 적대하시는 것이 아니다. 그분은 죄를 미워하신다. 하지만 그분은 당신을 사랑하신다. 굿윈이 말한 대로, 아버지는 끔찍한 질병으로 인해 고통받는 자식을 미워하지 않는다. 아버지는 자식은 사랑하고, 질병을 미워한다. 질병은 오히려 아버지의 마음을 움직여 자식을 더욱 안쓰럽게 생각하게 만든다.

물론, 그리스도께서 자기 백성을 징계하신다는 사실을 간과해서는 안 된다. 성경은 우리의 죄가 그리스도의 징계를 초래한다고 가르친다(히 12:1-11 참조). 만일 그것이 사실이 아니라면 그리스도께서

---

4. Thomas Goodwin, *The Heart of Christ* (Edinburgh: Banner of Truth, 2011), 155-56.

우리를 진정으로 사랑하신다고 말할 수 없다. 신체의 한 부분이 상처를 입었을 때는 고통스럽더라도 물리적인 치료가 필요하다. 물리적인 치료는 징벌이 아닌 치유를 위한 것이다. 물리적인 치료를 행하는 이유는 몸의 지체를 아끼고, 사랑하기 때문이다.

―――

나중에 뒤에서 구약성경의 본문을 몇 곳 살펴볼 생각이지만 그 가운데 한 곳은 이번 장에서 논의한 내용을 간략하게 종합하고 있기 때문에 여기에서 잠시 언급하는 것이 좋을 듯하다. 이 성경 본문은 예수님 안에서 구체적인 형태로 드러난 하나님의 마음을 깊이 들여다볼 수 있게 도와준다. 호세아서 11장에서 다음과 같은 내용이 발견된다.

"내 백성이 끝끝내 내게서 물러가나니 비록 그들을 불러 위에 계시는 이에게로 돌아오라 할지라도 일어나는 자가 하나도 없도다 에브라임이여 내가 어찌 너를 놓겠느냐 이스라엘이여 내가 어찌 너를 버리겠느냐 내가 어찌 너를 아드마 같이 놓겠느냐 어찌 너를 스보임 같이 두겠느냐 내 마음이 내 속에서 돌이키어 나의 긍휼이 온전히 불붙듯 하도다 내가 나의 맹렬한 진노를 나타내지 아니하며 내가 다시는 에브라임을 멸하지 아니하리니 이는 내가 하나님이요 사람이 아님이라 네 가운데 있는 거룩한 이니 진노함으로 네게 임하지 아니하리라"(7-9절).

하나님의 백성, 그들의 죄, 하나님의 마음, 하나님의 거룩하심 등,

이번 장에서 지금까지 논의한 모든 내용이 여기 담겨 있다. 이 성경 본문의 결론은 무엇인가? 그것은 하나님이 자기 백성의 죄로 인해 그들을 깊이 동정하신다는 것이다.

하나님은 도덕적으로 불결한 자기 백성을 바라보셨다. 그들은 가끔이 아니라 자주 죄를 저질렀다. 하나님은 그들이 "끝끝내 내게서 물러갔다"고 말씀하신다(7절). 그들은 고질적인 반항적 성향을 지녔다. 그러나 그들은 하나님의 백성이었다. 하나님의 마음속에서는 어떤 일이 일어났을까? 이것은 신중히 생각해야 할 문제다. 하나님은 말 그대로 하나님이시다. 그분은 우리 같은 피조물, 곧 우리 같은 죄인들과는 달리 일시적인 감정에 좌우되지 않으신다. 본문은 뭐라고 말씀하는가? 본문은 매우 진기하게도 하나님의 존재 깊은 곳을 어렴풋하게나마 들여다볼 수 있는 기회를 제공한다. 우리는 여기에서 하나님의 존재 깊은 곳에서 약동하는 사랑을 보고, 느낄 수 있다. 그분의 마음은 자기 백성을 향한 동정심과 연민으로 활활 불타올랐다. 그분은 그들을 포기하지 않으셨다. 그 무엇도 그분이 그들을 버리게 만들 수 없었다. 그들은 그분의 소유였다.

사랑하는 자식이 큰 잘못을 저질렀다는 이유로 다른 곳에 입양 보낼 아버지가 어디에 있겠는가?

우리의 감정은 하나님의 감정을 반영하는 메아리와 같다.[5] 비록

---

5. 신학자들은 이것을 '신인동감설'로 일컫는다. 이것은 '하나님의 손'과 같이 인간에게 적용되는 표현들을 하나님께 적용해 말하는 '신인동형론'의 한 형태다(그런 표현들은 문자적으로 이해해서는 안 된다). 그러나 신인동감설은 그보다는 조금 더 미묘한 측면이 있다. 이 용어를 사용하는 이유는 하나님이 변덕스러운 감정을 지닌 인간과 같지 않으시다는 사실을 분명하게 하기 위해서다. 하나님은 완전하고, 초월적이며, 인간과는 달리 환경에 영향을 받지 않

타락하고 왜곡된 메아리이지만… 따라서 우리는 하나님의 초월성만을 강조함으로써 그분을 곡해하는 잘못을 저지르지 않도록 주의해야 한다. 하나님은 인간과의 의미 있는 상호작용이 전혀 불가능할 정도로 온전히 무감각한 관념적 이상이 아니시다. 하나님은 타락한 감정으로부터는 온전히 자유로우시지만, 그렇다고 해서 감정이 전혀 없으신 것은 아니다. 만일 그렇다면 그분의 형상으로 창조된 우리의 감정은 도대체 어디에서 비롯한 것이란 말인가?

호세아서 본문에 언급된 대로, 하나님은 자기 백성의 죄를 보고 "나의 긍휼이 온전히 불붙듯 하도다"라고 말씀하셨다. 이것이 하나님의 가장 깊은 마음이라는 것을 누가 상상이나 할 수 있었을까? 본문은 하나님이 지극히 거룩하신데도 진노를 발하지 않으실 것이라고 말씀한다. 누가 이런 것을 생각이나 할 수 있었을까?

> "이는 내가 하나님이요 사람이 아님이라 네 가운데 있는 거룩한 이니 진노함으로 네게 임하지 아니하리라."

으신다. 그분은 '무감하시다'(impassible). 그러나 성경이 '신인동감설'에 해당하는 용어로 하나님의 내면을 묘사한 내용을 무작정 무시함으로써 그분이 자기 백성의 행복에 전혀 무관심한 관념적인 존재에 불과하신 것처럼 생각해서는 곤란하다. 하나님은 그 어떤 것에도 놀라지 않고, 자신의 완전성과 단순성을 위협하는 그 어떤 외부의 요인에도 영향을 받지 않으시지만, 언약의 관계를 통해 자유롭게 자기 백성에게 관심을 기울이시며 진정으로 그들의 행복을 염려하신다. 하나님의 '감정'(emotion)이라는 표현이 별로 도움이 되지 않는다고 생각되거든 청교도들이 말한 대로 하나님의 '애정'(affection)이라는 표현으로 바꾸어 생각해보라. 하나님의 '애정'이란 죄와 고난에 시달리는 자기 백성을 감싸주려는 하나님의 내적 성향을 가리킨다. 무감하신 하나님이 어떻게 감정을 느끼실 수 있는지를 논의한 내용을 좀 더 자세히 살펴보려면 다음의 자료를 참조하라. Rob Lister, *God Is Impassible and Impassioned: Toward a Theology of Divine Emotion* (Wheaton, IL: Crossway, 2012).

하나님이 이런 말씀을 하실 줄로 기대했는가? 오히려 마음 깊은 곳에서는 단 한 글자도 바꾸지 않고 아래와 같이 말씀하실 것이라고 기대하지 않았는가?

"이는 내가 하나님이요 사람이 아님이라 네 가운데 있는 거룩한 이니 진노함으로 네게 임하리라."

성경은 하나님이 자기 백성의 죄를 보셨을 때, 그분의 초월적인 거룩함(하나님의 본질적인 신성)의 속성 자체가 그분으로 하여금 진노함으로 그들에게 임할 수 없게 한다고 말씀한다. 우리는 하나님이 우리와 달리 하나님이시고, 거룩한 분이기 때문에 죄를 지은 자기 백성에게 반드시 진노함으로 임하셔야 할 것이라고 생각하는 경향이 있다. 다시 말하지만, 그런 생각은 잘못이다. 우리는 하나님을 우리 인간과 유사한 분으로 생각하려는 우리의 본성적 성향을 따르기보다 하나님이 직접 자신이 어떤 분이신지에 관해 말씀하신 내용에 귀 기울여야 한다.

―――

하나님이 그리스도 밖에 있는 사람들에게 징벌적인 심판을 베푸신다는 것을 간과하며 살아가기 쉬운 것처럼, 하나님이 그리스도 안에 있는 사람들을 긍휼히 여기는 마음을 지니고 계신다는 것을 망각하고 살아가기 쉽다. 토머스 굿윈과 호세아서 11장과 성경의 전체적인 내용은 우리를 놀라게 하기에 충분하다. 하나님께 속한 자들의 죄는 그분의 마음속에 있는 동정심의 수문을 활짝 열어젖힌다. 그것은 댐이 무너질 만큼 폭발적이다. 하나님의 사랑이 홍수처럼 쏟아지는 이유는 우리의 사랑스러움이 아닌 우리의 추악함 때문이다.

이런 사실을 이해하려고 하니 너무 버겁다. 이것은 우리 주위의 세상이 작동하는 방식과는 다르다. 우리의 마음도 이런 식으로 작동하지 않는다. 그러나 우리는 겸손히 엎드려 복종하면서 하나님이 우리를 사랑할 조건을 직접 정하시게 해야 한다.

8장
온전히 구원하시는 그리스도

"그가 항상 살아 계셔서 그들을 위하여 간구하심이라"

히브리서 7:25

오늘날 교회에서 종종 무시되는 교리 가운데 하나는 그리스도께서 하늘에서 중보 기도를 드리신다는 교리이다. 그리스도의 중보 기도를 논한다는 것은 곧 그분이 지금 하고 계시는 일을 논하는 것이다. 그리스도께서 우리를 구원하기 위해 과거에 행하신 일들, 곧 그분의 삶과 죽음과 부활의 영광에 관해서는 놀라울 만큼 많은 논의가 이루어졌다. 그러나 그분이 지금 하고 계시는 일에 관해서는 어떤가? 우리 가운데 많은 사람이 예수님이 지금은 아무 일도 하고 계시지 않는다고 생각한다. 우리가 구원받는 데 필요한 것은 이미 모두 다 이루어졌다고 생각한다.

그러나 신약성경은 그리스도의 사역을 그런 식으로 가르치지 않는다. 그리스도께서 하늘에서 중보 기도를 드리고 계신다는 사실을 잠시 살펴봐야 할 이유는 단지 그것이 오늘날 종종 무시되기 때문만이 아니라 그분의 마음을 독특하게 드러내는 사역 가운데 하나이기 때문이다.

　중보 기도가 무엇이고, 또 그것이 오늘날 무시되는 이유를 이해하려면 이를 칭의의 교리와 결부시켜 생각해봐야 할 필요가 있다. 최근에 이 영광스러운 교리에 관해 많은 설교와 가르침이 이루어졌고, 책도 많이 발행되었다. 당연히 그래야 마땅하다. 칭의란 하나님의 법정에서 다른 사람(예수님)이 우리를 대신해 이룬 것에 근거해 온전한 법적 사면을 받음으로써 하나님 앞에서 의롭다고 선언되는 것을 의미한다. 그러나 우리의 마음은 시간이 지나면서 이 온전한 사면을 믿는 믿음으로부터 자꾸 멀어지는 경향이 있다. 그리스도께서 이루신 것을 근거로 하나님 앞에서 온전한 죄의 사면을 받는다는 진리를 거부하려는 인간의 심적 성향이 중세 시대 로마 가톨릭교회의 신학을 통해 교리화되었다. 루터와 칼빈과 같은 종교 개혁자들은 칭의의 교리를 회복해 다시 무대의 중심에 올려놓았고, 그 후로 모든 세대가 이 교리를 새롭게 재발견했다. 우리가 자신의 행위를 고치기 시작해서가 아니라 스스로는 자신의 행위를 결코 고칠 수 없음을 깨닫고 이를 정직하게 인정하는 순간에 하나님 앞에서 의롭다는 선언을 받을 수 있다는 것이야말로 기독교의 가장 큰 역설이 아닐 수 없다.

　그러나 칭의는 그리스도께서 과거에 이루신 일(그분의 죽음과 부활)과 주로 관련된 교리다. "그러므로 우리가…의롭다 하심을 받았으니"(롬 5:1)라는 말씀대로, 그리스도께서 죽었다가 다시 살아나셨고, 우리는 그분을 믿는 믿음으로 이미 의롭다 하심을 받았다. 그 이유는 그리스도께서 우리가 죽어야 할 죽음을 대신 감당하셨기 때문이다.

그렇다면 그리스도께서는 지금 무엇을 하고 계실까?

애써 사변을 일삼을 필요가 없다. 성경이 분명하게 가르치는 대로, 그분은 우리를 위해 중보 기도를 드리고 계신다.

칭의는 그리스도께서 과거에 행하신 일과 관련이 있지만 중보 기도는 그분이 지금 하고 계시는 일이다.

그리스도의 마음은 항상 한결같은 실재다. 그분의 마음은 그분이 세상에 계실 때만 자기 백성을 향해 움직였고, 그분이 하늘에 계시는 지금은 그런 마음이 사라지고 없는 것이 아니다. 그리스도께서 십자가의 길을 걸어가시는 동안에만 긍휼을 샘처럼 쏟아 내셨다가 지금은 다시 냉담하고 무관심한 상태로 되돌아가셨다는 식으로 생각해서는 안 된다. 자기 백성에 대한 그리스도의 마음은 그분이 육신을 입고 세상에 계셨을 때나 지금이나 똑같다. 그리스도께서는 지금 자기 백성에 대한 마음을 그들을 위해 드리는 중보 기도를 통해 보여주고 계신다.

―

중보 기도란 무엇인가?

일반적으로 중보란 제삼자가 두 사람 사이에 서서 한 사람 앞에서 다른 사람을 변호하는 것을 의미한다. 부모가 자녀를 대신해 교사와 상담하는 것이나 에이전트가 운동선수를 대신해 구단과 교섭하는 것이 그런 경우다.

그렇다면 그리스도께서 중보 기도를 드린다는 것은 무슨 의미일까? 여기에 관련된 당사자들은 누구일까? 한쪽 편에는 성부 하나님이, 다른 한쪽 편에는 신자인 우리가 있다. 예수님은 왜 우리를 위해 중보 기도를 드리셔야 할까? 우리는 이미 온전히 의롭다 하심을 받지 않았는가? 그리스도께서 우리를 위해 기도를 드릴 무언가가 남아 있는가? 그분은 이미 우리의 온전한 사면을 위해 필요한 모든 것을 이루지 않으셨는가? 그리스도께서 하늘에서 중보 기도를 드리신다는 교리는 그분이 십자가에서 이루신 속죄 사역에 무엇인가 불완전한 것이 있다는 의미인가? 그리스도의 사역이 십자가에서 모두 끝났다고 말하면서 중보 기도의 교리를 말한다면 그것은 곧 십자가의 사역이 완성되지 않았다는 것인가?

그렇지 않다. 중보 기도는 속죄 사역을 통해 성취하신 것을 적용하는 의미를 지닌다. 그리스도께서 하늘에서 우리를 위해 중보 기도를 드리시는 것은 그분의 지상 사역에 무언가가 부족했다는 증거가 아니라 오히려 그 사역이 온전하고, 완전하게 이루어졌다는 것을 보여준다. 속죄를 통해 우리의 구원이 이루어졌고, 중보 기도를 통해 순간순간 속죄 사역이 적용된다. 예수님은 과거에는 지금 자신이 중보 기도로 기도하고 계시는 그 구원 사역을 성취하셨고, 현재에는 과거에 하신 사역의 적용을 위해 중보 기도를 하고 계신다. 이것이 신약성경이 칭의와 중보 기도를 하나로 통합해서 말하는 이유다. 예를 들어, 로마서 8장 33-34절은 "누가 능히 하나님께서 택하신 자들을 고발하리요 의롭다 하신 이는 하나님이시니 누가 정죄하리요 죽으실 뿐 아니라 다시 살아나신 이는 그리스도 예수시니 그는 하나님 우편에 계신 자요 우리를 위하여 간구하시는 자시니라"라고 말한다. 중보 기도는 하늘의 법정에서 우리의 칭의를 계속해서 새롭게 적용하는 의미를 갖는다.

좀 더 깊이 생각해 보면, 그리스도의 중보 기도는 우리의 구원이 지극히 개인적이고, 인격적이라는 사실을 보여준다. 그리스도의 중보 기도는 모르고, 그분의 죽음과 부활만을 알고 있다면 우리의 구원을 지나치게 도식적인 방식으로 이해하기 쉽다. 그런 경우에는 그리스도에 대해 그분의 참된 실체와는 다소 무관한 기계적인 느낌을 갖기 쉽다. 우리를 위한 그리스도의 중보 기도는 그분의 마음을 보여준다. 그리스도께서 자기 백성을 위해 이 세상에 와서 살다가 죽으신 것이나 지금 성부께 우리를 기꺼이 맞아주시라고 호소하고, 설득하고, 변호하시는 것이나 모두 그분의 마음에서 비롯한 것이다.

물론, 이런 말은 성부께서 우리를 맞아주기를 주저하신다거나 성자께서 성부보다 우리를 더 많이 사랑하신다는 의미와는 거리가 멀다(이 점에 대해서는 14장에서 좀 더 자세히 살펴볼 생각이다). 성자의 속죄 사역은 성부와 성자께서 영원 전에 서로 기꺼이 합의하신 일이다. 성자의 중보 기도는 성부의 냉담하심이 아니라 성자의 자애로움을 나타낼 뿐이다. 그리스도께서 중보 기도를 드리시는 이유는 우리를 향한 성부의 마음이 미온적이어서가 아니라 우리를 향한 성자의 마음이 너무나도 극진하기 때문이다. 그러나 우리를 위한 성자의 호소를 기꺼이 받아들이는 것이 성부의 가장 큰 기쁨이라는 것도 또한 사실이다.

육상 대회에서 동생을 응원하는 형을 생각해보자. 결승선을 눈앞에 두고 동생이 월등히 앞서 나가 우승이 확실한 상황이라고 해서

형이 과연 가만히 앉아 무덤덤할까? 절대 그렇지 않을 것이다. 그는 승리를 확신하고 기뻐하면서 격려의 외침을 목청껏 질러대며 동생과의 유대감을 드러낼 것이다. 형은 조용히 앉아 있을 수 없다.

존 번연은 그리스도께서 하늘에서 드리시는 중보 기도를 주제로 《그리스도, 온전하신 구원자》Christ, a Complete Savior라는 책을 저술했다. 그는 그 책에서 중보 기도의 교리가 그리스도의 마음과 관련된 문제인 이유를 설명했다. 우리의 구원에는 객관적인 측면이 존재하며, 번연은 칭의의 관점에서 그것을 다루었다. 하나님은 "우리에게 율법을 적용하거나 우리에게 모범을 보이거나 자기를 따르게 함으로써가 아니라 우리를 위해 피를 흘리심으로써 우리를 의롭게 하신다. 그분은 우리에게 무엇을 기대함으로써가 아니라 자신의 것을 우리에게 주심으로써 우리를 의롭다 하신다."[1] 그러나 복음의 객관적인 측면에 주관적인 현실이 더해졌다. 존 번연은 이렇게 말했다.

> 그리스도를 알고, 그분을 통해 사람이 어떻게 의롭다 하심을 받는지 알아야 하는 것처럼 그분이 자기를 통해 하나님께 나오는 자들을 받아주고, 그들에게 필요한 일을 해주려는 기꺼운 마음을 지니고 계신다는 사실을 알아야 한다. 그분의 공로가 온전한 효력을 지니지만 그분이 자기에게 나오는 자들에게 자신의 공로를 허락하기를 싫어하는 마음을 지니고 있다

---

1. *The Works of John Bunyan*, ed. George Offor, 3 vols. (repr., Edinburgh: Banner of Truth, 1991), 1:221.

면 그분이 수고를 무릅쓰고 하셔야 할 일이 아무것도 없을 것이다. 그러나 그분은 온전할 뿐 아니라 관대하시다. 그분은 자기가 가진 것을 거저 베푸는 것, 곧 그것을 가난하고 궁핍한 사람들에게 나눠 주는 것을 가장 기뻐하신다.[2]

칭의의 교리를 온전히 믿고, 우리의 죄를 모두 용서받았다는 사실을 알고 있더라도 그리스도께서 엄격한 구원자라면 그분께 즐겁게 나갈 수 없을 것이다. 그러나 지금 하늘에 계시는 그리스도의 본성적 성향과 가장 깊은 열망은 우리를 위해 하나님 앞에서 자기의 마음을 쏟으시는 것이다. 그리스도의 중보 기도는 우리의 마음과 성부의 마음을 연결하려는 그분의 마음을 뚜렷하게 보여준다.

―――

번연이 《그리스도, 온전하신 구원자》라는 책의 본문으로 삼은 성경 구절은 히브리서 7장 25절이다. 아마도 이것은 그리스도의 중보 기도에 관한 신약성경의 가르침 가운데서 가장 중요한 핵심 구절에 해당할 것이다. 히브리서 저자는 그리스도의 영원한 제사장직을 논하면서 이렇게 결론지었다.

"그러므로 자기를 힘입어 하나님께 나아가는 자들을 온전히 구원하실 수 있으니 이는 그가 항상 살아 계셔서 그들을 위하여 간구하심이라."

―――

2. *Works of John Bunyan*, 1:221.

"온전히"는 헬라어 '판텔레스'를 번역한 것이다. 이 용어는 포괄성, 온전성, 전체성을 의미한다. 이 용어가 이곳 외에 성경에서 또다시 사용된 곳은 오직 한 곳, 곧 18년 동안 꼬부라져 "조금도" 펴지 못했던 한 여인을 묘사한 누가복음 13장 11절뿐이다.

그리스도께서 "온전히" 구원하신다는 말은 무슨 뜻일까? 우리의 마음을 잘 알고 있는 우리는 이 말의 의미를 이해할 수 있다. 우리는 온전한 죄인들이다. 우리에게는 온전한 구원자가 필요하다.

그리스도께서는 우리를 도우실 뿐 아니라 구원하신다. 이것은 어느 정도 신앙생활을 해온 사람이면 누구나 다 아는 사실이다. 그렇다. 예수님은 우리를 구원하신다. 그러나 우리의 마음이 어떻게 작동하는지 생각해보자. 우리의 마음속에는 우리 자신의 공로를 통해 그리스도의 구원 사역에 힘을 보태고 싶어 하는 은근한 충동이 끊임없이 일어나고 있지 않은가? 우리는 히브리서 7장 25절이 마치 "(예수님이) 자기를 힘입어 하나님께 나아가는 자들을 '대략적으로' 구원하실 수 있으니"라고 말씀하는 것처럼 생각하는 경향이 있다. 그러나 그리스도의 구원은 온전하고, 포괄적이다. 히브리서 7장의 진술은 구원의 시간적 측면에 특별한 초점을 맞추는 것처럼 보인다, 예수님은 '영원히 계시므로' 모두 다 죽어 사라진 이전의 제사장들과는 달리 그분의 '제사장 직분'도 영원하다. 따라서 그리스도께서는 '온전히' 구원하실 수 있다. 하나님의 은혜를 통해 그분의 가족이 된 우리의 신분은 연료가 소진되어 퍼덕거리며 꺼져가는 엔진처럼 잠시 유지되다가 사라지지 않는다.

우리는 하나님의 용서를 믿기 어려워하는 습성이 있다. 우리는 우리가 온전히 용서받았다고 말하고, 우리의 죄가 용서받았다는 것을 진지하게 받아들이지만, 우리 삶의 깊고 어두운 부분은 너무나도 추악하고, 다루기가 어려워서 회복하기가 불가능한 것처럼 느껴진다. 히브리서 7장 15절의 "온전히"는 하나님의 용서와 구원과 회복의 능력이 우리 영혼의 가장 깊고 어두운 곳, 곧 우리가 가장 절망적이고 수치스럽게 여기는 장소에까지 미친다는 뜻이다. 더욱이 그리스도께서는 죄의 그런 깊고 어두운 곳에서 우리를 가장 많이 사랑하신다. 그분의 마음은 자발적으로 그곳을 향한다. 그분의 마음은 그곳에 가장 강하게 이끌린다. 그분이 우리를 온전히 알고, 온전히 구원하시는 이유는 그분의 마음이 온전히 우리를 향하기 때문이다. 우리가 무슨 죄를 짓더라도 그리스도께서는 우리를 자애롭게 대해 주신다.

그렇다면 그 사실을 어떻게 알 수 있는가? 히브리서 본문은 "자기를 힘입어 하나님께 나아가는 자들을 온전히 구원하실 수 있으니 이는 그가 항상 살아 계셔서 그들을 위하여 간구하심이라"라고 말한다. 그리스도께서 하늘에서 중보 기도를 드리신다는 사실이 그분이 우리를 온전히 구원하실 것을 알 수 있는 이유다.

이 말씀은 성자께서 쉬지 않고("항상"이라는 단어에 주의하라) 순간순간 성부 앞에서 자신이 이룬 속죄와 죽음과 부활을 내보이신다는 의미를 지닌다. 칼빈은 "그리스도께서는 성부께서 우리의 죄에서 눈을 떼어 그리스도의 의를 바라보시게 하신다. 그분은 성부의 마음을 우리와 화해시켜 자신의 중보 기도로 우리가 성부의 보좌 앞에 다가갈 수 있는 길을 열어주신다."라고 말했다.[3] 이 말이 무슨 의미인지 알겠는가? 성경은 있는 그대로의 사실을 진술한다. 이것은 그리스도인들이 계속 죄를 짓고 사는 죄인들이라는 사실을 분명하게 인정한다. 그리스도께서 하늘에서 우리를 대신해 중보 기도를 쉬지 않으시는 이유는 우리가 세상에서 계속 죄를 짓기 때문이다. 그분은 십자가의 사역을 통해 우리를 용서하고 나서 나머지는 우리가 알아서 하기를 바라지 않으신다. 비행기에 매달려 하늘 높이 끌려 올라갔다가 곧 날아서 땅으로 내려오게 될 글라이더를 생각해보라. 우리는 글라이더이고, 그리스도께서는 비행기이시다. 그러나 그분은 우리를 결코 홀로 내버려 두지 않으신다. 그분은 우리가 잘되기를 바라며 우리를 놓아 보내면서 우리가 남은 여정을 잘 마무리하고 하늘에 올라오기를 바라지 않으신다. 그분은 모든 여정에서 우리와 함께하신다.

간단히 말해, 그리스도의 중보 기도란 그분이 지금 우리를 위해 기도하고 계신다는 뜻이다. 신학자 루이스 벌코프는 "그리스도께서 우리가 기도 생활을 게을리할 때도 우리를 위해 항상 기도하고 계신다는 것을 생각하면 참으로 큰 위로가 느껴진다."라고 말했다.[4] 우리의 기도 생활은 형편없을 때가 많다. 그러나 바로 옆방에서 예수님이 우리를 위해 크게 기도하시는 소리가 들려온다면 어떠할까? 아마 그것보다 우리를 더 평안하게 해주는 것은 없을 것이다.

---

3. John Calvin, *Institutes of the Christian Religion*, ed. John T. McNeill, trans. Ford L. Battles, 2 vols. (Louisville, KY: Westminster John Knox, 1960), 2.16.16.

4. Louis Berkhof, *Systematic Theology* (Edinburgh: Banner of Truth, 1958), 400.

오늘날, 그리스도께서 하늘에서 중보 기도를 드리고 계신다는 교리는 간과될 때가 많다. 이것이 너무나도 안타깝게 느껴지는 이유는 이 교리가 큰 위로를 주는 진리이며 그리스도의 마음에 대해 말해주는 진리이기 때문이다. 속죄의 교리는 그리스도께서 과거에 이루신 일을 통해 우리에게 확신을 심어주지만, 중보 기도의 교리는 그분이 지금 하고 계시는 일을 통해 우리에게 확신을 심어준다.

우리가 그리스도 안에 있다면 그것은 곧 우리에게 중보자가 계신다는 뜻이다. 그리스도께서는 성부 앞에서 우리를 하나님의 가장 깊은 품속으로 받아들여야 하는 이유를 밝히고, 이에 대해 성부와 더불어 기뻐하는 살아 계신 중보자이시다. 리처드 십스는 이렇게 말했다.

> 우리는 무엇이든 구할 것이 있으면 날마다 담대히 하나님께 다가갈 수 있다. 우리는 하나님이 사랑하고 기뻐하시는 분의 이름으로 그분 앞에 나갈 수 있다. 하늘과 그곳의 법정에는 우리를 위한 친구가 계신다. 우리가 무엇을 구하든 그 친구가 하나님의 오른편에 앉아서 우리를 위해 중재하신다. 그분은 하나님이 우리를 받아주시게 하고, 우리의 기도를 향기롭게 해 하나님이 들으시게 하신다. 이런 사실은 참으로 크나큰 위로가 아닐 수 없다…그러므로 무엇이든 구할 것이 있으면 우리의 맏형을 하나님 앞에 꼭 함께 데려가야 한다…우리는 그분의 지체이기 때문에 하나님이 그분 안에서 우리를 사랑스럽게 바라보고, 우리를 기뻐하신다.[5]

---

5. Richard Sibbes, *A Description of Christ*, in *The Works of Richard Sibbes*, ed. A. B.

우리의 죄는 한도 끝도 없다. 그러나 그리스도의 구원은 온전하다. 그분의 구원이 항상 우리의 죄를 압도하고, 능가하는 이유는 그분이 항상 살아서 우리를 위해 중보 기도를 드리시기 때문이다.

Grosart, 7 vols. (Edinburgh: Banner of Truth, 1983), 1:13.

9장
대언자이신 그리스도

"아버지 앞에서 우리에게 대언자가 있으니
곧 의로우신 예수 그리스도시라"

요한일서 2:1

'대언'이라는 개념은 '중보'의 개념과 밀접하게 관련된다. 이 두 개념은 서로 중첩되지만, 각각의 헬라어는 그 의미가 약간 다르다. 중보는 두 사람 사이를 중재해 화해를 끌어낸다는 의미를 지닌다. 대언도 비슷하지만 자기 자신을 한쪽 편에 일치시킨다는 의미가 있다. 다시 말해, 중보자는 양쪽 편의 중간에서 중재하는 역할을 하지만, 대언자는 단순히 양쪽 편의 중간에 서지 않고, 한쪽 편과 제휴한 상태로 다른 쪽 앞에 나아가는 역할을 한다. 예수님은 중보자이실 뿐 아니라 대언자이시다. 중보처럼, 대언도 오늘날의 교회 안에서 종종 무시되는 가르침 가운데 하나이며, 이 또한 그리스도의 마음속 깊은 곳에 있는 실체를 보여준다.

번연은 그리스도께서 하늘에서 중보 기도를 드리고 계신다는 교리를 가르치는 히브리서 7장 25절을 다룬 책뿐 아니라 그리스도께서 하늘에서 대언자의 역할을 감당하고 계신다는 교리를 가르치는 요한일서 2장 1절에 관한 책도 저술했다. 요한일서 2장 1절은 이렇게 말한다.

"나의 자녀들아 내가 이것을 너희에게 씀은 너희로 죄를 범하지 않게 하려 함이라 만일 누가 죄를 범하여도 아버지 앞에서 우리에게 대언자가 있으니 곧 의로우신 예수 그리스도시라."

은혜에 관한 신약성경의 가르침은 도덕적인 문제에 무관심하지 않다. 복음은 죄를 버리라고 요구한다. 요한은 그가 편지를 쓰는 목적이 수신자들로 하여금 "죄를 범하지 않게" 하기 위해서라고 분명하게 밝혔다. 만일 이것이 편지를 쓰는 유일한 목적이라고 하더라도 적절하고 타당한 것일 수 있다. 그러나 오직 그것뿐이라면 우리는 절망할 수밖에 없다. 우리에게는 권고만이 아닌 해방이 필요하다. 우리는 왕이신 그리스도만이 아닌 친구이신 그리스도, 곧 우리를 다스릴 뿐 아니라 우리 곁에 계시는 분을 필요로 한다. 우리는 그런 분을 본문 하반부에서 발견할 수 있다.

"만일 누가 죄를 범하여도 아버지 앞에서 우리에게 대언자가 있으니 곧 의로우신 예수 그리스도시라."

―――

본문에서 '대언자'로 번역된 헬라어(파라클레토스)는 신약성경에서 모두 다섯 번 사용되었다. 다른 네 번은 요한복음 14-16장에 기록되어 있는 '다락방 강화'에 사용되었고, 모두 예수님이 하늘에 올라가신 후에 이루어질 성령의 사역을 가리킨다(요 14:16, 26, 15:26, 16:7). 이 헬라어의 의미를 하나의 영어 단어로 온전히 포착하기는 어렵다. 그런 어려움이 영어 번역 성경에서 '돕는 자^{helper}'(ESV, NKJV, GNB, NASB), '대언자^{advocate}'(NIV, NET), '변호자^{counselor}'(CBS, RSV), '위로자^{comforter}'(KJV), '친구^{companion}'(CEB)와 같이 다양한 용어가 사용된 사실에서 분명하게 드러난다. 이런 번역 성경들이 대부분 각주를 달아 교체 가능한 다른 용어들을 제시하고 있는 것에서도 '파라클레토스'의 의미를 하나의 단어로 온전히 나타내기가 어렵다는 사실이 잘 드러나 있다. 이 용어는 다른 사람을 대신해 나서는 사람을 가리킨다. 아마도 '파라클레토스'의 역할을 표현한 영어 단어 가운데서 원어와 가장 가까운 의미를 지닌 용어는 '대언자^{advocate}'일 것이다. 테르툴리아누스와 아우구스티누스 등 라틴어로 글을 쓴 초기 신학자들은 '파라클레토스'를 '아드보카투스^{advocatus}'로 번역했다.[1]

　요한일서 본문의 바로 다음 구절에서는 예수님을 "우리 죄를 위한 화목제물"(요일 2:2)로 일컫는다. 예수님이 우리의 화목제물이시라는 말은 그분이 우리를 향한 성부 하나님의 의로운 분노를 진정시키거나 다른 곳으로 돌리게 하신다는 의미를 지닌다. 이것은 법률적 용어, 곧 객관적인 용어다. 그리스도께서 우리의 대언자이시라는 말

---

[1]. F. W. Danker, ed., *A Greek-English Lexicon of the New Testament and Other Early Christian Literature*, 3rd ed. (Chicago: University of Chicago Press, 2000), 766.

은 약간의 법률적 의미를 내포하고 있기는 하지만, 신약성경 이외의 초기 문헌에서는 깊은 유대감을 나타내는 좀 더 주관적인 의미를 지닌 용어로 더 자주 사용되었다. 그리스도께서는 우리가 느끼는 것을 느끼고, 우리에게 가까이 다가오며, 우리를 대신해 간절히 호소하신다.

그렇다면 그리스도께서는 누구를 대언하실까? 본문은 '누가 죄를 범하여도' 이에 다 해당한다고 말한다. 필요한 조건은 단 하나, 갈망하는 것이다.

우리는 이런 대언을 언제 받을 수 있을까? 본문은 '앞으로 우리에게 대언자가 있을 것이다'라고 말하지 않고 '지금 우리에게 대언자가 있다'고 말한다. 그리스도 안에 있는 자들에게는 지금 그들을 대신해 말하는 누군가가 있다.

이 대언자가 우리를 도우실 수 있는 이유는 무엇일까? 본문은 '그가 의로우시기' 때문이라고 말씀한다. 오직 그분만이 의로우시다. 우리는 불의하지만 그분은 의로우시다. 심지어 우리가 죄를 아무리 잘 뉘우쳤다고 해도 우리에게는 아직도 용서가 필요한 죄가 많이 남아 있을 수밖에 없다. 우리는 대언자 없이 성부 앞에 나가봤자 아무런 희망이 없다. 우리가 오기를 기다리기보다 먼저 다가와서 나를 찾아주신 대언자, 곧 모든 면에서 의로우신 분이 우리의 편이시기 때문에 우리는 차분하고, 담대하게 성부 앞에 나갈 수 있다.

―――

히브리서 7장 25절과 요한일서 2장 1절의 차이를 잠시 살펴봄으로써 그리스도의 중보와 대언의 차이를 좀 더 깊이 파헤쳐보기로 하자. 히브리서 7장 25절은 그리스도께서 항상 살아 계셔서 우리를 위해 중보 기도를 드리신다고 말하는 데 비해 요한일서 2장 1절은 "누가 죄를 범하여도 아버지 앞에서 우리에게 대언자가 있으니"라고 말한다.

차이를 알 수 있겠는가? 중보는 그리스도께서 항상 하시는 일이고, 대언은 필요할 때만 하시는 일이다. 그리스도의 중보는 우리의 일반적인 부패함 때문에 이루어지고, 그분의 대언은 우리의 특정한 죄 때문에 이루어진다. 번연은 이 점을 이렇게 설명했다.

> 제사장이신 그리스도는 앞장서 가시고, 대언자이신 그리스도는 뒤에서 따라오신다.
> 제사장이신 그리스도는 항상 중보하시고, 대언자이신 그리스도는 큰 죄가 저질러졌을 때 호소하신다.
> 제사장이신 그리스도는 항상 행동하시고, 대언자이신 그리스도는 필요할 때만 행동하신다.
> 제사장이신 그리스도는 평화로울 때 행동하시고, 대언자이신 그리스도는 싸움과 다툼과 날카로운 논쟁이 일어났을 때 행동하신다. 따라서 대언자이신 그리스도께서는 가만히 계시다가 자기 백성이 최근에 어떤 더러운 죄를 지어 오염되었을 때에만 일어나 변호하신다.[2]

---

2. John Bunyan, *The Work of Jesus Christ as an Advocate*, in *The Works of John Bunyan*, ed. G. Offor, 3 vols. (repr., Edinburgh: Banner of Truth, 1991), 1:169.

그리스도의 대언이 지니는 인격적인 특성에 주목하라. 대언은 동적인 사역이다. 대언은 상황이 요구할 때에 이루어진다. 일단 구원을 받아 그리스도와 연합한 후에는 더 이상 고통스러운 죄를 짓지 않는다고 가르치는 성경 말씀은 어디에도 없다. 오히려 그와는 반대로 거듭난 상태에서는 죄의 부적절성이 더욱 깊고, 민감하게 느껴지기 마련이다. 신자가 된 후에는 그 전보다 죄가 훨씬 더 죄스럽게 느껴진다. 우리는 우리의 죄성을 예민하게 의식할 뿐 아니라 실제로 여전히 죄를 저지른다. 때로는 큰 죄를 저지르기도 한다. 이것이 그리스도의 대언이 필요한 이유다. 그냥 포기하라고 말하는 것은 하나님의 방식이 아니다. 우리는 그리스도의 제자로서 그분을 실망시킬 때가 많다. 그러나 그분의 대언은 우리의 죄를 압도하기에 충분하다. 그분의 대언이 우리의 실패보다 더 강하다. 그분은 모든 죄를 처리하실 수 있다.

죄를 지었거든 그리스도의 사역을 통해 주어진 법적 신분을 기억하고, 그리스도의 마음에서 비롯하는 그분의 대언을 기억하라. 그분이 일어나 자신의 고난과 죽음의 공로를 근거로 우리를 변호하신다. 우리의 구원은 단지 어떤 공식을 통해 이루어지는 것이 아니라 인격체인 구원자를 통해 이루어진다. 우리가 죄를 지으면 그분은 한층 더 강한 의지를 발동해 우리를 변호하신다. 그분은 자신의 형제와 자매들이 실족해 넘어지면 그들을 위해 대언하신다. 그 이유는 그것이 그분의 본성이기 때문이다. 그리스도께서는 스스로 알아서 하라고 우리를 홀로 버려두지 않으신다.

우리 자신의 삶을 생각해보자. 지나치게 술에 의존하고, 종종 자제력을 잃고 화를 내며, 부정한 방법으로 돈을 벌고, 겉으로는 친절한 척 다른 사람들을 대하지만 실제로는 사람을 두려워하여 그들의 비위를 맞추기에 급급한 습성을 지니고 있으며, 앙심을 품고 등 뒤에서 온갖 험담을 쏟아 내고, 음란물을 습관적으로 즐기는 등, 우리의 삶에서 오직 우리 자신만 알고 있는 어두운 구석을 예수님이 과연 어떤 태도로 바라보실 것 같은가?

그러한 영적 공백의 순간에 예수님은 어떤 분이신가? 당신이 그 죄를 정복했을 때는 그분이 당신에게 어떤 분이시며, 또 죄 가운데 있을 때는 어떤 분이신가? 요한 사도는 그리스도께서 우리 앞에 서서 모든 고발자들을 물리치신다고 말한다. 번연은 "사탄이 무엇을 주장하더라도 변론의 최종 승자는 그리스도이시다. 우리의 대언자이신 그리스도의 변론이 있고 난 뒤에는 사탄은 더는 아무 말도 하지 못할 것이다."라고 말했다.[3] 예수님은 우리의 대언자, 곧 우리를 위로하는 변호자이시다. 그분은 우리가 아는 것보다 우리에게 더 가까이 계시고, 우리가 죄를 짓고 나서 극복했을 때가 아닌 죄를 지은 그 순간에 일어나 우리를 위해 변론하신다. 그런 점에서 그분의 대언은 그 자체로 우리의 죄 정복이다.

성경은 죄를 버리라고 요구한다. 영적으로 건강한 그리스도인이라면 그와 다르게 말할 사람은 없을 것이다. 죄를 짓는다는 것은 곧

---

3. Bunyan, *Works of John Bunyan*, 1:194.

하나님의 자녀라는 우리의 참된 정체성을 저버리고, 우리의 삶 속에 불행을 불러들이며, 하늘에 계신 아버지를 슬프시게 만드는 것이다. 우리는 주님과 동행하는 동안에 더욱 경건해지고, 더욱 성숙해져야 하며, 더욱 진실하게 헌신하고, 더욱 철저하게 복종해야 한다. 그러나 그렇지 않고 죄를 짓더라도, 즉 우리의 참된 정체성을 저버리더라도 우리의 구원자께서는 우리를 내치지 않으신다. 그런 상황에서 우리를 향한 그분의 마음은 더욱 간절해져 하늘에서 우렁찬 음성으로 우리를 대언하고, 변호하심으로써 모든 비난을 잠재우고, 천사들을 놀라게 하며, 우리의 모든 부도덕에도 불구하고 성부께서 우리를 받아들이시게 한다.

이 교리를 믿는다면 우리는 어떤 그리스도인이 되어야 마땅할까?

타락한 인간은 자기변호의 습성을 타고난다. 스스로를 변호하고, 무죄를 주장하는 것은 우리의 자연스러운 성향이다. 굳이 어린아이에게 잘못을 저지르다가 들키거든 변명을 둘러대라고 애써 가르칠 필요가 없다. 가르치지 않아도 어떤 잘못이 자신의 탓이 아닌 이유를 설명하려는 선천적인 방어 기제가 즉각 발동할 것이 분명하기 때문이다. 우리의 타락한 마음은 우리가 실제로 그렇게 나쁜 사람이 아니라는 이유를 본능적으로 만들어내는 능력이 뛰어나다. 타락의 증거는 단지 죄를 짓는 행위만이 아니라 죄에 대한 우리의 반응과 태도를 통해서도 분명하게 드러난다. 우리는 우리의 죄를 축소하고, 변명하고, 얼버무린다. 간단히 말해, 우리는 마음속으로 우리 자신을 강력하게 변호한다. 우리는 우리 자신의 대언자이다.

그러나 우리 자신을 위해 스스로 대언할 필요가 없고, 그 일을 대신해줄 사람이 있다면 어떻게 될까? 그 대언자가 우리가 얼마나 철저하게 부패했는지를 알고 있고, 우리보다 우리를 더 잘 변호해줄 능력이 있다면 어떻게 될까? 우리가 우리 자신을 변호하는 방식과는 달리 책임을 전가하거나 변명을 내세우지 않고, 온전히 의로운 상태로 우리를 대신해 감당한 십자가의 희생과 고난을 통해 모든 죄를 능히 덮어줄 수 있다고 말하는 대언자가 있다면 어떻게 될까? 그러면 우리는 자유로워질 것이다. 우리 자신을 스스로 변호하거나 우리 자신을 추켜세우며 자존감을 높이거나 속으로는 연약함과 열등감에 사로잡혀 고통스러워하면서도 남들 앞에서는 우리의 덕성을 은근히 자랑하려는 심리로부터 온전히 해방될 것이다. 간단히 말해, 우리의 문제를 의로우신 그리스도께 모두 맡길 수 있을 것이다.

번연은 이 점을 다음과 같이 매우 적절하게 설명했다.

> 그리스도께서는 우리를 위해 핏값을 치르셨지만 그것이 전부가 아니다. 대장이신 그리스도께서는 우리를 위해 죽음과 무덤을 정복하셨지만 그것이 전부가 아니다. 제사장이신 그리스도께서는 우리를 위해 하늘에서 중보 기도를 드리시지만 그것이 전부가 아니다. 죄는 여전히 우리 안에 있고, 우리와 함께 있으며, 종교적인 행위든 일반적인 행위든 우리가 하는 모든 행위에 뒤섞여 있다. 기도할 때나 설교할 때나, 말씀을 들을 때나 전할 때나, 집에 있을 때나 가게에 있을 때나, 장사할 때나 침상에 누워 있을 때나 모든 행위가 다 죄에 오염되어 있다.
>
> 밤낮으로 우리를 대적하는 마귀는 성부께 우리의 그릇된 행위를 고발하고, 우리가 그것 때문에 영원히 기업을 얻지 못할 것이라고 주장한다.

만일 우리에게 대언자가 없다면, 우리를 변호해줄 사람이 없고, 변론을 이길 사람이 없고, 우리를 위해 그 직임을 충실하게 감당해줄 사람이 없다면 우리는 어떻게 될까? 그렇게 된다면 우리는 죽을 수밖에 없다.

그러나 우리를 구해줄 대언자가 있기 때문에 우리는 손으로 입을 가린 채 조용히 침묵하면 된다.[4]

우리의 죄를 축소하거나 변명하지 말자. 우리 스스로 변호하지 말자. 이미 하나님의 오른편에 그 일을 해줄 분이 계신다. 그분이 자신의 상처를 근거로 우리를 변호하신다. 우리의 불의를 볼 때 어둠과 절망에 짓눌리지 말고, 오히려 그로 인해 의롭고, 모든 밝음과 충족함 가운데 계신 예수 그리스도께 더욱 나아가자.

---

4. Bunyan, *Works of John Bunyan*, 1:197.

10장
그리스도의 마음의 아름다움

"아버지나 어머니를 나보다 더 사랑하는 자는 내게 합당하지 아니하고"

마태복음 10:37

조나단 에드워즈는 1740년 여름에 교인들 가운데 한 살에서 열네 살에 이르는 어린아이들만 모아놓고 설교를 전했다. 위대한 신학자인 그가 매사추세츠 노샘프턴의 서재에서 교회의 여섯 살, 여덟 살, 열 살 된 아이들에게 전할 설교를 준비하는 모습을 한 번 상상해 보자. 그는 작은 종이 열두 장에 섬세하고, 유려한 필체로 설교를 빼곡하게 채워 넣고, 첫 장의 맨 위에는 '어린아이들에게, 1740년 8월'이라고 간단하게 적었다.

미국 역사상 가장 위대한 신학자가 어린아이들에게 뭐라고 말했을 것 같은가? 에드워즈가 말하려 했던 요점은 "어린아이들은 세상에 있는 그 어떤 것보다 주 예수 그리스도를 더 사랑해야 한다."는 것이었다.[1] 그는 "아버지나 어머니를 나보다 더 사랑하는 자는 내게

---

1. Jonathan Edwards, "Children Ought to Love the Lord Jesus Christ Above All," in

합당하지 아니하고"(마 10:37)라는 말씀을 설교 본문으로 채택했다. 그것은 15분 내지 20분 정도 걸렸을 것으로 보이는 짧은 설교였다. 에드워즈는 그 설교를 통해 어린아이들이 예수님을 그 무엇보다도 더 사랑해야 할 이유를 여섯 가지로 나눠 제시했다. 첫 번째 이유는 다음과 같다.

그리스도의 마음 안에 있는 사랑보다 더 위대하고, 더 경이로운 사랑은 없다. 그분은 긍휼을 베풀기를 좋아하시고, 슬프고 고통스러운 상황에 처한 사람들을 기꺼이 동정하신다. 또한, 그분은 자기 백성이 행복을 누리는 것을 기뻐하신다. 태양이 촛불보다 훨씬 더 밝은 것처럼, 그리스도께서 나타내신 사랑과 은혜는 세상에 있는 모든 것을 능가한다. 부모들은 자식들을 자애롭게 대할 때가 많지만 예수 그리스도의 자애로움과 같은 것은 세상에 없다.

조나단 에드워즈가 어린아이들에게 세상이 주는 그 어떤 것보다도 예수 그리스도를 더 사랑해야 한다고 권고하면서 가장 먼저 꺼낸 이유는 바로 그리스도의 마음이었다. 그는 이 설교를 비롯해 그의 모든 책과 글을 통해 굿윈과 다른 신학자들이 흔히 말했던 것과는 조금 다른 방향을 지향했다. 그는 그리스도의 마음에 관해 말할 때, 그 은혜로운 마음의 아름다움, 또는 사랑스러움을 강조했다. 이

The Works of Jonathan Edwards, vol. 22, Sermons and Discourses 1739-1742, ed. Harry S. Stout and Nathan O. Hatch (New Haven, CT: Yale University Press, 2003), 171.

점은 한 장(章)을 할애해 살펴볼 가치가 있다.

———

"그리스도의 마음 안에 있는 사랑보다 더 위대하고 더 경이로운 사랑은 없다."는 에드워즈의 말을 다시 한번 살펴보자.

인간의 본성에는 아름다운 것을 좋아하는 성향이 존재한다. 우리는 아름다운 것에 매료된다. 에드워즈는 이 점을 깊이 이해했고, 아름다운 것에 끌리는 성향이 영적인 것들과도 관계가 있다는 사실을 의식했다. 사실, 그는 영적인 아름다움에 비하면 다른 모든 아름다움은 한갓 그림자요 메아리에 지나지 않는다고 말하곤 했다. 에드워즈는 그의 사역 기간 내내 사람들에게 그리스도의 아름다우심을 일깨워주려고 노력했다. 그는 1740년 8월에 어린아이들에게도 그렇게 했다. 그는 그 설교의 후반부에서 "하나님 안에 있는 사랑스러운 것이 모두 그리스도 안에 있고, 인간 안에 있는 사랑스러운 것도 모두 그분 안에 있다. 그 이유는 그분이 하나님이요 사람이시기 때문이다. 그분은 가장 거룩하고, 가장 온유하고, 가장 겸손하시며, 모든 점에서 가장 뛰어난 인간이시다."라고 말했다.[2]

사랑스러운 것은 무엇이든 예수님 안에 있다. 왜냐하면 "그분은 가장 거룩하고, 가장 온유하고, 가장 겸손하시며, 모든 점에서 가장 뛰어난 인간이시기" 때문이다. 온유함과 겸손함은 그리스도께서 마태복음 11장 29절에서 자신의 마음을 직접 묘사하면서 사용하셨던

---

2. Edwards, *Works*, 22:172.

용어들이다. 그리스도를 아름답게 만드는 것은 바로 그분의 온유한 마음이다. 바꾸어 말해, 우리가 그리스도께 가장 크게 매료되는 이유는 그분의 온유하고, 자애롭고, 겸손한 마음 때문이다.

오늘날, 우리는 교회에서 하나님과 그리스도의 영광을 종종 언급한다. 하나님의 영광에 관한 어떤 것이 우리를 사로잡아 죄를 정복하게 하고, 우리를 빛을 발산하는 사람으로 만들 수 있을까? 단지 창조주의 광대하심과 그분의 초월적인 위대하심만으로 우리가 그분에게 매료될 수 있을까? 에드워즈는 그럴 수 없다고 말하면서, 우리를 하나님께로 이끄는 것은 그분의 사랑스러운 마음이라고 말했다. 에드워즈는 "사람들의 의지를 굴복시키고, 그들의 마음을 사로잡는 것은 그리스도의 신적인 아름다움을 보는 경험이다. 하나님의 위대하심을 보면 사람들은 압도당한다."라고 말했다. 그러나 우리의 가장 심원한 필요를 채워주는 것은 하나님의 위대하심을 보는 경험이 아니라 그분의 선하심을 보는 경험이다. 단지 하나님의 위대하심만을 바라보면 "마음의 반항심과 적대감이 조금도 줄어들지 않고 그대로 남아 있고, 의지도 조금도 유연해지지 않을 수 있다. 그러나 하나님의 도덕적, 영적 영광과 예수 그리스도의 지극한 자애로움이 마음에 조금이라도 영향을 미치면 그런 적대감이 극복되어 사라지고, 영혼이 전능한 능력에 이끌려 그리스도께로 기울게 된다."[3]

---

3. Jonathan Edwards, "True Grace, Distinguished from the Experience of Devils," in *The Works of Jonathan Edwards*, vol. 25, *Sermons and Discourses, 1743–1758*, ed. Wilson H. Kimnach (New Haven, CT: Yale University Press, 2006), 635.

우리는 예수님의 아름다운 마음을 통해 하나님께로 이끌린다. 에드워즈는 다른 설교에서 죄인들과 고난받는 자들이 그리스도께 나왔을 때 "그들은 지극히 탁월하고, 사랑스러운 인격체를 발견하게 된다"라고 말했다. 그 이유는 그들이 "탁월한 위엄과 완전한 순결과 광채를 지녔을" 뿐 아니라 지극한 위엄을 지녔으면서도 "가장 감미로운 은혜를 지닌 분, 곧 온화함과 온유함과 사랑으로 가득한 분" 앞에 나오기 때문이다.[4] 예수님은 "그들을 기꺼이 받아줄 준비가 되어 있으시다." 부패한 본성을 지닌 죄인들은 그분이 자신들의 죄를 보고서도 오히려 더욱더 자기들을 기꺼이 품에 안아주시기를 원하시는 것을 보고서 깜짝 놀라지 않을 수 없다. "그들은 너무나 뜻밖에도 양팔을 활짝 벌려 자기들을 안아주고, 마치 자기들이 한 번도 죄를 지은 적이 없는 것처럼 모든 죄를 영원히, 기꺼이 잊어버리기를 원하는 분을 발견한다."[5]

우리가 그리스도께 나오면 우리를 기꺼이 맞아주시는 아름다운 그분의 마음에 놀랄 수밖에 없다. 그런 놀라움 자체가 우리를 매료시킨다.

아름다운 그리스도의 마음을 생각해본 적이 있는가?

---

4. Jonathan Edwards, "Seeking After Christ," in *The Works of Jonathan Edwards*, vol. 22, *Sermons and Discourses, 1739-1742*, ed. Harry S. Stout and Nathan O. Hatch (New Haven, CT: Yale University Press, 2003), 289.

5. Edwards, *Works of Jonathan Edwards*, 22:290.

아마도 그리스도에 관해 생각할 때 우리는 그리스도께서 아름다우시다는 생각을 쉽게 떠올리지는 못할 것이다. 우리는 하나님과 그리스도를 아름다움이 아닌 진리의 관점에서 생각하기 쉽다. 그러나 우리가 건전한 교리를 중시하는 가장 큰 이유는 하나님의 아름다우심을 보존하기 위해서다. 이는 카메라의 초점 렌즈를 중시하는 가장 큰 이유가 사진으로 찍는 물체의 아름다움을 정확하게 포착하기 위해서인 것과 비슷하다.

예수님이 자신의 사랑스러운 마음으로 우리를 자기에게로 이끄시게 하자. 그것은 회개하지 않은 자들은 엄히 꾸짖고(이것은 적절한 처사다), 회개한 자들은 우리가 기대하는 것보다 더 따뜻하게 감싸주는 마음이다. 그것은 우리를 하나님의 사랑이 가득 느껴지는 밝은 목초지로 이끄는 마음이요, 멸시받고 버림받은 사람들이 더 이상 자아를 의지하지 않고, 그리스도 앞에 엎드려 오직 그분에게서만 희망을 찾게 만드는 마음이다. 예수님의 마음은 완전한 균형과 조화를 이루고 있기 때문에 과잉 반응하거나 발뺌하거나 비난을 일삼지 않는다. 그것은 궁핍한 자들을 불쌍히 여기는 마음이요, 고난받는 자들과 하나가 되어 그들의 고난에 동참함으로써 깊은 위로를 가득 넘쳐나게 하는 마음이다. 한 마디로, 그것은 온유하고, 겸손한 마음이다.

따라서 예수님의 마음은 당신을 향해 온유할 뿐 아니라 당신에게 사랑스러운 무언가여야 한다. 만일 "예수님의 마음과 사랑을 나누라"라는 말이 가능하다면 그렇게 말하고 싶다. 내 말의 요지는 그분의 마음을 통해 그분을 생각하라는 것이다. 그분의 마음에 매료되도록 하라. 다른 영적 훈련에 힘쓰는 가운데 한가하고, 조용한 시간을 마련해 그리스도의 참모습의 광채, 그분을 약동하게 만드는 힘, 그분의 가장 큰 기쁨을 묵상하는 습관을 기르도록 하라. 당신의 영혼 안에 그리스도께 다시금 깊이 매료될 수 있는 여지를 만들어라.

교회의 나이든 경건한 신자들을 생각해보라. 그들이 그렇게 경건한 신자가 될 수 있었던 이유가 무엇이라고 생각하는가? 건전한 교리를 믿었기 때문일까? 물론이다. 흔들림 없는 복종, 의심 없는 태도, 고난을 겪었지만 냉소적이지 않은 태도도 이유가 될 수 있을 것이다. 그러나 그 외에 다른 이유, 좀 더 깊은 이유는 그들이 세월이 흐르는 동안 온유하신 구원자에게 갈수록 더 깊은 애정을 느끼게 되었기 때문일 것이다. 아마도 그들은 오랜 시간을 거치면서 예수님이 자신들의 죄에도 불구하고 자기들을 내치기는커녕 오히려 더욱 감싸주시는 것을 보고서 놀라움을 느꼈을 것이다. 그들은 예수님이 자기를 사랑하신다는 것을 머리로만 알고 있지 않고, 마음으로 느꼈을 것이 틀림없다.

―――

이번 장을 마무리하기 전에 우리 주변의 어린아이들을 잠시 생각해보고 싶다. 조나단 에드워즈는 자기가 알고 있는 어린아이들에게 "그리스도의 마음 안에 있는 사랑보다 더 위대하고, 더 경이로운 사랑은 없다."고 말했다. 우리는 우리만의 방법과 기회를 통해 어떻게 그렇게 말할까?

교회의 복도에서 마주친 어린아이들이 필요로 하는 것은 무엇일까? 그들의 가장 절실한 필요는 무엇일까? 물론, 그들에게는 친구들,

격려의 말, 학습 지도, 영양가 많은 음식 등이 필요하다. 그러나 가장 중요한 필요, 곧 다른 필요들이 충족되지 않을 때도 그들의 삶을 지탱해주고, 숨을 쉴 수 있게 해주는 것은 바로 그들을 위하시는 예수님의 마음을 의식하는 것이 아닌가 싶다.

부모가 자식과 함께 있을 때 해야 할 일은 무엇일까? 이 질문에 대한 올바른 대답은 수백 가지가 넘을 것이다. 그러나 부모가 해야 할 가장 중요한 일은 자신들의 사랑이 아무리 뛰어나다고 해도 그보다 더 큰 사랑의 그림자에 지나지 않는다는 것을 아이들에게 일깨워주는 것이다. 좀 더 확실하게 말하면, 그리스도의 온유하신 마음을 거부할 수 없고, 잊을 수 없게 만들어주는 것이다. 자녀들이 열여덟 살에 집을 떠나서 죄를 짓고, 고난을 겪을 때 그리스도께서 자기들을 버리지 않고 오히려 감싸주신다는 것을 믿으면서 남은 인생을 살아갈 수 있게 하는 것이 우리의 목표다.

아마도 이것이 내가 나의 아버지로부터 받은 가장 큰 선물일 것이다 아버지는 나와 형제들이 성장하는 동안 건전한 교리를 가르쳤다. 요즘에는 신자들의 가정에서 이 일조차도 제대로 이행하지 않을 때가 많다. 그러나 아버지는 내게 하나님에 관한 진리보다 훨씬 더 깊은 무언가를 보여주었다. 그것은 바로 죄인들의 친구이신 그리스도를 통해 밝히 드러난 하나님의 마음이었다. 아버지는 그 마음이 내 눈에 아름답게 보이게 해주었다. 아버지는 나를 강요하지 않고, 내가 그 마음에 스스로 이끌리게 했다. 우리에게도 우리 주위에 있는 어린아이들을 예수님의 마음 속으로 이끌어 들이는 창조적인 방법들을 생각해 낼 수 있는 특권이 주어졌다. 죄인들과 고난받는 자들에게 가까이 다가가고자 하시는 그리스도의 마음은 교리적인 측면에서는 사실이고, 심미적인 측면에서는 매혹적이다.

11장
그리스도의 감정생활

> *"예수께서 그가 우는 것과 또 함께 온 유대인들이 우는 것을 보시고*
> *심령에 비통히 여기시고 불쌍히 여기사"*
>
> 요한복음 11:33

기독론에 속하는 교리 가운데 일부 그리스도인들이 이해하기 어려워하는 교리가 하나 있다면, 그것은 바로 그리스도의 영속적인 인성일 것이다. 우리는 하나님의 아들께서 인간의 육신을 입고 하늘에서 내려와 삼십여 년 동안 세상에서 살다가 다시 하늘에 올라가신 후에는 성육신 이전의 상태로 되돌아가셨을 것이라는 인상을 받곤 한다.

그러나 이것은 노골적인 이단 사상은 아닐지라도 명백한 기독론적 오류에 해당한다. 하나님의 아들께서는 인성을 취하고 나서 그것을 다시 버리지 않으셨다. 그분은 인간이 되셨고, 영속적으로 그 상태를 유지하신다. 이것이 그리스도의 승천 교리이다. 그분은 육신을 입은 상태로 하늘에 올라가셨다. 그분은 무덤에서 살아난 온전한 인성을 지니고 계신다. 물론, 그리스도께서는 늘 하나님이셨고, 지금도 여전히 하나님이시다. 그러나 한 번 취한 그분의 인성은 결코 끝나지 않는다. 〈하이델베르크 교리문답〉은 그리스도 안에서 "우리의 몸이 하늘에 있다."고 말한다(49문).

그리스도의 영속적인 인성이라는 진리 안에는 성육하신 그리스도께서 죄인들과 고난받는 자들에게 감정과 열정과 사랑을 쏟으시는 모습에 대한 사복음서의 증언이 오늘날에도 그분의 참된 실체를 고스란히 드러내고 있다는 의미가 함축되어 있다. 성자께서는 육체 없이 신성만 지닌 상태, 곧 육신을 입기 이전의 상태로 되돌아가지 않으셨다.

성자께서 취하신 육신은 실제적이고, 온전하고, 완벽한 인성이었다. 예수님은 인류 역사상 가장 참된 인간이셨다. 유티케스주의나 단성론 같은 고대의 이단 사상은 예수님을 신성과 인성의 혼합체, 즉 하나님과 인간의 중간쯤에 해당하는 독특한 제3의 존재로 간주했다. 이 이단 사상은 451년에 칼케돈(오늘날의 터키)에서 열린 4차 공의회에서 단죄되었다. 그 공의회에서 작성된 칼케돈 신조는 예수님을 신성과 인성의 혼합체가 아닌 '참된 하나님이요 참된 인간'으로 고백했다. 죄 없는 인성이 무엇을 의미하든 간에 예수님은 과거에는 물론, 지금도 여전히 인성을 지니고 계신다. 인성의 모든 요소는 타락으로 인해 죄에 오염되었고, 우리의 감정도 예외가 아니다. 그러나 감정 자체는 타락의 결과물이 아니다. 예수님은 우리처럼 모든 감정을 온전히 경험하셨다(히 2:17, 4:15).[11] 칼빈은 "인간의 육신을 입

---

1. B. B. Warfield, *The Person and Work of Christ* (Oxford, UK: Benediction Classics, 2015), 137-38.

으신 하나님의 아들께서 자발적으로 인간의 감정을 취하셨다. 따라서 그분은 죄만 빼고는 자신의 형제들과 조금도 다르지 않으셨다."라고 말했다.[2]

프린스턴의 위대한 신학자 워필드(1851-1921)는 1912년에 "우리 주님의 감정생활에 관해"라는 유명한 글을 썼다. 그는 그 글에서 그리스도의 내면, 곧 자신이 "주님의 감정생활"로 일컬은 것에 관한 사복음서의 가르침을 다루었다. 워필드가 말하는 감정은 우리가 말하는 감정, 곧 불균형적이고, 반동적이며, 건강하지 못한 방식으로 욕구에 좌우되는 감정을 의미하지 않는다. 그는 단지 예수님이 느끼셨던 것에 초점을 맞추었을 뿐이다. 워필드는 그리스도의 감정을 생각하면서 그분의 감정이 그분의 가장 깊은 마음속으로부터 어떤 식으로 흘러나오는지를 거듭 살펴보았다.

그렇다면 사복음서는 예수님의 감정생활에 관해 무엇을 가르칠까? 과연 무엇이 경건한 감정생활일까? 그것은 완전한 균형과 조화와 통제가 가능할 뿐 아니라 깊고 넓은 감정에 근거한 내적 생활을 의미한다.

워필드는 사복음서에 나타난 예수님의 다양한 감정을 살펴보았다. 그는 그 가운데 두 가지, 곧 동정심과 분노의 감정에 대해서도 탐구하였다. 워필드의 탐구를 살펴보는 것은 그리스도의 마음에 관한 우리의 연구에 매우 유익한 시사점을 가져다준다.

---

2. John Calvin, *Commentary on the Gospel according to John*, vol. 1, trans. William Pringle (Grand Rapids, MI: Baker, 2003), 440.

워필드는 그리스도의 삶에서 발견되는 특정한 감정들에 관한 탐구를 이렇게 시작했다.

> 예수님은 일평생 긍휼의 사역을 행하셨다. 그분이 행한 사역의 특징은 선행이었다. 그런 예수님의 모습이 제자들의 기억 속에 각인되어 "두루 다니시며 선한 일을 행하시고"(행 10:38)라는 말로 간단하게 요약되었다. 따라서 예수님께 가장 자주 적용되었을 것이라고 자연스럽게 기대할 수 있는 감정은 바로 '동정심'이다. 이것이 실제로 예수님께 가장 자주 적용되었던 감정이다.[3]

그리고 나서 워필드는 그리스도께서 동정심을 드러내신 구체적인 사례들을 나열했다. 그는 예수님이 단지 동정심에서 우러난 행위를 하는 데 그친 것이 아니라 불행한 사람들에 대해 마음이 괴롭고, 고통스러울 만큼 큰 연민을 느끼셨다는 사실을 일깨워주려고 노력했다. 예수님은 소경과 장애인과 고통받는 자들이 도움을 요청할 때면 "마음속으로 깊은 연민의 감정을 느끼셨다. 그분의 동정심이 외적 행위를 통해 분명하게 드러났다. 그러나 우리 주님의 반응을 묘사하기 위해 사용된 용어가 강조하는 것은…그분의 감정적인 본성이 내면 깊은 곳에서 감동되었다는 것이다."[4] 예를 들어, 예수님은

---

3. Warfield, *Person and Work of Christ*, 96.

4. Warfield, *Person and Work of Christ*, 97-98.

두 소경이나 나병환자로부터 보기를 원하고, 깨끗해지기를 원한다는 말을 들었을 때는 물론이고(마 20:30-31, 막 1:40), 특별한 간청이 없는 상태에서 단지 슬퍼하는 과부를 보는 것만으로도(눅 7:12) "마음속으로 깊은 동정심을 느끼셨다."[5]

성경은 위의 사례들을 언급하면서 예수님의 행위가 같은 내적 상태에서 비롯했다고 묘사한다(마 20:34, 막 1:41, 눅 7:13). 사용된 헬라어 '스플랑크니조'는 '불쌍히 여기다'로 종종 번역된다. 그러나 이 용어는 일시적인 동정심을 넘어서는 의미를 지닌다. 이 용어는 깊은 감정, 곧 마음속에서 솟구쳐오르는 강렬한 감정과 열망을 가리킨다. 이 동사의 명사형을 문자대로 옮기면 '내장, 창자'를 뜻한다.

워필드는 이 동정심의 의미를 예수님의 실체와 그분의 내적인 감정생활의 상태가 어떤지를 보여주는 근거로 삼았다는 점에서 특별히 뛰어난 통찰력을 드러냈다. 그는 자신의 글에서 인류 역사상 완전한 인간은 예수님 한 분뿐이시라는 사실을 상기하면서 우리가 그분의 감정생활과 동정심과 같은 감정을 어떻게 이해할 수 있을지에 논의의 초점을 맞춘다. 워필드는 그리스도께서는 참된 인간이고(인성과 신성의 혼합체가 아닌), 또 완전한 인간이시기 때문에 그분의 감정은 깊이의 측면에서 우리의 감정을 훨씬 능가한다는 사실을 일깨워주었다.

예를 하나 들면 이 점을 좀 더 분명하게 이해할 수 있을 것이다. 몇 년 전에 인도의 방갈로르의 거리를 걸어갔던 기억이 난다. 나는

---

5. Warfield, *Person and Work of Christ*, 98.

마을의 한 교회에서 막 설교를 마치고 나를 태워다줄 차량이 도착하기를 기다리는 중이었다. 교회 마당 밖에 한 노인이 있었다. 커다란 판지에 앉아 있는 것으로 보아 노숙자가 분명했다. 그는 더러운 누더기를 걸치고 있었고, 치아도 여러 개가 빠져 있었다. 가장 처참한 것은 그의 손이었다. 손가락 대부분이 부분적으로 썩어들어간 상태였다. 상처를 입어 훼손된 것은 아니고 세월이 지나면서 서서히 썩어들어간 것이 분명했다. 그는 나병환자였다.

그 순간, 내 마음속에서 어떤 느낌이 들었을까? 방황하기 좋아하는 나의 타락한 마음속에서 어떤 감정이 느껴졌을까? 조금이나마 동정심이 느껴졌다. 그러나 그것은 미온적인 동정심이었다. 타락이 나의 감정은 물론, 나의 모든 것을 파괴했다. 타락한 감정은 지나친 반응을 보이거나 미온적인 반응을 보임으로써 죄를 짓는다. 왜 내 마음은 그 비참한 노인을 보고 그토록 냉담한 반응을 보였던 것일까? 그 이유는 내가 죄인이기 때문이다.

온전히 기능하는 감정을 지닌 죄 없는 사람이 나병환자를 보았을 때는 어떻게 될까? 죄는 나의 동정심을 억눌렀다. 억눌리지 않은 동정심은 과연 어떤 상태일까?

예수님은 바로 그런 동정심, 곧 완전하고 순전한 동정심을 느끼셨다. 그분의 내면에서 솟구친 감정은 무엇과 같았을까? 구약성경에 기록된 예언의 말씀이 아닌 실제 인간을 통해 나타난 완전한 동정심은 과연 어떤 것일까? 그런 인간이 비록 하늘에 있지만 여전히 인간으로서 영적 나병환자인 우리를 순전한 동정심으로 내려다보며 우리의 동정심을 억누르는 부패한 자기도취의 감정에 제한받지 않는 감정을 거침없이 쏟아 낸다면 어떻게 될까?

―――

그리고 동정심만이 아니라 다른 감정도 살펴보자. 완전한 분노란 또 어떤 것일까?

아마도 이것이 워필드의 글을 통해 이루어진 가장 중요한 공헌일 것이다. 이것은 그리스도의 마음을 탐구하면서 우리의 마음속에 떠오른 한 가지 질문과 관련이 있을 수도 있다. 그것은 바로 "그리스도의 온유하고 겸손한 마음, 그분의 깊은 동정심을 강조하는 말이 분노하신 예수님을 묘사하는 복음서의 기록과 어떻게 조화를 이룰 수 있는가? 예수님의 온유함에만 초점을 맞춘다면 너무 편향적이지 않은가? 그분이 분노하신 것은 사실이 아닌가?"라는 질문이다.

워필드가 예수님의 분노를 탐구하기 시작하면서 어떤 말을 했는지 유심히 살펴볼 필요가 있다. 그는 선과 악을 구별하는 것과 선에 이끌리고 악을 혐오하는 것이 도덕적인 완전함과 관련된 문제라고 지적하고 나서 이렇게 말했다.

따라서 도덕적인 존재가 그릇된 것을 의식하고서 무감각하고, 냉담한 태도를 보이는 것은 불가능할 것이다. 도덕적인 존재란 옳고, 그른 것의 차이를 알고, 옳은 것과 그른 것에 적절하게 반응하는 존재를 의미한다. 분노와 노여움의 감정은 도덕적인 존재의 자기표현에 해당한다. 도덕적인

존재는 그릇된 것을 보았을 때 그런 감정을 느끼지 않을 수 없다.[6]

워필드의 말은 그리스도와 같이 도덕적으로 완전한 인간이 불의를 보고 분노하지 않으면 자가당착이라는 뜻이다. 우리는 그리스도의 동정심을 강조하면 그분의 분노를 무시하게 되고, 그분의 분노를 강조하면 그분의 동정심을 무시하게 된다고 생각한다. 그러나 그 둘은 공존한다. 그리스도께서 동정심이 없었다면 주위의 불의, 인간의 잔혹함과 야만성, 당시의 종교 지도자들의 불법에 분노할 수 없으셨을 것이다. "그분의 영혼 안에서 동정심과 분노가 함께 일어났다."[7] 딸을 극진히 사랑하는 아버지는 딸이 학대를 당하는 것을 보면 크게 분노할 것이 틀림없다.

예수님의 분노를 논리적 삼단 논법에 맞춰보면 다음과 같다.

전제 1 : 도덕적 선은 악에 대해 분노한다.
전제 2 : 예수님은 도덕적 선의 화신이다. 그분은 도덕적으로 완전하셨다.
결론 : 그러므로 예수님은 악에 대해 누구보다도 더 큰 분노를 드러내셨다.

예수님이 어린아이를 실족하게 만드는 사람들에게 크게 분노하시면서 그런 사람은 깊은 바다에 빠져 죽는 것이 더 나을 것이라고

---

6. Warfield, *Person and Work of Christ*, 107.
7. Warfield, *Person and Work of Christ*, 141.

말씀하신 이유는(마 18:6) 악인들을 고통스럽게 하는 것을 즐거워해서가 아니라 어린아이들을 깊이 사랑하셨기 때문이다. 즉 예수님이 그토록 무서운 저주를 선언한 이유는 정의를 베푸는 것이 속 시원해서가 아니라 사랑의 마음을 지니셨기 때문이다.

예수님은 마태복음 23장에서도 서기관들과 바리새인들을 향해 심판을 선언하셨다. 무엇이 그런 무서운 저주를 선언하게 했을까? 그것은 바로 종교 지도자들이 학대하고, 그릇 인도했던 백성들에 대한 그분의 지극한 관심이었다. 그들의 가르침을 받은 백성들은 짊어지기 힘든 무거운 짐을 짊어져야 했다(마 23:4). 그런 탓에 그런 사랑스러운 백성들이 서기관과 바리새인들보다 "배나 더 지옥 자식이 되는"(마 23:15) 결과가 나타났다. 간단히 말해, 서기관들과 바리새인들은 의로운 선지자들의 피를 흘리게 만든 책임이 있었다(마 23:34-35). 백성들을 향한 그들의 마음은 그리스도의 마음과 정반대였다. 그들은 백성들을 이용해 자신들을 영광스럽게 하기를 원했고, 예수님은 백성들을 섬기고 세우길 원하셨다. 그분은 암탉이 병아리를 날개 아래 모아 보호하는 것처럼 백성들을 자신의 날개 아래 모으기를 원하셨다(마 23:37).

성전에서 환전상들을 쫓아내신 일은 또 어떤가? 그것도 일견 온유한 태도는 아닌 것이 분명했다. 그리스도의 마음은 그런 행위와 어떻게 조화를 이룰 수 있을까? 예수님은 심지어 채찍을 만들기까지 하셨다(요 2:15). 예수님은 조용히 한쪽에서 채찍을 만들어 들고, 홀로 사람들 사이를 누비면서 환전상들을 사납게 내쫓고, 그들의 상을 뒤집으셨다. 그분은 왜 그렇게 하셨을까? 그 이유는 그들이 성전을 오용했기 때문이다. 성전은 하나님의 집, 곧 죄인들이 와서 희생제사를 드리고, 하나님과 교제를 나누며, 그분의 은혜와 축복을 누리는 곳이었다. 그곳은 하나님과 그분의 백성이 서로 교통하는 기도의 장소였다. 환전상들은 성전을 하나님과 교통하는 장소가 아닌 돈을 버는 장소로 전락시켰다.

그리스도께서는 과거에도 분노하셨고, 지금도 여전히 분노하신다. 그 이유는 그분이 완전한 인간이시기 때문이다. 그분은 사랑이 너무나도 많아서 무관심하게 가만히 있을 수가 없으시다. 의로운 분노는 그분의 마음, 곧 그분의 자애로운 동정심의 발로다. 그분이 죄에 조금도 오염되지 않은 상태로 신속하게 분노하고, 사납게 화를 내신 이유는 그분의 가장 깊은 마음속에 자애로운 동정심이 가득하기 때문이다.

복음서에서 그리스도의 의로운 분노를 가장 분명하게 보여주는 사례는 요한복음 11장에 기록된 나사로의 죽음이다. 그곳의 33절과 38절에 사용된 동사는 깊은 분노로 가득한 예수님의 내적 상태를 잘 보여준다. "예수님은 억제할 수 없는 슬픔이 아닌 억누를 수 없는 분노의 상태로 나사로의 무덤에 다가가셨다…그분의 가슴을 찢고 밖으로 분출하기 위해 부글부글 들끓어 올랐던 감정은 다름 아닌 의로운 분노였다."[8] 워필드는 계속해서 나사로 사건이 요한복음 전체에서 차지하는 역할을 살펴보았다. 그는 그것을 그리스도의 마음과 연관시켰다.

---

8. Warfield, *Person and Work of Christ*, 115.

억누를 수 없는 분노가 그분을 엄습했다…그분이 분노를 느낀 대상은 죽음과 그 배후에 있는 죽음의 권세를 가진 자, 곧 파괴를 목적으로 세상에 온 자였다. 동정의 눈물이 그분의 눈을 가득 채웠지만 그것은 부차적인 것이었다. 그분의 영혼은 분노에 사로잡혔다…나사로의 부활은 독립된 하나의 기적이 아니라 예수님이 지옥과 죽음을 정복하셨다는 것을 보여주는 공개적인 상징이자 결정적인 사례였다.

요한은 우리를 위해…예수님의 마음을 열어 보여주었다. 예수님은 우리를 위해 구원을 이루셨다. 그분은 냉담하고 무관심하게 있지 않고, 불같은 분노를 드러내며 우리를 대신해 원수를 치셨다. 그분은 우리를 억압하는 악으로부터 우리를 구원하셨을 뿐 아니라 억압을 당하는 우리를 불쌍히 여겨 우리와 함께하신다. 그런 감정의 격발을 통해 우리의 구원이 이루어졌다.[9]

─────

그리스도께서는 회개하지 않은 자들에게는 사자와 같지만 회개한 자들에게는 양과 같으시다. 그분은 자기를 낮추고, 마음을 열고, 죄를 고백하고, 구원을 갈망하고, 의에 굶주리고, 겸손하게 처신하는 자들을 자애롭게 대하신다. 그분은 우리를 괴롭히는 모든 것에 의로운 분노와 증오심을 드러내신다. 그리스도께서 우리의 슬픔과 질고를 짊어지신다는 이사야서 53장의 말씀을 잊지 말라(4절). 그리스도

---

9. Warfield, *Person and Work of Christ*, 117. 칼빈의 주석 또한 참조하라. 칼빈은 요한복음 11장에 언급된 그리스도의 감정에서 발견되는 온전한 인성에 관해 아우구스티누스의 견해를 명백히 거부하고, 워필드와 똑같은 견해를 피력했다.

께서는 우리를 대신해 징벌을 당함으로써 우리가 결코 원하지 않을 것(정죄)을 경험하셨을 뿐 아니라 우리의 고난에 동참함으로써 우리 자신이 겪는 것(학대)을 경험하신다. 그분은 우리의 슬픔을 슬퍼하시고, 우리의 괴로움을 괴롭게 여기신다.

당신은 오늘 분노했는가? 분노가 죄라고 성급히 속단하지 말라. 성경은 분노해야 할 때는 분노해야 한다고 가르친다(시 4:4, 엡 4:26). 분노해야 할 이유가 있었는지도 모른다. 누군가가 당신에게 죄를 범했고, 적절할 반응은 오직 분노뿐이다. 예수님도 당신 곁에서 분노하신다는 사실을 위안으로 삼으라. 그분은 우리의 분노에 동참하신다. 그분은 우리에게 가해진 잘못에 대해 우리보다 더 크게 분노하신다. 우리의 의로운 분노는 그분의 분노를 보여주는 그림자. 물론, 그리스도의 분노는 우리의 분노와는 달리 죄에 조금도 오염되지 않는다. 우리에게 잘못을 저지른 사람들을 생각할 때는 우리를 대신해 예수님이 분노하시게 하자. 그분의 분노는 신뢰할 수 있다. 왜냐하면 우리를 향한 그분의 동정심에서 우러나오는 분노이기 때문이다. 그리스도께서는 복음서에서 사람들이 학대당하는 것을 보고 분노하셨던 것처럼, 지금 하늘에서 우리가 학대당하는 것을 지켜보면서 똑같이 분노하신다.

이런 사실을 알고 있으면 당신에게 잘못을 범한 자들을 원망하지 않고, 평안한 마음을 되찾을 수 있다. 당신을 깊이 동정하는 그리스도의 마음을 의지하고, 당신을 괴롭히는 모든 고통, 특히 죽음과 지옥에 대해 그리스도께서 당신과 함께 분노하신다는 사실을 확신하라.

12장
자애로운 친구이신 그리스도

"세리와 죄인의 친구로다"

마태복음 11:19

그리스도의 마음을 탐구하는 데 필요한 또 하나의 개념은 친구의 사랑이다. 그분의 마음은 항상 변하지 않는 친구의 사랑을 통해 구체적으로 드러난다.

  이것은 그리스도를 이해하는 방식 가운데 하나로 지금보다 과거에 더 많이 활용되었다. 이번 장에서는 청교도들이 다룬 신적 우정이라는 주제를 잠시 살펴볼 생각이다. 안타깝게도 요즘에는 사람들끼리의 우정도 크게 퇴색된 상태다. 이런 사실에 관한 증거를 찾아보려고 굳이 옛 역사가들이나 기독교 저술가들에게까지 거슬러 올라갈 필요는 없다. 버지니아 커먼웰스대학교의 역사학 교수 리처드 갓비어는 사람들이 주고받았던 편지들을 광범위하게 조사함으로써 오늘날의 남성 간의 우정이 성적 감정 없이 건전한 사랑을 풍성하게 나누었던 식민지 시대의 미국에 비해 현저하게 줄어들었다는 사실

을 보여주었다.[1]

만일 오늘날의 문화적 상황 속에서 세상이 가르치는 우정의 의미를 따르는 것으로 만족한다면, 수평적 차원에서 왕성하게 꽃피웠던 중요한 인간적 현실은 물론, 수직적 차원에서 그리스도와 우정을 나누는 기쁨마저 잃게 될 가능성이 크다.

우리의 탐구를 이끄는 마태복음 11장 28-30절 바로 앞 문맥에서 그리스도의 우정을 보여주는 가장 흥미로운 사례 가운데 하나가 발견된다. 예수님은 마태복음 11장 19절에서 자기를 경멸하는 투로 "세리와 죄인의 친구(당시 문화에서 가장 천박한 죄인들로 여겨졌던 사람들의 친구)"라고 일컬은 비판자들의 말을 인용하셨다. 복음서에서 종종 발견되는 대로, 귀신들은 "나는 당신이 누구인 줄 아노니 하나님의 거룩한 자니이다"(막 1:24)라고 말했다. 사탄도 그리스도를 "하나님의 아들"로 인정했다(눅 4:9). 그와 마찬가지로 여기에서도 예수님의 제자들이 아닌 대적자들이 그분의 실체를 더 분명하게 감지했다. 그들은 비나의 의도로 예수님을 죄인들의 친구로 일컬었지만, 그런 사회적 낙인이야말로 자신이 죄인인 줄 아는 사람들에게는 더할 나위 없는 위안이 아닐 수 없었다. 예수님이 죄인들의 친구이시라는 사실은 스스로가 죄인들의 범주에 속하지 않는다고 생각하는 사람들에게만 경멸스러운 의미를 지녔다.

그렇다면 그리스도께서 죄인들의 친구이시라는 것은 무슨 의미

---

1. Richard Godbeer, *The Overflowing of Friendship: Love Between Men and the Creation of the American Republic* (Baltimore, MD: John Hopkins University Press, 2009).

일까? 그것은 그분이 죄인들과 함께 어울리기를 좋아하셨다는 뜻이다. 죄인들은 예수님과 함께 있을 때 큰 위로를 느꼈고, 자신들이 환영받는 느낌을 받았다. 누가복음에 기록된 일련의 비유들을 처음 시작하는 구절을 보면 "모든 세리와 죄인들이 말씀을 들으러 가까이 나아오니"(눅 15:1)라는 내용이 발견된다. 예수님은 이 두 종류의 사람들과 어울리신다는 이유로 비난을 받으셨다(마 11장). 그들은 예수님을 피하지 않았다(눅 15장). 그들은 예수님과 함께 있는 것을 편하게 여겼고, 그분에게서 뭔가 다른 느낌을 받았다. 다른 사람들은 그들을 멀리했지만 예수님은 새로운 희망으로 그들의 관심을 사로잡으셨다. 간단히 말해, 그분은 그들을 자신의 마음 속으로 끌어들이셨다.

———

우리의 여러 인간관계들을 원으로 표시해보자. 안쪽으로 들어갈수록 작아지는 동심원을 여러 개 그리면서 그 안에 누가 우리의 친구인지를 적어보자. 이름만 알 뿐, 아무런 애정도 기울이지 않는 사람들도 있을 테고, 중앙에 가까운 원 안에 들어 있기는 해도 친밀한 친구라고 생각하지 않는 사람들도 있을 터이다. 중심을 향해 계속 움직이면서 그곳에 특별히 친한 한두 명의 친구, 곧 우리를 진정으로 알고 이해하는 친구의 이름을 적을 수 있다면 행복한 사람이라고 말할 수 있다. 그런 친구는 함께 어울리며 기쁨을 나눌 수 있다. 하나님은 우리 가운데 많은 사람에게 그런 친구로서 배우자를 허락하셨다.

물론, 이런 간단한 사고 실험thought experiment을 해보는 것만으로도 정신적 고통을 일으킨다. 우리 중 몇몇은 자신의 문제를 스스럼없이 상의할 수 있는 참된 친구가 단 한 사람도 없다는 사실을 인정할 수밖에 없다. 우리의 삶 속에서 안전하게 느껴지는 사람, 곧 모든 것을 허심탄회하게 말하기에 충분히 안전한 사람이 과연 누구일까?

여기에서 복음의 약속과 성경 전체의 메시지를 제시하고 싶다. 그것은 "우리를 거부하지 않고, 항상 기쁘게 맞아주는 친구가 우리에게 주어졌다. 그것은 바로 예수 그리스도이다."라는 것이다. 이 친구는 우리가 깨끗하든 불결하든, 매혹적이든 역겹든, 충실하든 변덕스럽든 항상 변함없이 우리를 감싸준다. 친구이신 그리스도의 마음에서 비롯하는 주관적인 우정은 객관적인 칭의의 선언만큼이나 확고부동하다.

우리 가운데는 가장 친한 친구에게조차도 개인적인 삶 속의 이야기들을 속 시원하게 털어놓기가 어렵다고 생각하는 사람들이 많다. 우리는 그들을 좋아할 뿐 아니라 심지어는 사랑한다. 우리는 그들과 함께 휴가를 즐기고, 다른 사람들 앞에서 그들을 칭찬한다. 그러나 마음속 깊은 곳에서는 그들에게 우리 자신을 온전히 의탁하지 못한다. 심지어는 배우자도 일종의 친구이지만 육체를 벗어 보이는 것만큼 영혼을 적나라하게 드러내기가 어려울 때가 많다.

가장 안쪽에 있는 관계의 동심원에 있는 친구에게 어떤 것을 말해도, 심지어는 가장 나쁜 비밀을 털어놓아도 그가 눈꼬리를 치켜뜨지 않는다면 어떨까? 인간의 우정은 참고 받아주는 데 한계가 있다. 그러나 그런 한계가 없는 친구가 있다면 어떨까? 무한히 참아주고, 기꺼이 함께 있어 주고 싶어 하는 친구가 있다면 어떨까? 십스는

"모든 단계의 우정과 모든 종류의 우정이 그리스도 안에 있다."라고 말했다.[2]

요한계시록 3장에서 그리스도를 묘사한 내용을 생각해보라. 그곳에서 그리스도께서는 곤고하고, 가련하고, 가난하고, 눈멀고, 벌거벗은(17절) 그리스도인들에게 "볼지어다 내가 문밖에서 두드리노니 누구든지 내 음성을 듣고 문을 열면 내가 그에게로 들어가 그와 더불어 먹고 그는 나와 더불어 먹으리라"라고 말씀하셨다(20절). 예수님은 곤고하고, 가련하고, 가난하고, 눈멀고, 벌거벗은 우리에게 가까이 와서 함께 먹고 마시고 싶어 하신다. 그분은 우리와 어울리며 서로를 더 깊이 알기를 원하신다. 좋은 친구와 함께라면 굳이 침묵이 흐르는 어색한 분위기를 달래려고 하염없이 말을 늘어놓을 필요가 없다. 단지 함께 있는 것만으로도 조용히 서로의 정을 느끼면서 푸근하게 지낼 수 있다. 굿윈은 "서로 어울리는 것이 모든 참된 우정의 핵심이다. 친구와 친밀한 대화를 나누는 것은 가장 큰 기쁨을 안겨 준다."라고 말했다.[3]

물론, 예수님을 지나치게 단순화시켜서는 안 된다. 그분은 그저 친구에 불과한 분이 아니다. 요한계시록 1장에 보면, 요한이 그리스

---

2. Richard Sibbes, *Bowels Opened, Or, A Discovery of the Near and Dear Love, Union, and Communion Between Christ and the Church*, in *The Works of Richard Sibbes*, ed. A. B. Grosart, 7 vols. (repr., Edinburgh: Banner of Truth, 1983), 2:36.

3. Thomas Goodwin, *Of Gospel Holiness in the Heart and Life*, in *The Works of Thomas Goodwin*, 12 vols. (repr., Grand Rapids, MI: Reformation Heritage, 2006), 7:197.

도의 모습을 보고 압도되어 죽은 자처럼 땅에 엎드렸다는 내용이 발견된다(12-16절). 그러나 부활하신 그리스도께서 관계적 욕구를 드러내셨다는 사실 등 그리스도의 인성도 무시해서는 안 된다. 그분은 우리가 자신의 마음을 움직일 때까지 기다리지 않으신다. 그분은 이미 문 앞에 서서 문을 두드리며 우리에게로 들어오고 싶어 하신다. 십스는 "우리가 해야 할 일, 우리의 의무는 그리스도의 초청을 받아들이는 것이다. 그분과 함께 먹고 마시지 않는다면 우리가 그분을 위해 무엇을 해드릴 수 있을 것인가?"라고 말했다.[4]

―――

그러나 참된 친구는 우리를 원할 뿐 아니라 우리가 자기를 원하기를 바란다. 그는 아무것도 감추지 않고, 자기를 온전히 열어 보인다. 예수님이 요한복음 15장에서 제자들을 '친구'로 일컬으신 의미가 무엇인지 이해하는가? 그분은 십자가의 죽음을 눈앞에 둔 상황에서 "이제부터는 너희를 종이라 하지 아니하리니 종은 주인이 하는 것을 알지 못함이라 너희를 친구라 하였노니 내가 내 아버지께 들은 것을 다 너희에게 알게 하였음이라"(요 15:15)라고 말씀하셨다.

예수님의 친구들이란 그분이 자신의 가장 깊은 의도를 솔직하게 드러낸 사람들을 가리킨다. 예수님은 제자들에게 성부께 들은 것 가운데 일부만을 알려주겠다고 말씀하지 않으셨다. 그분은 그들에게 모든 것을 알려주셨다. 감추신 것은 아무것도 없었다. 그분은 그들

―――

4. Sibbes, *Bowels Opened*, 2:34.

을 온전히 받아들이셨다. 예수님은 친구들이 자기에게 오는 것을 기쁘게 받아주신다. 조나단 에드워즈는 이렇게 말했다.

> 하나님은 그리스도 안에서 우리 같은 미천하고, 비천한 피조물들이 자기에게 나와 교제를 즐기며, 사랑의 교통을 나누도록 허락하셨다. 우리는 하나님께 나가 우리가 그분을 얼마나 사랑하는지를 말하고, 우리의 마음을 열어 보일 수 있다. 그러면 하나님은 우리의 마음을 받아주실 것이다…그리스도께서 하늘에서 내려와 의도적으로 인성을 취하신 이유는 우리와 가까이 어울리며 우리의 동반자가 되시기 위해서였다.[5]

동반자companion는 친구를 뜻하는 또 다른 표현이지만 특별히 여행을 함께 하는 사람이라는 개념을 지닌다. 세상이라는 거친 광야를 통과하며 순례의 길을 가는 동안, 우리의 곁에는 항상 한결같은 친구가 계신다.

우리를 환영하여 받아들여주시는 그리스도의 마음은 우리의 거

---

5. Jonathan Edwards, "The Spirit of the True Saints Is a Spirit of Divine Love," in *The Glory and Honor of God: Volume 2 of the Previously Unpublished Sermons of Jonathan Edwards*, ed. Michael McMullen (Nashville, TN: Broadman, 2004), 339. Edwards: "There is no person in the world that stands in so endearing a relation to Christians as Christ; he is our friend and our nearest friend." *The Works of Jonathan Edwards*, vol. 10, *Sermons and Discourses 1720–1723*, ed. Wilson H. Kimnach (New Haven, CT: Yale University Press, 1992), 158. 그의 더 널리 알려진 설교 중 하나인 "The Excellency of Christ"에서, 에드워즈는 서른 번 이상 그리스도를 우리의 친구로 언급한다. *The Works of Jonathan Edwards*, vol. 19, *Sermons and Discourses 1734–1738*, ed. M. X. Lesser (New Haven, CT: Yale University Press, 2001), 21.

절될 것을 두려워하는 우리의 마음을 치유해주고, 그분의 온유함을 드러냄으로써 그분이 가혹하다는 그릇된 생각을 바로잡아주고, 그분이 우리에게 냉담하지 않고 오히려 우리를 동정하신다는 사실을 일깨워줄 뿐 아니라, 그분이 우리의 동반자이시라는 사실을 깨우쳐 줌으로써 우리의 외로움을 치유해준다. 이것이 내가 이번 장에서 말하려는 요지다.

리처드 십스는 그의 〈전집〉 제2권에서 예수 그리스도께서 우리의 친구이시라는 것이 어떤 의미인지를 논했다. 특별히 흥미로운 것은 그가 그리스도의 우정의 여러 측면을 살펴보면서 하나의 공통된 주제를 다루었다는 것이다. 그 공통된 주제는 다름 아닌 상호성이었다. 다시 말해, 우정은 왕과 신하, 부모와 자식과 같은 일방적 관계와는 달리 쌍방이 열린 태도로 기쁨과 위로를 나누는 쌍방적 관계라는 것이다. 물론 그리스도께서 우리의 통치자요 권위자, 곧 우리의 모든 충성과 복종을 받기에 지극히 합당한 분이시라는 것은 명백한 사실이다. 십스는 그리스도의 우정을 논하면서 이 점을 분명하게 상기시켜 주었다("그리스도께서는 우리의 친구이실 뿐 아니라 우리의 왕이시다.")[6] 그러나 하나님은 아들의 인격 안에서 자신을 낮추어 우리의 방식으로 우리에게 다가와서 기쁨을 함께 나누는 친구가 되셨다. 하지만 이러한 사실은 우리에게 그다지 분명해 보이지 않고 덜 즉각적이다.

십스는 우리와 그리스도의 우정을 아래와 같이 설명했다.

---

6. Sibbes, *Bowels Opened*, 2:37.

우정 안에는 상호적 동의, 판단과 애정의 연합이 존재한다. 또한 서로의 행복과 불행에 대한 상호적 공감이 존재한다…

자유는 우정의 생명이다. 친구들은 자유롭게 대화하며, 서로의 비밀을 솔직하게 드러낸다. 그리스도께서는 자신의 비밀을 우리에게 보여주셨다. 우리도 그분께 우리의 비밀을 보여드려야 한다…

우정은 상호적 위로와 위안을 주고받는 것을 의미한다. 그리스도께서는 교회를 사랑하기를 기뻐하시고, 그분의 교회는 그리스도를 사랑하는 것을 기뻐한다…

우정은 서로를 존중하고, 존경하는 것을 의미한다.[7]

공통된 개념이 무엇인지 알겠는가? 그리스도의 우정의 여러 측면을 언급하는 가운데 '상호적'과 '서로'라는 표현이 사용된 것에 주목하라. 그리스도께서 우리 가운데 하나처럼 되어 우리와 어울리시면서 우리의 삶과 경험을 공유하시며, 친구들끼리 서로 주고받는 사랑과 위로가 그리스도와 우리 사이에서도 똑같이 경험된다는 것이 요점이다. 간단히 말해, 그분은 우리와 인격체로서 관계를 맺으신다. 이것은 추상적인 우정의 관념이 아니다. 예수님은 실제적인 친구이시다.

―――

그리스도와 친구 관계를 맺은 사람에게는 인간적인 우정이 필요

---

7. Sibbes, *Bowels Opened*, 2:37.

하지 않다는 말은 잘못이다. 하나님은 다른 사람들과 마음을 합해 서로 교제를 나누도록 우리를 창조하셨다. 모든 사람이 외로움을 탄다.

그리스도의 마음이 우리를 향한다는 것은 우리가 세상에서 어떤 친구들과 우정을 나누든, 또는 나누지 않든 상관없이 늘 한결같이 우리의 친구가 되어주신다는 의미를 지닌다. 그분은 우리가 느끼는 외로움의 고통 속으로 깊이 파고드는 우정으로 우리를 대하신다. 비록 그 고통이 완전히 사라지지는 않을지라도 그보다 훨씬 더 깊은 예수님의 우정 덕분에 우리는 아픔을 넉넉히 견디고도 남을 만한 힘을 얻을 수 있다. 그분은 매 순간 우리와 함께하신다. 그분은 친구에게 배신당하는 고통을 잘 알지만, 우리를 결코 배신하지 않으신다. 그분은 냉담한 태도로 우리를 맞이하지 않으신다. 그런 태도는 그분의 참모습이 아니다. 그것은 그분의 마음이 아니다.

그리스도의 우정은 감미롭고, 어떤 상황에서도 항상 여일하다. 다른 친구들은 우리를 실망시킬지라도 친구이신 그리스도께서는 우리를 절대로 실망시키지 않으신다. 우리는 그분을 부끄럽게 여길지라도 그분은 우리를 부끄럽게 여기지 않으신다. 이 친구라는 호칭이 주는 위로를 받아 누릴 수만 있다면, 우리의 삶이 참으로 편안해질 것이다. 이 우정은 편안하고, 풍성하며, 영원하다.[8]

---

8. Sibbes, *Bowels Opened*, 2:37. 굿윈도 신적 우정을 많이 논했지만 그리스도가 아닌 성부 하나님의 우정에만 초점을 맞추었다. 이것이 이번 장에서 그의 논의를 다루지 않은 이유다.

13장
성령

"내가 아버지께 구하겠으니 그가 또 다른 보혜사를 너희에게 주사"

요한복음 14:16

이 책은 그리스도, 곧 삼위일체의 두 번째 위격이신 성자 하나님에 관한 책이다. 그러나 그리스도 안에서 발견되는 것이 성부나 성령 하나님과 아무 상관이 없는 듯한 인상을 주려는 의도는 전혀 없다. 오히려 "육신을 입고 나타나신 성자께서는 삼위일체 하나님의 마음속에 있는 것만을 표현하고, 말씀하신다."[1]

따라서 나는 성경의 가르침에 근거해 그리스도의 마음이 성령 및 성부와 어떤 관계를 맺고 있는지를 살펴보기 위해 앞으로 두 장을 할애해 두 위격에 관한 논의를 전개할 생각이다. 이번 장에서는 성령에 관한 논의를 다루고, 다음 장에서는 성부에 관한 논의를 다루겠다.

---

[1] Thomas Goodwin, *A Discourse of Election*, in *The Works of Thomas Goodwin*, 12 vols. (repr., Grand Rapids, MI: Reformation Heritage, 2006), 9:148.

성령의 역할은 무엇인가? 그분은 실제로 어떤 일을 행하시는가? 성경은 이 질문에 대해 여러 가지로 대답한다.

- 성령께서는 우리를 거듭나게 하신다(요 3:6-7).
- 성령께서는 죄에 대해서 우리를 책망하신다(요 16:8).
- 성령께서는 우리에게 은사를 주신다(고전 12:4-7).
- 성령께서는 우리의 마음속에서 우리가 하나님의 자녀라고 증언하신다(갈 4:6).
- 성령께서는 우리를 인도하신다(갈 5:18, 25).
- 성령께서는 우리로 하여금 열매를 맺게 하신다(갈 5:22-23).
- 성령께서는 부활 생명을 주시고, 그 생명이 우리 안에서 자라나게 하신다(롬 8:13).
- 성령께서는 우리가 죄를 죽일 수 있게 하신다(롬 8:13).
- 성령께서는 우리가 기도할 바를 알지 못할 때 우리를 위하여 친히 기도하신다(롬 8:26-27).
- 성령께서는 우리를 진리 가운데로 인도하신다(요 16:13).
- 성령께서는 우리를 그리스도의 형상으로 변화시키신다(고후 3:18).

이것은 모두 영광스러운 진리다. 나는 이번 장에서 여기에 한 가지를 더하고 싶다. 그것은 "성령께서는 우리가 우리를 위한 그리스도의 마음을 실제로 느낄 수 있도록 이끄신다."라는 것이다.

이것은 위에 나열한 성령의 사역과 어느 정도 중첩된다. 그러나 성령께서 예수님의 마음에 관한 이 책의 연구와 어떤 관련을 맺고 계시는지를 정확하게 따져보면 좀 더 많은 유익을 얻을 수 있을 것이다. 나는 이번 장에서 다시금 토머스 굿윈의 도움을 빌려 성령께서 그리스도의 마음을 생생한 현실로 만들어주신다는 것을 논하고자 한다. 우리는 그리스도의 마음을 단지 듣기만 하지 않고 볼 수 있고, 보기만 하지 않고 느낄 수 있으며, 느끼기만 하지 않고 즐길 수 있다. 성령께서는 우리가 예수님의 마음에 관해 성경에서 읽은 것과 이론적으로 알고 있는 것을 실질적인 경험의 현실로 바꾸어놓으신다.

어린 자녀가 아버지로부터 사랑한다는 말을 듣고, 그 말을 있는 그대로 받아들여 믿을 수 있다. 그런데 아버지의 품에 안겨 푸근함을 느끼고, 아버지의 심장이 뛰는 소리를 듣고, 꼭 쥔 손에서 보호의 느낌을 받는 것은 그보다 훨씬 더 현실적이다. 아버지가 사랑한다고 말하는 것을 듣는 것과 아버지의 사랑을 실제로 느끼는 것은 서로 별개이다. 후자는 성령의 영광스러운 사역이다.

———

예수님은 요한복음 14-16장에서 성령의 사역이 자신이 행한 사역의 연장이라고 설명하셨다. 예수님은 자신이 떠나고 성령께서 오시면 자기 백성에게 더 큰 축복이 될 것이라고 말씀하셨다. 요한복음 16장에서 전개된 논의의 흐름에 주목하라. 예수님은 이렇게 말씀하셨다.

"지금 내가 나를 보내신 이에게로 가는데 너희 중에서 나더러 어디로 가는지 묻는 자가 없고 도리어 내가 이 말을 하므로 너희 마음에 근심이 가득하였도다 그러나 내가 너희에게 실상을 말하노니 내가 떠나가는 것이 너희에게 유익이라 내가 떠나가지 아니하면 보혜사가 너희에게로 오시지 아니할 것이요 가면 내가 그를 너희에게로 보내리니"(요 16:5-7).

성령께서 오시면 어떤 유익이 있을까? 본문을 읽어보면 성령께서 뭔가 잘못된 것을 바로잡으실 것 같은 직감이 든다. 그러면 무엇이 잘못되었을까? 그것은 곧 '마음에 근심이 가득한 것'이다. 성령께서 오시면 그와 정반대되는 결과(제자들의 마음이 기쁨으로 충만해지는 것)가 나타날 것이다. 성령께서는 슬픔을 기쁨으로 바꿔주신다.

제자들이 슬퍼했던 이유는 예수님이 자기들을 떠나실 것이라고 말씀했기 때문이다. 그분은 그들과 친구처럼 지내며, 그들을 마음으로 받아주셨다. 그들에게 예수님이 떠나시는 것은 곧 그분의 마음이 떠나는 것을 의미했다. 그러나 성령께서 오심으로 인해 예수님의 육신만 떠나고 그분의 마음은 고스란히 남을 수 있는 길이 열렸다. 성령께서는 예수님이 하늘에 오르신 이후에도 그분의 백성을 향한 그분의 마음이 그분의 백성과 계속 함께할 수 있게 하신다.

굿윈은 요한복음 16장의 본문을 살펴보면서 예수님이 제자들에게 하신 말씀의 핵심을 파고들었다. "내 아버지와 내게는 단 하나뿐인 친구가 있다. 그는 바로 우리의 가슴 속에 있고, 우리에게서 나오는 성령이다. 당분간 그를 너희에게 보내겠다…그는 너희에게 나보다 더 나은 보혜사이다…그는 내가 육체로 있으면서 했던 것보다 너희를 더 잘 위로할 것이다." 성령께서는 어떤 점에서 하나님의 백성에게 더 나은 보혜사가 되시는 것일까? "너희가 그를 슬프게 하지 않고, 그의 말에 귀를 기울이면 그가 너희에게 나의 사랑에 관한 이야기를 들려줄 것이다…너희의 마음속에 있는 그의 말은 나를 높이고, 너희에게 나의 가치와 사랑을 증대할 것이다. 그는 그런 일을 하기를 기뻐한다."[2] 그러고 나서 굿윈은 성령의 사역을 그리스도의 마음과 직접 연관시켰다.

> 너희는 마치 내가 너희와 함께 있는 것처럼 내 마음을 확실하고도, 신속하게 경험하게 될 것이다. 그는 너희에 대한 나의 사랑과 나에 대한 너희의 사랑, 이 두 가지 사랑으로 너희의 마음을 계속해서 뒤흔들어 놓을 것이다…그는 내가 하늘에 있는 동안, 너희에게 나와 너희가 진정으로 서로 연결되어 있다고 말할 것이고, 아버지와 나 사이에 친밀한 애정이 존재하는 것처럼 내 안에는 너희를 향한 따뜻한 애정이 존재한다는 것을 보여줄 것이다. 그리고 이 관계는 절대로 끊어지지 않으며, 내게서 아버지를 빼앗아갈 수 없는 것처럼 너희에게서 내 마음을 빼앗아갈 수 없다는 것을 보여줄 것이다.[3]

이 특별한 성령의 사역에 관해 생각해본 적이 있는가?

---

2. Thomas Goodwin, *The Heart of Christ* (Edinburgh: Banner of Truth, 2011), 18–19.

3. Goodwin, *The Heart of Christ*, 19–20.

성령께서는 인격체이심을 기억하라. 예를 들어, 그분은 슬퍼하실 수 있다(사 63:10, 엡 4:30). 우리의 삶 속에서 성령을 그런 인격체로 대한다는 것은 어떤 의미일까? 우리의 마음의 통로를 열어 성령께서 뜨거운 불길처럼 치솟게 하시는 그리스도의 사랑을 받아들인다면 어떻게 될까? 여기에서 한 가지 기억해야 할 점은 성령께서 그리스도의 사랑에 대한 우리의 느낌을 그분이 실제로 우리를 사랑하시는 정도를 뛰어넘어서까지 활활 타오르게 하지는 않으신다는 것이다. 성령께서는 그리스도의 진정한 사랑을 실제로 있는 만큼만 느낄 수 있게 하신다. 쌍안경을 썼다고 해서 위층의 좌석에서 구기 경기를 그 실제 크기보다 더 크게 볼 수 있는 것은 아니다. 쌍안경은 선수들의 실제 크기를 좀 더 분명하게 볼 수 있게 하는 역할을 할 뿐이다.

예수님은 자기가 온유하고 겸손한 마음을 지녔다고 말씀하셨다(마 11:29). 참으로 아름다운 말씀이 아닐 수 없다. 성령의 도우심이 없이도 존경심이 절로 들 뿐 아니라 심지어는 경이로움마저 느껴진다. 그러나 성령께서는 그리스도의 이 말씀을 내면화시켜 각자에게 인격적인 현실로 만드신다. 그분은 요리법을 실제 음식의 맛으로 바꾸어놓으신다. 이것이 굿윈이 말한 요점이다. 예수님이 하늘에 계시는 동안, 우리가 세상에서 그분의 은혜로운 마음에 관해 듣고 보는 것은 무엇이든 모두 다 경험적인 현실이 되어 그분의 백성인 우리의 의식 속에 펼쳐진다. 바울은 갈라디아서에서 자신의 인격적인 경험을 묘사하면서 "나를 사랑하사 나를 위하여 자기 자신을 버리신 하나님의 아들"에 대해 말했다(갈 2:20). 성령으로 아니하고는 아무도 그런 말을 할 수 없다.

이것은 또한 바울이 "우리가 세상의 영을 받지 아니하고 오직 하나님으로부터 온 영을 받았으니 이는 우리로 하여금 하나님께서 우리에게 은혜로 주신 것들을 알게 하려 하심이라"(고전 2:12)라고 말한 이유이기도 하다. 이 말씀을 토대로 성령의 역할을 이해하려면 "알게"로 번역된 헬라어 '오이다'를 지적인 이해에만 국한시켜서는 안 된다. '오이다'는 '알다'라는 뜻을 가진다. 그런데 성경에서 '안다'는 것은 지적인 이해를 뛰어넘는 전인적인 이해를 의미한다. 즉 이것은 날씨가 쾌청한 6월에 얼굴을 하늘로 향했을 때 내리쬐는 햇볕을 통해 태양이 따뜻하다는 것을 아는 것과 같은 경험적 지식을 가리킨다. 바울은 성령께서 우리에게 주어진 이유가 하나님의 무한한 은혜의 마음을 깊게 느끼고, 알 수 있게 하기 위해서라고 말했다. 위의 말씀에서 "은혜로 주신"이란 어구 배후의 헬라어는 '은혜(카리스)'라는 명사를 동사화한 것이다(카리조마이). 성령께서는 우리에게 은혜로 주어진 것을 마음으로 알고, 느끼도록 우리를 일깨우고, 위로하고, 평안하게 하는 일을 가장 좋아하신다.

간단히 말해. 성령께서는 우리를 향해 깊은 애정을 기울이시는 그리스도의 위대한 마음에 관한 이론적인 이해를 해변에서 손에 음료를 들고 접이식 의자에 앉아 즐기는 것과 같은 실질적인 경험으로 바꾸는 역할을 하신다. 그분은 이 일을 중생을 통해 단번에, 결정적으로 행하실 뿐 아니라 그 후로도 우리가 죄나 어리석음이나 안일함으로 인해 그리스도의 마음을 실제로 느끼는 것에서 멀어질 때마다 계속해서 행하신다.

14장
자비의 아버지

"자비의 아버지시요 모든 위로의 하나님이시며"

고린도후서 1:30

토저의 책 《하나님을 바로 알자》는 "우리가 하나님에 관해 생각할 때 우리의 마음속에 떠오르는 것이 우리와 관련된 가장 중요한 것이다."라는 말로 시작한다.[1] 그리스도의 마음을 탐구하는 목적 가운데 하나는 하나님에 관해 우리가 마음속에 품고 있는 이미지를 좀 더 정확하게 하기 위해서다. 다시 말해, 우리의 타락한 본성에서 비롯하는 하나님에 관한 자연스러운 의식, 곧 하나님이 냉담하고 인색한 분이시라는 의식에서 벗어나 그분이 온유하고 겸손한 마음을 지니셨다는 깨달음을 얻게 돕는 것이 나의 목적이다.

지금까지의 논의는 성자에게 초점을 맞추었다. 그러면 성부 하나님은 어떤 분이실까? 토저의 말을 빌려 말하면, 성자에 관해 생각하면 온유와 겸손이 떠오르는데, 성부에 관해 생각하면 다른 것이 떠오

---

1. A. W. Tozer, *The Knowledge of the Holy* (New York: HarperCollins, 1961), 1.

르는가? 이번 장에서는 이 질문에 대한 대답을 찾아볼 생각이다.

———

성자의 사역을 통해 하나님이 정의로운 분이라는 것이 입증되고, 하나님의 진노가 만족되었다는 것이 고전적인 주류 개신교의 대속 교리다. 그리스도께서는 도덕적인 본보기를 보여주기 위해서나 사탄을 제압하기 위해서나 사랑을 나타내기 위해 세상에 와서 살다가 죽고 부활하지 않으셨다. 성자의 사역, 특히 그분의 죽음과 부활의 가장 중요한 목적은 불순종한 인간에 대해 성부의 의로운 진노를 만족시키는 것이었다. 성자의 사역은 성부의 진노를 달래고, 가라앉히고, 진정시켰다.

물론, 이 말은 자기 백성을 향한 성부와 성자의 태도가 서로 다르다는 의미가 아니다. 그리스도인들은 성부께서 용서나 사랑을 베풀려는 마음이 성자보다 덜하다고 생각하는 경향이 있다.

그러나 성경은 그렇게 가르치지 않는다.

그렇다면 성부의 진노는 만족되어야 할 필요가 있었고, 성자는 그 진노를 만족시키는 일을 하셨다는 사실을 어떻게 이해해야 할까? 우리를 향한 성부와 성자의 태도가 서로 다른 것이 분명하지 않은가?

이 문제를 해결하려면 "법적 차원에서 죄인들에게 다시 호의를 베풀려면 성부의 진노가 만족되는 것이 필요했지만 그분의 내적인 갈망과 애정의 차원에서는 속죄 사역이 이루어지기를 성자만큼이나 간절히 염원하셨다."라는 사실을 이해해야 한다. 다시 말해, 성부께서는 객관적 차원에서는 진노를 가라앉혀야 할 필요가 있으셨고, 주관적 차원에서는 성자와 똑같은 마음을 지니고 계셨다. 따라서 객관적 차원에서 일어나야 할 필요가 있었던 일을 근거로 주관적 차원에서 하나님이 어떤 분이신지를 결론짓는다면 오류를 저지를 수밖에 없다. 청교도들은 성부와 성자께서 영원 전에 타락한 인류를 구원하기로 서로 합의하셨다고 말했다. 신학자들은 이것을 '구속 언약 pactum salutis'으로 일컫는다. 이 언약은 성삼위 하나님이 창세 전에 서로 합의하신 언약을 가리킨다. 성부께서 성자와는 달리 완고한 성품을 지니고 계신다고 생각해서는 곤란하다. 성부께서 구속의 길을 작정하셨다는 사실은 그분이 구속을 이루신 성자와 똑같이 사랑의 마음을 지니고 계신다는 것을 분명하게 보여준다.[2]

구약성경은 "나는 마음이 온유하고 겸손하니"라는 예수님의 말씀에 일치하는 방식으로 하나님의 성품에 관해 가르친다. 이 점에 관해서는 나중에 좀 더 자세히 살펴보기로 하고, 여기에서는 성부에 관한 신약성경의 증언을 잠시 살펴보는 것으로 만족하고자 한다. 핵심 구절은 고린도후서 1장 3절이다. 바울은 다음과 같은 찬양으로 고린도후서를 시작했다.

---

2. 플라벨은 성부와 성자께서 죄인들을 구원하기 위해 서로 나누셨을 것으로 추정되는 대화를 상상했다. 그가 상상한 대화 내용은 매우 감동적이다. 다음의 자료를 참조하라. *The Works of John Flavel*, 6 vols. (Edinburgh: Banner of Truth, 1968), 1:61. 플라벨이 쓴 이 내용을 내게 알려준 나의 아버지 레이 오틀런드에게 감사한다. 굿윈도 *Man's Restoration by Grace*라는 소책자에서 성삼위 하나님이 구속 사역에 대해 합의할 때 각각 담당하신 역할을 논했다. Thomas Goodwin, *The Works of Thomas Goodwin*, 12 vols. (repr., Grand Rapids, MI: Reformation Heritage, 2006), 7:519–41.

"찬송하리로다 그는 우리 주 예수 그리스도의 하나님이시요 자비의 아버지시요 모든 위로의 하나님이시며."

―――

"자비의 아버지." 바울은 고린도후서 2장을 시작하면서 하나님에 관한 자신의 생각을 분명하게 드러냈다.

하나님은 의롭고, 정의로우시다. 그분의 정의는 무한불변하다. 그런 교리, 그런 확신이 없으면 언젠가는 모든 잘못이 옳게 바로잡힐 것이라는 희망을 가질 수 없다. 그렇다면 하나님은 어떤 마음을 지니고 계실까? 그분의 가장 깊은 내면에서는 무엇이 흘러나올까? 그분은 무엇을 베푸실까? 그것은 바로 자비다.

하나님은 자비의 아버지이시다. 아버지가 자기의 실체를 반영하는 자식을 낳는 것처럼 성부께서는 자기를 나타내는 자비를 낳으신다. 성부와 자비 사이에는 일종의 가족 유사성이 존재한다. "사탄은 죄의 아버지이고, 하나님은 자비의 아버지이시다."[3]

"자비"로 번역된 헬라어 '오이크테이르몬'은 신약성경에 다섯 차례 사용되었다. 그 가운데 하나는 야고보서 5장 11절이다. 그곳에서 이 용어는 하나님의 긍휼과 비슷한 의미로 나란히 사용되었다. "너희가 욥의 인내를 들었고 주께서 주신 결말을 보았거니와 주는 가장 자비하시고(오이크테이르몬) 긍휼히 여기시는(폴루스플랑크노스) 이시니라." 앞서 11장에서 살펴본 대로, 예수님의 가장 깊은 동정심을 가리

---

3. Goodwin, *Works*, 2:179.

키는 용어로 '스플랑크니조'가 사용되었다. 이 용어와 야고보서 5장 11절의 '긍휼히 여기시는'을 뜻하는 용어는 서로 어근이 똑같다. 물론, 의미는 후자가 훨씬 더 풍부하다. 후자에는 '많은, 큰'을 뜻하는 '플루'라는 접두어가 덧붙여졌다. 야고보서 5장 11절에 따르면, 하나님은 '긍휼이 많으시다.' 하나님이 긍휼이 많고, 크다는 말은 그분이 자비로우시다는 말과 일맥상통한다.

하나님을 "자비의 하나님"으로 일컫는 것은 그분이 부패한 상태로 방탕하게 살아가는 타락한 자기 백성에게 많은 긍휼을 베푸시는 분이라는 의미를 지닌다. 굿윈은 그리스도의 사랑을 논하면서 성자의 마음을 언급하다가 자연스럽게 성부의 마음을 다루는 데로 나아갔다.

> 그리스도의 사랑은 강요된 사랑이 아니다. 그분은 우리와 결혼하라는 하나님의 명령에 따라 억지로 우리를 사랑하려고 애쓰지 않으신다. 그것은 그분의 본성이자 성향이다…그것은 그분의 자유롭고, 자연스러운 성향이다. 그렇지 않으면 그분은 하나님의 아들이 될 수도 없고, 자비를 베풀기를 좋아하고 징벌을 베풀기를 싫어하는 본성을 지니신 하늘에 계신 아버지를 닮으실 수도 없다. 하나님은 '자비의 하나님'이시다. 그분은 본성적으로 자비를 베풀기를 좋아하신다.[4]

자비를 베푸는 것은 하나님의 '본성적natural' 사역에 해당하고, 징

---

4. Thomas Goodwin, *The Heart of Christ* (Edinburgh: Banner of Truth, 2011), 60.

벌을 베푸는 것은 그분의 '비상한^{strange}' 사역에 해당한다. 이것이 무슨 의미인지는 다음 장에서 좀 더 자세히 살펴보기로 하고, 여기에서는 굿윈이 어떻게 우리를 도와 '자비의 아버지'가 하나님의 가장 깊은 내면을 보여주는 성경의 가르침이라는 사실을 이해하도록 이끄는지에 초점을 맞추는 것이 좋을 듯하다. 심판을 베푸는 것은 성부의 핵심적인 성향이고, 사랑을 베푸는 것은 성자의 핵심적인 성향이라고 생각하는 것은 삼위일체 하나님에 관한 올바른 이해와는 거리가 멀다. 성부와 성자의 마음은 하나요 동일하다. 하나님은 둘이 아닌 한 분이시다. 정의와 진노를 타협하지 않고, 그 둘을 동시에 아름답게 만족시키는 구속하는 사랑$^{redeeming\ love}$의 마음이 존재한다.

굿윈은 또 다른 곳에서도 성부 하나님의 자비를 논했다. 그것은 고린도후서 1장 3절에 대한 묵상으로 매우 적합한 내용이다.

> 하나님은 온갖 종류의 자비를 소유하고 계신다. 인간의 마음과 마귀가 다양한 죄의 아버지인 것처럼, 하나님은 다양한 자비의 아버지이시다. 하나님이 자비를 갖고 계시지 않는 죄나 불행은 존재하지 않는다. 그분은 모든 종류의 자비를 풍성하게 갖고 계신다.
>
> 피조물이 겪는 불행이 다양하듯, 하나님 안에는 온갖 종류의 자비가 간직된 보고(寶庫)가 존재한다. 성경은 이 보고를 몇 가지 약속으로 나누어 제시한다. 그 보고에는 다양한 보물 상자들, 곧 다양한 자비의 궤짝들이 보관되어 있다.
>
> 우리의 마음이 강퍅할 때는 그분은 부드러운 자비를 베푸신다.
>
> 우리의 마음이 죽었을 때는 그분은 마음을 살리는 자비를 베푸신다.

우리가 병들면 그분은 치유의 자비를 베푸신다.

우리가 죄를 지으면 그분은 우리를 깨끗하게 씻어 거룩하게 하는 자비를 베푸신다.

우리의 필요가 크고, 다양한 것처럼 하나님의 자비도 크고 다양하다. 따라서 우리는 필요할 때 담대하게 나가 은혜와 자비를 구할 수 있다. 하나님은 자신의 마음에 있는 모든 자비를 약속의 동산에 마련된 여러 개의 화단에 옮겨 심어놓으셨다. 그곳에서 자비가 자라고, 하나님은 영혼의 모든 질병에 적합한 다양한 자비를 풍성하게 갖고 계신다.[5]

하나님을 생각할 때 무슨 생각을 떠올려야 할까? 한 분이요 세 위격으로 존재하시는 삼위일체 하나님은 우리의 많은 필요와 실패와 죄를 능히 해결하고도 남을 만한 무한한 자비의 원천이시다. 이것이 하나님의 참모습이다. 성부께서는 성자보다 자비가 못하지 않으시고, 성자께서는 성부보다 자비가 못하지 않으시다.

성부께서는 우리가 의식하는 것보다 훨씬 더 깊이 우리의 삶의 세세한 부분까지 은혜와 온유함으로 다스리며 우리를 보살피신다. 그분은 나뭇가지에서 펄럭이며 떨어지는 잎사귀의 각도와 그것을 떨어뜨린 한 줄기 바람까지도 주권적으로 결정하신다(마 10:29-31). 악한 생각을 지닌 사람들이 저지르는 폭탄 테러와 같은 불행도 그분

---

5. Goodwin, *Works*, 2:187-88. Cf. Goodwin, *Works*, 2:180. 또한 고후 1:3을 인용하여 "그분은 모든 자비의 샘이시다. 따라서 아버지가 자식을 낳듯이 그것은 그분에게 자연스럽다."라고 말하였다.

의 주권적인 결정에 달려 있다(암 3:6, 눅 13:1-5 참조). 그러나 우리의 삶 속에서 일어나는 크고 작은 모든 사건의 배후와 저변에는 성부 하나님의 마음이 존재한다.

성부 하나님은 어떤 분이신가? 그분은 우리의 아버지이시다. 우리 가운데는 훌륭한 아버지를 둔 사람들도 있고, 학대를 일삼고 책임을 등한시하는 아버지를 둔 사람들도 있다. 어떤 경우가 되었든, 지상의 아버지들이 보여주는 선한 행위는 하늘에 계신 성부 하나님의 진정한 선하심을 희미하게 드러내는 역할을 하고, 지상의 아버지들이 보여주는 악한 행위는 하늘에 계신 성부 하나님과는 정반대되는 아버지의 모습을 보여주는 역할을 한다. 그런 점에서 세상의 모든 아버지는 성부 하나님을 보여주는 그림자다(엡 3:15).

빌립은 요한복음 14장에서 예수님께 성부 하나님을 보여달라고 요구했다(14:8). 예수님은 "빌립아 내가 이렇게 오래 너희와 함께 있으되 네가 나를 알지 못하느냐 나를 본 자는 아버지를 보았거늘 어찌하여 아버지를 보이라 하느냐 내가 아버지 안에 거하고 아버지는 내 안에 계신 것을 네가 믿지 아니하느냐"(요 14:9, 10)라고 대답하셨다.

"나를 본 자는 아버지를 보았거늘."

신약성경은 다른 곳에서 그리스도를 "하나님의 영광의 광채시요 그 본체의 형상"(히 1:3)으로 일컫는다. 예수님은 하나님의 실체를 보여주신다. 그분은 하나님을 있는 그대로 구체적으로 보여주신다. 예수 그리스도를 통해 보이지 않는 하나님이 보이는 하나님으로 나타나셨다(고후 4:4, 6). 우리는 그분 안에서 두 다리로 시공간 속을 거닐

었던 하늘의 영원한 마음을 목격한다. 사복음서를 통해 그리스도의 마음을 보는 것은 하나님의 가장 깊은 내면에서 우러나오는 긍휼과 자애를 보는 것이다.

성부 하나님의 마음을 생각할 때는 그분이 자비의 하나님이시라는 사실을 잊지 말라. 그분은 우리에게 자애로움을 베풀기를 주저하지 않으신다. 그분은 우리의 모든 필요에 적합한 자비를 풍성하게 지니고 계신다. 그분은 자비를 베풀기를 가장 좋아하신다. 청교도 존 플라벨은 "모든 피조물을 장중에 쥐고 계시는 이 하나님이 곧 우리의 아버지이시다. 그분은 우리가 우리 자신을 사랑하는 것보다 훨씬 더 많이 우리를 사랑하신다."라고 말했다.[6] 우리가 우리 자신을 아무리 사랑한다고 해도 하늘에 계신 아버지가 우리를 사랑하시는 것에는 미치지 못한다. 우리를 향한 하나님의 사랑은 우리가 우리 자신을 사랑하는 것을 능가한다.

그리스도의 마음은 온유하고, 겸손하다. 그분의 마음은 성부 하나님의 참모습을 완전하게 드러낸다. "아버지께서 친히 너희를 사랑하심이라"(요 16:27).

---

6. John Flavel, *Keeping the Heart: How to Maintain Your Love for God* (Fearn, Scotland: Christian Heritage, 2012), 57.

15장
하나님의 본성적 사역과 비상한 사역

"주께서 인생으로…근심하게 하심은 본심이 아니시로다"

예레미야애가 3:33

여기에서부터는 구약성경을 살펴보기로 하자. 지금까지 신약성경을 중심으로 그리스도의 마음과 성부 하나님의 마음을 살펴보았다.

앞으로 몇 장은 구약성경을 살펴보는 데 할애하고, 마지막 몇 장은 다시 신약성경을 살펴보는 데 할애함으로써 이 책의 탐구를 마무리할 생각이다.

앞서 말한 대로, 그리스도께서는 온유하고 겸손하다는 말로 자신의 가장 깊은 마음을 드러내셨다. 이번 장과 다음 세 장의 목적은 그런 그리스도의 마음이 이미 구약성경에 나타난 하나님의 자기 계시와 일맥상통한다는 것을 보여주는 데 있다. 예수님은 하나님의 실체를 더욱 분명하게 드러내셨지만, 그 내용은 근본적으로 새로운 것이 아니다. 복음서는 구약성경에 대한 이해를 토대로 우리에게 '겸손한' 구원자를 보여준다(마 21:5).[1] 성육하신 성자께서는 하나님의 실체에 관한 우리의 이해를 전혀 새로운 방향으로 이끌지 않으신다. 그분은 단지 하나님이 수천 년에 걸쳐 자기 백성에게 깨우쳐주려고 애쓰셨던 것을 전례 없는 차원에서 더욱 생생하게 드러내 보이셨을 뿐이다. 칼빈이 지적한 대로 구약성경은 하나님에 관한 그림자적인 계시, 곧 참되지만 어둑어둑한 계시를 보여준다.[2]

구약성경에 나타난 하나님의 마음을 살펴볼 수 있는 가장 좋은 출발점 가운데 하나는 예레미야애가서 3장이다.

문학적인 복잡성과 심원한 감정을 예레미야애가서만큼 잘 결합시킨 책은 구약성경에서 다시 찾아보기 어렵다. 애가서의 저자(아마도 예레미야일 것)는 BC 587년에 예루살렘이 바벨론에 의해 멸망한 것과 그로 인해 발생한 기아와 죽음과 절망의 공포를 슬퍼하며 마음을 쏟아 냈다. 그는 극도로 세심한 문학적 주의를 기울여 아름답게 구성한 다섯 편의 시를 통해 자신의 심정을 토로했다. 영어 성경에서 시의 구조를 살펴보면 이런 사실을 쉽게 알 수 있다. 장수와 절수는 예레미야애가서가 저술되고 나서 수 세기가 흐른 후에야 비로소 덧붙

---

1. 슥 9:9을 인용하여 말한 마 21:5의 "네 왕이 네게 임하나니 그는 겸손하여 나귀, 곧 멍에 메는 짐승의 새끼를 탔도다"라는 구절의 "겸손"에 해당하는 그리스어로는 마 11:29에서 예수님이 자신을 겸손하다고 말씀하실 때 사용한 단어와 동일한 단어(프라우스)가 사용되었다.

2. John Calvin, *Institutes of the Christian Religion*, ed. John T. McNeill, trans. Ford L. Battles, 2 vols. (Louisville, KY: Westminster John Knox, 1960), 2.11.1–12.

여겨졌지만, 현대 성경의 수록된 형식은 예레미야애가서가 그런 식으로 나뉘어져 있다는 사실을 분명하게 보여준다. 예레미야애가서는 모두 다섯 장으로 구성되어 있고, 처음 두 장과 마지막 두 장은 각각 스물두 절로 이루어져 있다. 중간 장에 해당하는 3장의 절수는 그것의 세 배, 곧 육십육 절이다. 각각의 장마다 주의 깊게 구성된 애가가 수록되어 있다.

이런 예레미야애가서의 전체적인 구조 안에서 가장 중요한 핵심 구절을 찾는다면 그것은 바로 3장 33절이다. 정확히 중간에 기록되어 있는 이 구절은 예레미야애가서의 핵심으로 전체 내용을 간략하게 요약한다.

이 구절의 내용은 무엇일까? 이 구절은 하나님의 궁극적인 자비와 회복에 대한 확신의 근거를 다음의 신학에서 찾고 있다.

"주께서 인생으로 고생하게 하시며 근심하게 하심은 본심이 아니시로다."

이 구절에는 암묵적인 전제와 명시적 진술이 동시에 나타나 있다. 암묵적인 전제는 하나님이 고통을 주시는 분이라는 것이고, 명시적 진술은 그것이 그분의 본심이 아니라는 것이다.

명시적 진술을 이해하려면 먼저 암묵적인 전제를 온전히 받아들여야 한다. 하나님이 본심으로 행하시는 사역과 그렇지 않은 사역을 논한다고 해서 그분의 주권적인 통치를 제한하려는 의도는 조금도 없다. 사실, 하나님이 우리의 고난을 주권적으로 관장하신다는 것을 어느 정도 믿느냐에 따라 우리에게 고통을 허락하는 것이 그분의 본심이 아니라는 것을 알고 위로를 느끼는 정도가 달라진다.

첫째, 좋은 것은 물론, 나쁜 것(예를 들면, 다친 발가락, 중상모략하는 친구, 만성적인 목 통증, 우리를 위해 나서지 않고 자기 살 궁리만 하는 상사, 말 안 듣는 자녀, 새벽 2시의 토악질, 극심한 절망 등)까지 모든 것을 다스리는 절대적인 신적 주권의 아름다움을 기억해야 한다. 〈벨직 신앙고백〉은 하나님의 섭리를 가르치는 항목에서 만물을 다스리는 하나님의 통치권을 아름답게 묘사했다. 그 내용의 일부를 인용하면 다음과 같다.

> 이 교리가 우리에게 말로 다 할 수 없는 위로를 주는 이유는 우리에게 우연히 일어나는 일은 아무것도 없고, 모든 것이 하늘에 계신 은혜로운 아버지, 곧 자애로운 관심으로 우리를 지켜보고 모든 피조물을 주권적으로 돌보시는 분의 명령에 따라 일어난다고 가르치기 때문이다. 따라서 우리 아버지의 뜻이 아니면 우리의 머리털 한 올도 (그분이 그 숫자를 모두 세고 계시기 때문에) 빠지지 않고, 작은 새도 땅에 떨어질 수 없다(13조).

하나님의 주권을 있는 그대로 보여주는 내용이 예레미야애가서 곳곳에 잘 드러나 있다. 예를 들어, 3장만 잠시 훑어봐도 하나님이 친히 이스라엘에 허락하신 두려운 일들을 언급한 구절들이 모두 하나님을 주어로 기술되어 있는 것을 알 수 있다(애 3:2-16).

그러나 예레미야애가서의 신학적 핵심 진리를 명시한 구절을 보면, 그런 고통을 허락하신 것이 하나님의 '본심'이 아니라는 것을 알 수 있다.

성경은 예레미야애가서를 통해 우리에게 하나님의 깊은 내면을 엿볼 수 있는 기회를 제공한다. 모든 일을 작정하고, 다스리시는 하나님은 우리의 삶에 고난을 허락하는 것을 기뻐하지 않으신다. 그분이 원하시는 것은 그런 고통을 통해 궁극적인 선을 이루는 것이다. 그것이 그분이 고난을 허락하시는 목적이다. 그분은 고난을 허락하는 것을 싫어하신다. 하나님은 우리가 자신의 손길을 통해 느끼는 실제적인 고통과 고뇌로부터 멀찍이 떨어진 채 하늘에서 이것저것을 조종하는 관념적인 힘이 아니시다. 그분은 우리의 삶에 고난을 허락하실 때 자신의 본심을 거스르신다(물론, 이렇게 말한다고 해서 그분의 신적 완전하심에 의문을 제기하려는 의도는 전혀 없다). 하나님은 바벨론 군대가 예루살렘을 무참히 파괴하도록 허락함으로써 이스라엘의 죄를 징벌하셨다. 그분은 그들이 마땅히 받아야 할 징벌을 내리셨다. 그러나 그분의 가장 깊은 마음은 자비로운 회복에 있었다.

굿윈은 이 점을 다음과 같이 설명했다.

나의 형제들이여, 하나님은 의로우시지만, 어떤 점에서 보면 그분의 자비가 그분이 행하시는 모든 정의, 곧 보복적 정의의 행위보다 오히려 그분께 더 자연스러운 것이라고 말할 수 있다. 하나님은 그런 정의의 행위를 통해 한 가지 속성을 만족시키신다. 그러나 그런 행위는 그분 자신에게 일종의 폭력을 가하는 요소가 있다. 성경은 이 점을 분명하게 보여준다. 보복적 정의 안에는 하나님 자신을 거스르는 요소가 담겨 있다. "나는 죄인이 죽는 것을 기뻐하지 않는다."라는 말씀은 그런 일 자체를 기뻐하지 않으신다는 뜻이다…하나님이 정의의 행동을 하실 때 그것은 단지 그 일 자체를 위해서가 아니라 더 큰 목적을 위해서다. 그분의 마음속에는 항상 행동에 맞서는 무언가가 있다.

그러나 자비를 베푸는 것은 그분의 본성이자 성향을 나타내는 것이다. 그분은 온 마음을 다해 자비를 베풀기를 원하신다. 그분 안에 자비를 거부하려는 생각은 조금도 없다. 자비를 베푸는 행위가 그 자체로 그분을 기쁘시게 한다. 그분 안에는 그것을 하기 싫어하는 마음이 조금도 없다.

이것이 예레미야애가서 3장 33절이 하나님의 징벌을 언급하면서 "주께서 인생으로 고생하게 하시며 근심하게 하심은 본심이 아니시로다"라고 말한 이유다. 그러나 예레미야서 32장 41절에서 알 수 있는 대로, 자비를 베푸는 일은 하나님이 "마음과 정성을 다하여" 하시는 일에 해당한다. 이런 이유에서 이사야서 28장 21절은 정의의 행위를 하나님의 '비상한 사역'이자 '기이한 사역'으로 일컫는다. 하나님은 자비를 베풀 때, 곧 복을 베풀 때는 마음과 정성을 다하여 기쁨으로 행하신다.[3]

굿윈은 여기에서 몇 개의 다른 성경 구절을 언급했다. 먼저 하나님은 예레미야서 32장 41절에서 회복의 사역을 언급하면서 "내가 기쁨으로 그들에게 복을 주되 분명히 나의 마음과 정성을 다하여 그들을 이 땅에 심으리라"라고 말씀하셨다. 아울러, 이사야서 28장 21절은 하나님이 행하신 심판의 행위를 '비상하고 기이한' 사역으로

---

3. Thomas Goodwin, *The Works of Thomas Goodwin*, 12 vols. (repr., Grand Rapids, MI: Reformation Heritage, 2006), 2:179–80.

일컬었다. 굿윈은 이 성경 구절들을 예레미야애가서 3장 33절과 결합시켜 하나님의 가장 깊은 내면, 곧 그분이 좋아하시는 일이자 그분의 본성에 가장 잘 어울리는 일을 보여주는 성경의 계시를 발견했다. 자비는 그분에게 자연스럽고, 징벌은 부자연스럽다.

어떤 사람들은 하나님의 마음이 완고하고, 쉽게 분노를 느낀다고 생각한다. 그들은 그분의 마음이 차갑고, 냉랭하다고 믿는다. 그러나 구약성경이 묘사하는 하나님의 마음은 그분의 실체에 관한 인간의 그런 본능적 생각을 깨끗하게 불식시킨다.

우리는 여기에서 신중해야 할 필요가 있다. 하나님의 속성은 모두 절대적이다. 예를 들어, 하나님이 더 이상 선하지 않으시면 그분은 더 이상 하나님이 되실 수 없다. 신학자들이 말하는 하나님의 단순성이란 마치 파이 조각들이 모두 모여 파이를 이루는 것처럼 그분이 많은 속성들로 이루어진 종합체가 아니시라는 의미를 지닌다. 하나님의 속성은 무엇이든 완전하다. 그분은 부분들로 구성되어 있지 않으시다. "하나님은 정의로우시다. 하나님은 진노하신다. 하나님은 선하시다."와 같은 속성들은 제각각 무한히 완전하다.

하나님의 마음에 관한 문제와 관련해서도 언뜻 생각하면 성경의 첫 부분에서 복잡성이 느껴진다. 하나님이 세상을 창조하신 뒤에 내렸던 두 가지 중요한 결정은 모두 그분의 마음과 연관되어 있다. 하나는 노아를 제외한 모든 피조물을 멸하신 것이고(창 6:6), 다른 하나는 노아의 희생제사를 받아들여 다시는 홍수로 세상을 심판하지 않겠다고 결정하신 것이다(창 8:21). 이런 점들을 생각하면 하나님의 마음이 심판과 긍휼을 모두 결정할 만큼 복잡한 양상을 띠고 있는 것처럼 보인다.

그러나 그와 동시에 성경의 증언을 자세히 살펴 온전하게 받아들여 또 다른 각도에서 좀 더 깊이 들여다보면, 하나님의 마음에서 비롯하는 것들 가운데 다른 것보다 그분에게 더 자연스러운 무엇인가가 존재한다는 놀라운 사실을 발견할 수 있다. 하나님의 정의는 확고하다. 그러나 그분의 성향은 어떤가? 그분이 열띤 마음으로 하고 싶어 하시는 일은 무엇일까? 만일 누군가가 내가 예상하지 못했던 행동을 하여 나를 깜짝 놀라게 하면 다시 침착함을 되찾기 전까지 내게서 어떤 반응이 나올까? 나는 아마 짜증을 낼 가능성이 크다. 그러나 하나님을 예상치 못했던 행동으로 깜짝 놀라게 해드리면(물론 그럴 수는 없다) 무장해제된 상태에서 그분은 축복을 쏟아내실 것이다. 하나님은 선한 일을 하려는 충동과 우리를 기쁘게 하려는 욕구를 느끼신다.[4] 이것이 굿윈이 "하나님의 모든 속성은 단지 그분의 사랑을 나타내기 위한 것처럼 보인다."라고 말했던 이유다.[5]

또 다른 핵심적인 구약성경 본문은 호세아서 11장이다. 이스라엘이 하나님을 저버리고 영적 음행을 저지르자 그분은 가슴 뭉클한 표현을 사용해 그동안 자신이 그들을 어떤 감정으로 대해 왔는지를 설명하셨다. 그분은 "이스라엘이 어렸을 때에 내가 사랑하여…내가

---

4. 하나님의 단순성을 특별히 잘 설명한 유익한 내용을 원한다면 다음의 자료를 참조하라. Herman Bavinck, *Reformed Dogmatics*, ed. John Bolt, trans. John Vriend, 4 vols. (Grand Rapids, MI: Baker, 2003–2008), 2:173–77. 바빙크는 하나님의 단순성 안에 그분이 '지극히 큰 사랑'이시라는 사실이 필연적으로 내포되어 있다고 생각했다.

5. Goodwin, *Of Gospel Holiness in the Heart and Life*, in *Works*, 7:211.

에브라임에게 걸음을 가르치고 내 팔로 안았음에도…내가 사람의 줄 곧 사랑의 줄로 그들을 이끌었고…그들 앞에 먹을 것을 두었노라"(호 11:1, 3, 4)라고 말씀하신다. 그러나 그런 자애로운 보살핌에도 불구하고 하나님의 백성은 '끝끝내 그분에게서 물러가서'(호 11:7) 우상숭배를 고집했다(호 11:2).

그렇다면 하나님은 어떤 반응을 보이셨을까?

"에브라임이여 내가 어찌 너를 놓겠느냐 어찌 너를 스보임 같이 두겠느냐 내 마음이 내 속에서 돌이키어 나의 긍휼이 온전히 불붙듯 하도다 내가 나의 맹렬한 진노를 나타내지 아니하며 내가 다시는 에브라임을 멸하지 아니하리니 이는 내가 하나님이요 사람이 아니라 네 가운데 있는 거룩한 이니 진노하므로 네게 임하지 아니하리라"(호 11:8-9).

앞서 7장에서 이 본문을 살펴보았다. 여기에서 이 본문을 다시 언급하는 이유는 이것이 예레미야애가서 3장과 비슷한 방식으로 하나님의 마음을 들여다볼 수 있는 통로를 제공할 뿐 아니라 조나단 에드워즈가 호세아서 11장 8절을 주해하면서 굿윈이 예레미야애가서 3장에 관해 말했던 것과 놀라울 정도로 비슷한 내용을 말했기 때문이다. 에드워즈는 "하나님은 사람들이 멸망하거나 재앙을 당하는 것을 기뻐하지 않으신다. 그분은 그들이 마음을 돌이켜 계속해서 평화롭게 살기를 바라신다. 그분은 그들이 악한 행위를 중단함으로써 그들에게 진노를 쏟아부을 기회가 없게 되기를 진정으로 원하신다. 그분은 긍휼을 베풀기를 기뻐하시는 하나님이시다. 심판은 그분의 비

상한strange 사역에 해당한다."라고 말했다.[6]

에드워즈와 굿윈 모두 성경의 증언을 받아들여 긍휼을 하나님이 내면 가장 깊은 곳에서 기뻐하시는 일로 간주했고, 심판을 그분의 '비상한 사역'으로 일컬었다.

———

조나단 에드워즈나 토머스 굿윈과 같은 과거의 위대한 신학자들의 가르침을 읽고, 생각하면 그들이 하나님의 진노와 정의를 적당히 희석할 목적으로 심판을 '비상한 사역'으로 일컫지 않았다는 사실을 쉽게 알 수 있다.

에드워즈는 "분노하신 하나님의 손에 붙들린 죄인들"이라는 설교로 가장 유명하다. 그의 설교는 하나님의 진노 아래 있는 회개하지 않은 자들의 위태로운 상태를 두려울 정도로 무섭게 묘사했다. 물론, "죄인들을 정죄하시는 하나님의 정의"와 같은 그의 다른 설교들은 그보다 더 무섭다. 그런데도 그는 "하나님은 긍휼을 베풀기를 기뻐하신다. 심판은 그분의 비상한 사역에 해당한다."라고 말했다.

굿윈은 1640년대에 웨스트민스터 표준 문서가 작성되는 과정에서 다른 어떤 목회자보다 더 자주 일어나서 자신의 견해를 밝혔다

---

6. Jonathan Edwards, "Impending Judgments Averted Only by Reformation," in *The Works of Jonathan Edwards*, vol. 14, *Sermons and Discourses, 1723–1729*, ed. Kenneth P. Minkema (New Haven, CT: Yale University Press, 1997), 221. Similarly miscellany 1081 in *The Works of Jonathan Edwards*, vol. 20, *The "Miscellanies," 833–1152*, ed. Amy Plantinga Pauw (New Haven, CT: Yale University Press, 2002), 464–65.

(357회). 잘 알다시피 웨스트민스터 표준 문서는 지옥의 존재를 믿고, 하나님의 진노를 강조하는 신앙을 진술한 위대한 문서다. 이 문서는 그리스도 밖에서 죽은 자들은 "지옥에 던져져 칠흑 같은 어둠 속에서 고통을 당하며 큰 날의 심판이 있을 때까지 갇혀 지낸다."라고 가르친다(웨스트민스터 신앙고백 32장 1항). 마지막 심판 때에 "하나님을 알지 못하고 예수 그리스도의 복음에 복종하지 않은 악인은 영원한 고통에 내던져져 주님 앞에서 떠나 영원히 멸망할 것이다."(33장 2항). 이것이 굿윈의 신학이었다. 그는 웨스트민스터 표준 문서의 작성에 다른 누구 못지않게 많은 영향을 미쳤다. 굿윈은 자기가 쓴 책에서 조금도 주저하지 않고, "하나님의 진노와 말씀이 사람들을 영원히 고통스럽게 하는" 지옥에서 악인들이 "가장 격렬한 고통"을 겪게 될 것이며, 하나님은 회개하지 않고 죄를 고집하는 자들에게 "어떻게 격렬한 고통을 줄 수 있는지 알고 계신다"라고 말했다.[7]

에드워즈와 굿윈의 신학 사상은 감상적이지 않았다. 그들은 하나님의 진노와 영원한 지옥을 확신했고, 그것을 열심히 전하고 가르쳤다. 그들은 그런 교리들을 성경에서 발견했다(살후 1:5-12 참조). 그러나 그들은 성경을 속속들이 알고, 또 신중하게 따랐기 때문에 하나님의 본심에 관한 성경의 가르침도 간과하지 않았다.

아마도 이것이 많은 세월이 흘렀는데도 그들의 영향력이 조금도 줄어들지 않은 이유일 것이다. 변덕스러운 백성을 향한 하나님의 마음을 옳게 감지하지 못하거나 그분의 마음에서 자연스럽게 쏟아져

---

7. Goodwin, *Works*, 7:304, 305.

나오는 것을 알지 못하는 설교나 가르침은 내용이 아무리 정확하다 하더라도 궁극적으로 청중을 죽음으로 몰아넣을 수밖에 없다. 그러나 청교도들이나 대각성 운동 시대의 위대한 설교자들은 그렇지 않았다. 그들은 하나님이 그분의 깊은 내면에서 자연스럽게 우러나오는 마음으로 자기 백성에게 풍성한 축복을 베풀기 원하신다는 것을 잘 알고 있었다. 하나님이 자비로우신 것은 하나님의 가장 자연스러운 본심이다.

하나님에 관한 우리의 본능적인 생각에 따르면 긍휼이 그분의 비상한 사역에 해당하고, 심판이 그분의 본성적 사역에 해당한다고 결론짓기 쉽다. 성경을 공부하면서 과거의 위대한 교사들의 도움을 받아 하나님에 관한 우리의 생각을 바로잡으면, 심판이 그분의 비상한 사역에 해당하고, 긍휼이 그분의 본성적 사역에 해당한다는 것을 알 수 있다.

하나님은 사람들에게 고생과 근심을 허락하신다. 그러나 그것은 그분의 본심이 아니다.

16장
여호와라, 여호와라

"자비롭고 은혜롭고 노하기를 더디하는…하나님이라"

출애굽기 34:6

하나님은 어떤 분이신가?

구약성경에서 단 한 곳만 골라 이 물음에 대답한다면 출애굽기 34장보다 더 나은 곳을 찾기가 어려울 것이다. 하나님은 모세를 바위 틈에 두고 자기의 영광을 보여주시면서 그에게 자기를 계시하셨다. 성경은 그 중요했던 순간을 이렇게 묘사한다.

"여호와께서 그의 앞으로 지나시며 선포하시되 여호와라 여호와라 자비롭고 은혜롭고 노하기를 더디하고 인자와 진실이 많은 하나님이라 인자를 천대까지 베풀며 악과 과실과 죄를 용서하리라 그러나 벌을 면제하지는 아니하고 아버지의 악행을 자손 삼사 대까지 보응하리라"(출 34:6-7).

위의 본문은 비록 성육신에는 미치지 못하지만 성경에 기록된 모든 신적 계시 가운데 가장 핵심적인 계시에 해당할 것이다. 이 점을 입증할 수 있는 객관적인 방법 가운데 하나는 위의 본문이 구약성경의 다른 곳에서 얼마나 자주 언급되었는지를 살펴보는 것이다. 모세 이후의 선지자들은 하나님이 어떤 분이신지를 확언하기 위해 출애굽기의 이 구절을 종종 끌어냈다. 그 가운데 하나가 앞장에서 살펴본 예레미야애가서 3장 33절의 인접 문맥에서 발견된다. 그 구절의 바로 앞 절에서 "그의 풍부한 인자하심에 따라 긍휼히 여기실 것임이라"(애 3:32)라는 말씀이 발견된다. 예레미야애가서의 저자는 출애굽기 34장 6-7절의 계시를 뒷받침하는 몇 개의 핵심적인 히브리어 단어를 사용했다. 이밖에도 출애굽기 34장을 반영하는 다수의 성경 구절이 있다(민 14:18; 느 9:17; 13:22; 시 5:8; 69:14; 86:5, 15; 103:8; 145:8; 사 63:7; 욜 2:13; 욘 4:2; 나 1:3 참조).

출애굽기 34장 6-7절은 여러 번 언급되는 핵심적인 성경 말씀이다. 이 성경 본문은 하나님의 실체를 정확하게 볼 수 있게 도와준다. 구약성경학자 월터 브루그만은《구약성경신학》에서 이 성경 본문에 특별한 관심을 기울였다. 그는 "(이 성경 본문은) 야훼의 자의식적인 성품 묘사를 양식화해 기록한 극도로 중요한 말씀이다. 이는 이스라엘이 정기적으로 염두에 두었던 고전적인 표준 진술로서 가히 '신조'라고 불릴 만한 것이었다."라고 말했다.[1]

그렇다면 하나님의 실체에 관한 이스라엘의 신조는 무엇일까? 그것은 우리의 예상과는 다르다.

---

1. Walter Brueggemann, *Theology of the Old Testament: Testimony, Dispute, Advocacy* (Minneapolis: Fortress, 1997), 216.

──

'하나님의 영광'이라는 문구를 들으면 무슨 생각이 떠오르는가? 거대한 크기의 우주가 생각나는가? 구름 속에서 울려 나오는 우레와 같은 무서운 음성이 생각나는가?

모세는 출애굽기 33장에서 "주의 영광을 내게 보이소서"(18절)라고 하나님께 구했다. 하나님은 어떻게 반응하셨을까? 그분은 "내가 내 모든 선한 것을 네 앞으로 지나가게 하고"(33:19)라고 말씀하셨다. 선한 것? 하나님의 영광은 선한 것이 아닌 위대한 것이지 않은가? 그렇지 않다. 하나님은 자신이 원하는 자에게 긍휼과 은혜를 베풀 것이라고 말씀하셨다(33:19). 그분은 모세에게 그를 바위틈에 두고 자신의 영광을 지나가게 하겠다고 말씀하셨다(33:22). 하나님은 지나가시면서 자신의 영광을 자비와 은혜로 정의하셨다.

> "자비롭고 은혜롭고 노하기를 더디하고 인자와 진실이 많은 하나님이라 인자를 천대까지 베풀며 악과 과실과 죄를 용서하리라 그러나 벌을 면제하지는 아니하고 아버지의 악행을 자손 삼사 대까지 보응하리라"(출 34:6-7).

우리가 하나님의 영광에 대해 말할 때, 우리는 그분의 독특하고 영광스러운 실체, 곧 그분이 어떤 분이신지, 무엇이 하나님을 하나님으로 만드는지에 대해 말하는 것이다. 하나님이 친히 자신의 영광에 대해 말씀하신 내용을 보면 우리는 깜짝 놀라지 않을 수 없다. 우리는 본능적으로 하나님이 우레를 발하고, 망치를 휘두르며, 심판하기를 즐기는 분이라고 생각하는 경향이 있다. 우리는 하나님이 방탕한 우리에게 보응하기를 좋아하는 성향을 지니고 계신다고 믿는다. 그러나 출애굽기 34장 말씀은 그런 생각이 잘못되었다는 것을 분명하게 보여준다. 하나님의 마음은 자비로운 성향을 지닌다. 그분의 영광은 곧 그분의 선하심이고, 그분의 겸손하심이다. "여호와의 영광이 크심이니이다 여호와는 높이 계셔도 낮은 자를 굽어살피시며"(시 138:5, 6).

출애굽기 34장 6-7절을 생각해보자.

"자비롭고 은혜롭고." 이것이 하나님의 이름(여호와)이 선포되고 나서 그분의 입에서 나온 첫마디였다. 예수님이 자신의 마음을 묘사한 두 단어는 '온유'와 '겸손'이었고(마 11:29), 하나님이 자신의 실체를 묘사하면서 사용한 처음 두 단어는 '자비'와 '은혜'였다. 하나님은 '여호와라 여호와라 엄하고 준엄한'이나 '여호와라 여호와라 관대하고 묵인하는'이나 '여호와라 여호와라 실망하고 좌절하는'이라는 말로 자신의 영광을 드러내지 않으셨다. 그분의 가장 큰 우선순위, 곧 그분의 마음에서 우러나오는 그분의 가장 큰 기쁨이자 우선적인 반응은 자비와 은혜였다. 하나님은 자신의 높은 수준으로 우리를 압도하기보다 온유하게 자기를 낮추어 굽어살피신다.

"노하기를 더디하고." 이 히브리어를 문자대로 번역하면 '콧구멍이 길다'라는 뜻이다. 땅바닥을 발로 차면서 크게 숨을 내뿜으며 콧구멍을 벌렁거리는 성난 황소를 상상해보라. 그것은 '콧구멍이 짧은' 경우에 해당할 것이다. 그러나 하나님의 콧구멍은 길다. 그분은 마구 분노를 터뜨리지 않으신다. 하나님은 분노하기 전에 많은 도발 행위를 참을 만큼 참으신다. 하나님은 감정의 댐이 자주 무너지는 우리와는 달리 오래 참으실 수 있다. 이것이 구약성경에 하나님의 백성이 그분을 '노하시게 했다'라는 표현은 자주 등장해도(신명기, 열왕기상하, 예레미야서 참조), '사랑하시게 했다'라거나 '자비를 베푸시게 했다'라는 표현은 단 한 번도 등장하지 않는 이유다. 하나님의 분노는 도발 행위로 인해 초래되지만, 그분의 자비는 언제라도 거침없이 쏟아져 나올 준비가 되어 있다. 그러나 우리는 하나님의 분노는 언제라도 용수철처럼 튀어나올 준비가 되어 있고, 그분의 자비는 더디 나타난다고 생각하는 경향이 있다. 그러나 그와 정반대다. 하나님의 자비는 가장 작은 자극에도 쉽게 터져 나온다.[2] (타락한 인간인 우리는 신약성경을 통해 이런 사실을 깨닫는다. 히브리서 10장 24절에 따르면 우리는 서로에게 사랑을 격려해야 한다. 하나님에게는 사랑의 격려가 필요하지 않다. 그런 자극은 단지 그분이 분노하실 때만 필요하다. 그러나 우리에게는 분노를 촉발하는 자극은 필요하지 않고, 사랑의 격려가 필요하다. 다시 말하지만, 성경의 가르침은 하나님의 참모습에 관한 우리의 본능적인 생각을 무너뜨린다.)

"인자와 진실이 많은." 이것은 언약과 관련된 용어다. '인자steadfast love'라는 영어 문구의 토대가 되는 히브리어 단어는 '헤세드'이다. 이 단어는 하나님이 깨뜨릴 수 없는 언약으로 자기 백성과 특별한 언약을 맺으신 것을 가리킨다. '진실faithfulness'도 비슷한 의미를 지닌다. 하나님은 자기 백성이 그들을 포기하게끔 만드는 많은 이유를 제공하는데도 불구하고 절대로 포기하지 않으신다. 그분은 버림

---

2. 이 점을 이해하도록 도와준 웨이드 우릭(Wade Urig)에게 감사한다.

받아 마땅한 우리를 저버리지 않으신다. 우리는 우리를 해롭게 하는 사람들에게서 쉽게 마음을 거두어들이나 하나님은 우리에게서 마음을 거두어들이지 않으신다. 그분은 단지 관대한 언약을 유지하는 데 그치지 않고, 언약에 열정을 다하신다. 우리에 대한 그분의 언약적 헌신은 그 무엇에도 흔들리지 않는다.

"인자를 천대까지 베풀며." 이 문구는 신명기 7장 9절("그런즉 너는 알라 오직 네 하나님 여호와는 하나님이시요 신실하신 하나님이시라 그를 사랑하고 그의 계명을 지키는 자에게는 천대까지 그의 언약을 이행하시며")에 분명하게 명시된 대로 '천대까지 충실한 사랑을 유지하며'로 번역할 수 있다. 물론, 이 말씀은 하나님의 선하심이 천 세대를 넘으면 중단된다는 의미가 아니다. 이것은 하나님의 어법일 뿐이다. 이 말씀에는 "너희에 대한 나의 충실함이 중단되는 때는 없다. 너희를 향한 나의 은혜는 결코 다함이 없다. 너희가 어떻든 나의 자비는 계속될 것이고, 나의 선함은 변하지 않을 것이다. 나의 마음은 너희에게 있다."라는 의미가 담겨 있다.

"아버지의 악행을 자손 삼사 대까지 보응하리라." 이 마지막 말씀은 처음에는 거북하게 들릴지 몰라도 곰곰이 생각해 보면 많은 위로를 발견할 수 있다. 이 말씀이 없었다면 앞에 언급된 모든 말씀이 무작정 관대하기만 하다는 의미로 잘못 이해될 수 있다. 하나님은 마음이 약한 분이 아니시다. 그분은 더할 나위 없이 공정한 분이시다. 하나님은 조롱당하지 않으신다. 누구든 뿌린 대로 거둔다(갈 6:7). 죄와 죄책은 대대로 이어진다. 우리는 세상 곳곳에서 그런 현실을 분명하게 확인할 수 있다. 그러나 하나님이 말씀하신 것에 주목하라.

그분의 언약적 사랑은 천대까지 계속되지만 죄에 대한 그분의 보응은 삼사 대에 국한된다. 그 차이를 알겠는가? 우리의 죄는 우리의 자녀들과 손자들에게까지 이어진다. 그러나 하나님의 선하심은 우리의 모든 죄가 말끔하게 씻겨질 때까지 대대로 이어진다. 하나님의 자비는 삼사 대를 월등히 뛰어넘어 천대까지 이어진다.

이것이 하나님의 참모습이다. 하나님이 친히 증언하신 대로 이것이 그분의 마음이다.

출애굽기 34장 6-7절에서 발견되는 불균형은 우리를 놀라게 하기에 충분하다. 자비와 사랑은 한없이 크고, 징벌적 정의는 필요한 만큼만 추가적으로 인정되었다. 존 오웬은 이 구절을 주해하면서 이렇게 말했다.

> 하나님은 우리가 자기를 알고 경외하도록 하기 위해 우리에게 자신의 동정심과 인내를 깨우쳐줄 수 있는 속성들을 나열하며 자신의 이름으로 자신의 본성을 온전하게 드러내셨다. 그분은 말씀을 마무리하기 직전까지 자신의 엄격함, 곧 그분의 동정심을 멸시하는 자들에게만 적용되는 속성을 드러내는 말씀은 한마디도 꺼내지 않으셨다.[3]

---

3. John Owen, *An Exposition of the Epistle to the Hebrews*, in W. H. Goold, ed., *The Works of John Owen*, vol. 25 (repr., Edinburgh: Banner of Truth, 1965), 483.

청교도들은 모세에게 주어진 이 계시를 통해 하나님이 우리에게 자신이 가장 깊은 마음을 열어 보이셨다는 것을 알았다. 하나님은 구약성경에 기록된 가장 중요한 계시에서 자비를 베푸는 것과 진노를 드러내는 것의 균형을 맞출 필요를 느끼지 않으셨다. 리처드 십스가 말한 대로, 오히려 그분은 "나는 모든 은혜로운 속성을 갖고 있다."라고 자신에 대해 말씀하신다. 십스는 "만일 하나님의 이름을 알고, 또 그분이 우리에게 자기를 나타내기를 기뻐하시는 대로 그분을 이해하고 싶다면, 그분이 선언하신 그분의 속성들을 통해 그분을 알려고 해야 한다. 그런 속성들은 복음 안에 나타난 하나님의 영광이 특별히 자비 안에서 빛난다는 것을 보여준다."라고 말했다.[4]

우리가 출애굽기 34장에서 발견한 사실과 오웬과 십스가 확증한 사실은 성경의 나머지 부분에서 발견되는 내용과 일맥상통한다. 예를 들어, 하나님은 이사야서 54장 7-8절에서 이렇게 말씀하셨다.

"내가 잠시 너를 버렸으나 큰 긍휼로 너를 모을 것이요 내가 넘치는 진노로 내 얼굴을 네게서 잠시 가렸으나 영원한 자비로 너를 긍휼히 여기리라."

신앙생활은 어떤 점에서 수십 년에 걸쳐 하나님의 실체에 관한 우리의 본능적인 생각을 서서히 내버리고, 하나님 자신의 주장을 받아들이는 기나긴 여정에 해당한다고 말할 수 있다. 이것은 어려운 과정

---

4. Richard Sibbes, *The Excellency of the Gospel Above the Law*, in *The Works of Richard Sibbes*, ed. A. B. Grosart, 7 vols. (Edinburgh: Banner of Truth, 1983), 4:245.

이다. 하나님의 가장 깊은 마음이 "자비롭고 은혜롭고 노하기를 더디하는" 속성을 지닌다는 것을 믿으려면 수많은 설교를 듣고, 많은 고난을 경험하는 것이 필요하다. 창세기 3장에 언급된 인간의 타락은 우리를 정죄해 낙원에서 추방했을 뿐 아니라 우리의 마음속에 하나님에 관한 어두운 생각을 깊이 심어주었다. 오랜 세월을 지나면서 이 생각을 계속 끄집어 내어 복음 앞에 드러내는 과정이 필요하다. 아마도 우리의 삶 속에서 사탄이 거둔 가장 큰 승리는 우리가 습관적으로 짓는 죄가 아닌 하나님의 마음에 관한 어두운 생각일 것이다. 그런 생각을 지니고 있는 한, 우리는 항상 하나님께 대해 냉담할 수밖에 없다.

물론, 하나님의 실체를 보여주는 궁극적인 증거는 출애굽기가 아닌 사복음서에서 발견된다. 모세가 하나님의 얼굴을 보았다면 목숨을 부지하지 못하고 그 즉시 불타 없어졌을 것이다. 그러나 어느 날 사람들이 하나님의 얼굴을 참으로 보고도 불타 없어지지 않았다면 어떻게 될까? 요한은 말씀이 육신이 되었다고 말하면서 "우리가 그의 영광을 보니…은혜와 진리가 충만하더라"(요 1:14)라고 덧붙였다 (모세가 원했지만 볼 수 없었던 것을 우리는 보았다. 요한복음 1장 14절은 출애굽기 34장 6절에 언급된 하나님의 속성들을 충만하게 소유하고 계시는 그리스도를 보여준다).

그리스도의 사건을 출애굽기 33, 34장과 연관시킨 복음서 저자는 비단 요한만이 아니었다. 다음의 사실들을 생각해보자. 출애굽기 34장의 계시는 양식이 기적적으로 공급된 사건(출 16:1-36)과 안식일에 관한 율법(출 31:12-18)이 있고 나서 주어졌다. 그 후, 하나님과 그분의 대리자가 산 위에서 대화를 나누었다(출 32:1, 15, 19; 34:2, 3, 29). 하나님의 백성은 처음에는 두려워 떨다가 안정을 되찾고 가까이 나와 산에서 내려온 자신들의 지도자, 곧 하나님의 대리자와 대화를 나누었다(출 34:30, 31). 그는 백성들의 예배 대상이신 하나님이 그들 가운데에 계시면서 놀라운 이적을 일으키실 것이라고 말했다(출 34:9, 10 참조). 하나님의 대리자는 그분을 만난 이후에 얼굴에서 광채가 났다(출 34:29-33).

이 모든 세부적인 내용이 예수님이 물 위를 걸으신 사건이 기록된 마가복음 6장 45-52절과 그 전후 문맥에 고스란히 나타나 있다.[5]

이제 예수님이 갈릴리 바다에서 힘겹게 노를 젓고 있던 제자들을 "지나가려고" 하셨던 의도가 무엇이었는지 잠시 살펴보기로 하자. 본문은 "바람이 거스르므로 제자들이 힘겹게 노 젓는 것을 보시고 밤 사경쯤에 바다 위로 걸어서 그들에게 오사 지나가려고 하시매"(막 6:48)라고 말한다. 예수님은 왜 그들을 "지나가려고" 하셨을까? 예수님의 의도는 어떤 차가 고속도로에서 다른 차들을 앞질러 지나가는 것처럼 제자들을 지나쳐 가려는 의도와는 아무런 상관이 없었다. 그분이 그들을 지나가려고 하신 의도는 그보다 훨씬 더 중요한 의미를 지닌다. 이것은 오직 구약성경을 배경으로만 이해할 수

---

5. 기적적인 양식 공급(막 6:30-44), 안식일에 관한 논의(막 6:2), 산 위에서 대화를 나눈 하나님과 그분의 대리자(막 6:46), 처음에는 두려워 떨다가 안정을 되찾고 가까이 나와 산에서 자신들의 지도자와 대화를 나눈 하나님의 백성(막 6:49, 50), 예수님이 그들 가운데 계실 때에 일어났던 놀라운 이적들(막 6:53-56), 하나님을 만남으로써 얼굴에서 광채가 난 그분의 대리자(막 9:2-13). 이런 연관성을 좀 더 상세하게 논의한 내용을 원한다면 다음의 자료를 참조하라. Dane Ortlund, "The Old Testament Background and Eschatological Significance of Jesus Walking on the Sea (Mark 6:45-52)," *Neotestamentica* 46 (2012): 319-37.

있다. 출애굽기 33, 34장에서 하나님은 네 차례나 모세에게 '지나가겠다'라고 말씀하셨다. 마가는 구약성경을 헬라어로 번역한 〈70인경〉에서 사용한 단어와 똑같은 단어(파레르코마이)를 사용했다.

하나님은 모세를 지나가면서 자신의 가장 큰 영광이 자비와 은혜를 통해 나타난다고 계시하셨다. 예수님은 하나님이 구약 시대에 바람과 음성으로 보여주신 것을 살과 피라는 구체적인 모습으로 나타내셨다.

하나님은 출애굽기 34장에서 모세에게 자신의 가장 진정한 성품을 드러내셨다. 그것은 복음서가 증언하는 예수 그리스도를 통해 온전히 밝혀질 그림자와 같은 계시였다. 이를테면, 시간과 공간의 연속선 위에서 2차원적 형태로 주어진 것이 수많은 세월이 흘러 인류의 역사가 정점에 달한 순간에 3차원적 형태로 밝히 드러난 셈이다.

우리는 출애굽기 34장에서 하나님의 가장 깊은 마음을 발견한다. 그 마음이 갈릴리의 목수였던 예수님을 통해 구체적으로 드러났다. 예수님은 자신의 삶을 통해 그것이 하나님의 마음이라는 사실을 증명하셨고, 우리를 대신해 십자가에서 죽으시고, '하나님께 버림받음'이라는 지옥에까지 내려가심으로써 그 사실을 분명하게 입증하셨다.

17장
우리의 길과는 다른 하나님의 길

"내 생각이 너희의 생각과 다르며"

이사야 55:8

거듭 말한 대로, 우리는 하나님이 성경을 통해 친히 말씀하신 것에 귀를 기울이려고 노력하기보다는, 그분에 대한 우리의 본능적인 생각을 그분께 적용하려는 경향이 있다. 아마도 이사야서 55장보다 이 점을 더 분명하게 보여주는 성경 말씀은 찾기 어려울 것이다. 칼빈은 "하나님이 우리 자신과 같으시다고 생각하는 것보다 더 우리의 양심을 불편하게 만드는 것은 없을 것이다."라고 말했다.[1]

삶의 상황이 어려워지면 그리스도인들은 종종 다른 사람들에게 "하나님의 길은 우리의 길과 다르다."라고 말하곤 한다. 이 말은 하나님이 신비로운 섭리를 베풀어 우리를 깜짝 놀라게 하는 방식으로 사건들을 전개해 나가신다는 의미를 지닌다. 물론, 하나님의 섭리가

---

[1] John Calvin, *Commentary on the Prophet Isaiah*, vol. 4, trans. William Pringle (repr., Grand Rapids, MI: Baker, 2003), 169.

신비하리만큼 심오하다는 것은 귀한 성경적 진리다. 그러나 "하나님의 길은 우리의 길과 다르다."라는 말씀이 기록된 이사야 55장의 문맥을 살펴보면 그 의미가 우리가 생각하는 것과 전혀 다르다는 것을 알 수 있다. 이 말씀은 하나님의 신비로운 섭리가 아닌 하나님의 동정심 넘치는 마음과 관련이 있다. 이 말씀의 전후 구절을 모두 인용하면 다음과 같다.

"너희는 여호와를 만날 만한 때에 찾으라 가까이 계실 때에 그를 부르라 악인은 그의 길을, 불의한 자는 그의 생각을 버리고 여호와께로 돌아오라 그리하면 그가 긍휼히 여기시리라 우리 하나님께로 돌아오라 그가 너그럽게 용서하시리라 이는 내 생각이 너희의 생각과 다르며 내 길은 너희의 길과 다름이니라 여호와의 말씀이니라 이는 하늘이 땅보다 높음같이 내 길은 너희의 길보다 높으며 내 생각은 너희의 생각보다 높음이니라"(사 55:6-9).

이 구절의 첫 번째 부분은 우리가 해야 할 일을 알려주고, 두 번째 부분은 그렇게 해야 할 이유를 설명한다. 또한, 7절 후반부에는 "그가 너그럽게 용서하시리라"라는 결론이 주어진다. 본문의 논리적 흐름에 유념하라.

하나님은 자기를 찾고, 부르라고 말씀하며, 심지어 악인들에게도 돌아오라고 호소하신다. 하나님의 말씀을 따르면 어떻게 될까? 그렇게 하면 그분이 '긍휼히 여기실 것이다'(7절). 본문은 히브리 시의 병행 구조를 사용해 하나님이 우리를 동정하신다는 사실을 '그가 너그럽게 용서하시리라'(7절)라는 말로 다시 표현했다. 하나님을 멀리하고, 그분의 자애로움과 가르침을 도외시한 채 다른 곳에서 영혼의 평안을 찾기를 좋아하는 우리에게 참으로 크나큰 위로를 주는 말씀이 아닐 수 없다. 우리 자신이 아무리 부끄럽고, 혐오스럽더라도 잘못을 뉘우치고 하나님께 돌이키면 그분이 조금도 주저하지 않고 너그럽게 용서하실 것이다. 하나님은 그런 우리를 단지 받아주는 데 그치지 않고, 양팔을 활짝 벌려 번쩍 안아 올리실 것이다.

본문을 계속해서 읽어보자. 8-9절은 우리를 넘치는 동정심과 풍성한 용서 안으로 더욱 깊이 이끌어 간다. 7절은 하나님이 무슨 일을 하시는지 말씀하고, 8-9절은 그분이 어떤 분이신지 알려준다. 바꾸어 말해, 하나님은 우리가 너그러운 용서를 베풀겠다는 약속의 말을 듣고서도 여전히 그런 용서가 흘러나오는 자신의 마음을 온전히 믿지 못한 채 확신 없이 행동하리라는 것을 잘 알고 계신다. 이것이 그분이 다음의 말씀을 덧붙이신 이유다.

"이는 내 생각이 너희의 생각과 다르며 내 길은 너희의 길과 다름이니라 여호와의 말씀이니라 이는 하늘이 땅보다 높음같이 내 길은 너희의 길보다 높으며 내 생각은 너희의 생각보다 높음이니라."

이 말씀은 무슨 의미일까? 그것은 자신의 자비로운 처사를 우리의 생각으로 그릇 판단하지 말라는 것이다. 하나님에 관한 우리의 생각이 바뀌어야 한다. 일곱 살 된 자녀가 자기를 사랑하는 아버지의 생일 선물을 받고는 즉시 돼지저금통을 꺼내 그에게 선물값을 치르겠다고 말한다면 어떻게 될까? 아버지의 마음이 몹시 아플 것이 분명하다. 그 아이는 아버지에 대한 생각을 바꾸고, 그가 무엇을 진정으로 기뻐하는지를 알아야 할 필요가 있다.

타락한 인간의 마음은 본능적으로 상호성, 주고받기, 균형, 평형을 지향한다. 우리는 우리 자신이 생각하는 것보다 훨씬 더 율법적인 성향을 띠고 있다. 물론, 우리는 하나님의 형상으로 창조되었기 때문에 그런 성향 안에도 건전하고, 영광스러운 요소가 내포되어 있는 것은 사실이다. 그러나 그런 성향도 우리의 다른 모든 성향과 마찬가지로 파괴적인 타락으로 인해 오염되었다. 하나님의 마음을 이해하는 우리의 능력은 급격히 붕괴되었다. 우리는 자기 백성을 향한 하나님의 감정을 옳게 이해하지 못한다. 그러면서도 우리는 그런 이해가 하나님의 실체를 정확하고, 종합적으로 이해하는 것인 줄 착각한다(이것도 죄의 영향이다). 우리는 마치 할아버지에게서 빳빳한 백 달러짜리 지폐를 받아들고 자기 할아버지가 부자라고만 생각할 뿐, 그것이 그가 소유한 수십억 달러 가치의 자산에 비하면 그야말로 너무나도 적은 금액이라는 것을 알지 못하는 어린 손자와 조금도 다르지 않다.

하나님은 자기의 마음에 관한 우리의 본능적인 생각이 얼마나 빈약한지를 분명하게 알려주셨다. 그분의 생각은 우리의 생각과 다르고, 그분의 길은 우리의 길과 다르다. 단지 약간의 차이만 나는 것이 아니다. "하늘이 땅보다 높음같이(이것은 공간적인 무한성을 나타내는 히브리적 표현이다.) 내 길은 너희의 길보다 높으며 내 생각은 너희의 생각보다 높음이니라"(9절). 하나님은 8절에서는 자기의 길이 우리의 길과 다르다고 말씀하셨고, 9절에서 좀 더 구체적으로 자기의 생각이 우리의 생각보다 높다고 말씀하셨다. 이는 마치 하나님이 8절에서는 자기와 우리가 서로 다르게 생각한다고 밝히고 나서 9절에서 자신의 '생각(이 말의 히브리어는 일시적으로 스쳐 지나가는 생각이 아닌 계획, 방책, 의도, 목적을 의미한다)'이 더 높고 클 뿐 아니라 타락한 죄인인 우리가 받을 자격이 조금도 없는 긍휼로 가득하다고 말씀하시는 것처럼 들린다.

"하늘이 땅보다 높음같이"라는 문구를 사용한 다른 성경 구절로는 시편 103편 11절이 유일하다. 다윗은 그곳에서 "이는 하늘이 땅에서 높음같이 그를 경외하는 자에게 그의 인자하심이 크심이로다"라고 말했다. 이 두 구절(시 103:11, 사 55:9)은 서로의 의미를 밝혀준다.[2] 하나님의 길과 생각은 우리의 지각을 초월한 사랑의 생각이자 긍휼의 길이라는 점에서 우리의 길과 생각과 다르다.

하나님의 섭리에 관한 가르침으로 유명한 신학자 칼빈은 이사야서 55장이 섭리의 신비에 관한 구절이 아니라는 것을 간파했다. 그는 어떤 사람들이 "내 생각이 너희의 생각과 다르며"라는 문구를 하나님과 우리의 차이를 나타내는 의미, 곧 거룩한 하나님과 속된 인간의 엄청난 괴리를 가리키는 의미로 해석하는 것을 보았다. 그러나 그는 이 문구의 문맥이 그와는 정반대되는 논리를 전개하고 있다는 것을 알아차렸다. 하나님과 우리는 참으로 엄청난 차이가 난다. 우리는 하나님의 마음을 작게 생각하지만, 칼빈은 우리를 향한 그분의

---

2. 이 두 구절에 사용된 히브리어는 거의 동일하다. 본질적인 의미는 같고, 전치사만 다르다.

마음이 지극히 불가침적이고, 광대하고, 불굴의 것이라는 사실을 깨달았다.

칼빈은 "이사야는 두려워하는 사람들의 공포심을 달래주기 위해 하나님의 본성, 곧 그분이 기꺼이 은혜를 베풀고, 화목을 원하신다는 사실로부터 논증을 전개했다."라고 말했다.[3] 그리고 나서 그는 하나님이 본문을 통해 말씀하기를 원하시는 핵심을 곧장 파고들었다. 그는 그릇된 해석을 지적하고 나서 이렇게 덧붙였다.

그러나 나는 선지자가 말하려는 의미가 다르다고 생각한다. 나의 판단에 따르면, 그 의미는 본문이 하나님의 성향과 인간의 성향의 차이를 언급한 것으로 생각하는 다른 주석자들을 통해 더 정확하게 설명될 수 있다. 인간은 자기를 기준으로 삼아 하나님을 판단하고, 헤아리려는 경향이 있다. 인간의 마음은 분노의 감정에 쉽게 영향을 받고, 진정을 되찾기가 매우 어렵다. 따라서 인간은 일단 하나님의 분노를 초래했으면 그분과 화목해질 수 없다고 생각한다. 그러나 하나님은 자기는 인간과 큰 차이가 있다는 것을 보여주셨다.[4]

칼빈이 여기에서 하나님의 성향을 표현한 언어는 마음의 언어

---

3. Calvin, *Isaiah*, 168.
4. 칼빈은 시편 89편 2절을 주석하면서도 비슷한 말을 했다. "하나님이 자기 백성을 향해 분노하더라도 그들을 향한 부성적 감정을 절대로 포기하지 않으신다는 것을 온전히 이해하지 못하면, 자유롭게 입을 벌려 하나님을 찬양할 수 없다." John Calvin, *Commentary on the Book of Psalms*, vol. 3, trans. James Anderson (repr., Grand Rapids, MI: Baker, 2003), 420.

heart language다. 우리가 하나님의 마음에 대해 말할 때 우리는 용수철처럼 튀어나오는 그분의 애정affection, 그분의 본성적 성향, 그분의 실체, 그분이 행하시는 행위에 대해 말하는 것이다. 칼빈은 이사야서 55장에 근거해 하나님의 성향이 타락한 인간의 성향과 정반대라고 가르쳤다.

우리는 하나님의 용서가 얼마나 굉장한 기쁨인지를 올바로 이해하지 못하기 때문에 하나님의 실체를 바라보는 시각도 지극히 편협할 수밖에 없다. 그러나 하나님의 실체는 우리의 생각에 조금도 제한을 받지 않는다. "하나님은 긍휼이 무한히 풍성하고, 언제라도 기꺼이 용서를 베푸시기 때문에 그분께 용서를 받지 못한다면 그것은 전적으로 우리의 불신앙 때문이다."[5]

긍휼이 풍성한 하나님의 마음은 우리의 본능적인 성향을 혼란스럽게 한다. 하나님은 우리 예상과 달리 자기 백성이 엉망진창으로 파괴된 삶을 살 때에도 그들에게 긍휼로 반응하신다.

하나님은 우리와 같지 않으시다. 가장 강렬한 인간의 사랑도 폭포수와 같은 하나님의 사랑에 비하면 그야말로 아무것도 아니다. 우리를 향한 그분의 정성 어린 사랑은 우리의 생각을 능가한다. 그분은 우리가 본래 창조시에 소유했던 빛나는 영광을 회복하기를 원

---

5. Calvin, *Isaiah*, 169. 굿윈은 *The Works of Thomas Goodwin*, 12 vols. (repr., Grand Rapids, MI: Reformation Heritage, 2006), 2:194에서 사 55:8-9에 대한 유사한 묵상을 전개한다.

하신다. 그리고 우리가 우리 자신을 깨끗하게 유지하기 위해 자기 의존에서 벗어나 우리의 죄를 그분 앞에 가져가길 원하신다.

하나님은 우리가 일평생 죄를 지은 후에도 더럽혀지지 않고 남아 있는 부분에 국한하여 역사하시는 분이 아니다. 그분의 능력은 너무나도 커서 우리의 지난 과거의 일 가운데 가장 그릇된 부분까지도 미래의 가장 영광스러운 부분으로 능히 회복하실 수 있다. 그러나 그렇게 되려면 우리의 비참함을 그분 앞에 가져가야 한다.

우리는 다음의 성경 말씀을 통해 하나님이 아무 자격도 없는 우리를 회복시켜주실 것이라는 확신을 가질 수 있다.

"너희는 기쁨으로 나아가며 평안히 인도함을 받을 것이요 산들과 언덕들이 너희 앞에서 노래를 발하고 들의 모든 나무가 손뼉을 칠 것이며 잣나무는 가시나무를 대신하여 나며 화석류는 찔레를 대신하여 날 것이라 이것이 여호와의 기념이 되며 영영한 표징이 되어 끊어지지 아니하리라"(사 55:12-13).

하나님의 생각은 우리의 생각보다 훨씬 더 높기 때문에 회개하는 자를 너그럽게 용서할 뿐 아니라 자기 백성을 감히 기대조차 할 수 없는 영광스러운 미래로 인도하기로 결정하셨다. 위의 본문의 시적 표현은 자기 백성을 향한 하나님의 마음이 세대를 거듭할수록 점점 더 커져 만물의 마지막 때에 인류의 역사 위에 폭발할 것을 아름답게 묘사하고 있다. 새롭게 회복된 우리의 인간성이 영적 핵폭탄과 같은 에너지를 강렬하게 뿜어냄으로써 피조 세계 전체가 천지를 진동하는 찬양을 외치게 될 것이다. 이것이 곧 피조 세계가 간절히 고대하는 잔치이다(롬 8:19). 피조 세계의 영광은 우리의 영광과 밀접한 관련을 맺고 있다(롬 8:21). 하나님의 자녀들이 받을 자격이 없는 행복한 미래를 맞이하는 순간, 온 우주가 깨끗하게 회복되어 눈부신 빛과 위엄을 드러낼 것이다.

그렇게 확신할 수 있는 이유는 무엇일까?

그 이유는 하나님의 길이 우리의 길보다 높고, 그분의 생각이 우리의 생각보다 높다는 말씀의 뜻은 그분이 우리가 생각하지 못했던 지극히 낮은 곳까지 내려오기를 기뻐하신다는 의미이기 때문이다. 이사야서 57장 15절에 이렇게 기록되어 있다.

> "지극히 존귀하며 영원히 거하시며 거룩하다 이름하는 이가 이와 같이 말씀하시되 내가 높고 거룩한 곳에 있으며 또한 통회하고 마음이 겸손한 자와 함께 있나니 이는 겸손한 자의 영을 소생시키며 통회하는 자의 마음을 소생시키려 함이라."

지극히 높으신 하나님의 마음은 어디로 향하는가? 그분의 마음은 겸손한 자에게로 향한다. 예수님은 이사야 예언의 말씀을 전하고 나서 약 칠백 년이 지난 후에 이 땅에 나타나셔서 '온유하고 겸손한' 자신의 마음을 드러내셨다. 그분은 하나님이 온유와 겸손이 있는 곳에 거하기를 좋아하신다는 것을 확실하게 입증해 보이셨다. 그것이 하나님이 행하시는 것이요 그분의 진정한 모습이다. 그분의 길은 우리의 길과 다르다.

18장
들끓는 창자

"그를 위하여 내 창자가 들끓으니"

예레미야 31:20

예레미야가 전한 예언의 가장 중요한 부분이 30-33장에 기록되어 있다. 학자들이 그 부분을 '위로의 책'으로 일컫는 이유는 하나님이 그곳에서 자기 백성의 죄에 대한 최종적 입장을 분명하게 드러내셨고, 그들이 받을 자격이 없는 무한한 은혜를 선포하셨기 때문이다. 심판을 기대하는 것이 당연했지만 하나님은 그들을 위로하는 말씀으로 놀라게 하셨다. 왜 그렇게 하셨을까? 그 이유는 하나님이 일단 가슴에 품으신 백성은 결코 그 품에서 벗어날 만한 죄를 지을 수 없기 때문이다. 하나님은 "내가 영원한 사랑으로 너를 사랑하기에"라는 말씀으로 그들을 안심시키셨다(렘 31:3).

어떤 말씀 뒤에 이 '위로의 책'이 주어졌을까? 앞의 스물아홉 장은 이스라엘의 죄를 적나라하게 열거하는 내용으로 이루어져 있다. 예레미야서 앞부분에서 대표적인 구절들을 몇 개 인용하면 다음과 같다.

- "내가 나의 심판을 그들에게 선고하여 그들의 모든 죄악을 징계하리라"(1:16).
- "내 백성이…나를 버린 것과"(2:13).
- "네가…음란과 행악으로 이 땅을 더럽혔도다"(3:2).
- "예루살렘아…네 악한 생각이 네 속에 얼마나 오래 머물겠느냐"(4:14).
- "너희 백성은 배반하며 반역하는 마음이 있어서"(5:23).
- "샘이 그 물을 솟구쳐냄 같이 그가 그 악을 드러내니"(6:7).

스물아홉 장의 내용이 모두 이런 식이다. 또한 30-33장 이후에 기록된 말씀도 이스라엘에 대한 심판을 언급하고 있다. 예레미야서의 중간, 곧 예레미야서 쉰두 장 전체를 조망할 수 있는 정점에 '위로의 책'이 자리잡고 있다. 이 네 장의 내용은 31장 20절에 가장 잘 요약되어 있다.

"에브라임은 나의 사랑하는 아들, 기뻐하는 자식이 아니냐 내가 그를 책망하여 말할 때마다 깊이 생각하노라 그러므로 그를 위하여 내 창자가 들끓으니 내가 반드시 그를 불쌍히 여기리라 여호와의 말씀이니라."

'에브라임'은 하나님의 백성인 이스라엘을 가리키는 용어이다. 구약성경 전체를 살펴보면 이 용어가 특별히 이스라엘을 향한 하나님의 애정을 나타내는 의미로 사용된 것처럼 보이기도 한다. "나의…기뻐하는 자식이 아니냐"라는 하나님의 물음은 조금도 이상하지 않다. 이것은 질문의 형식을 빌려 자신의 자애로움을 나타내신 선언이다. 하나님의 백성은 그분의 "사랑하는 아들"이요 "기뻐하는 자식"이다. 하나님에 관한 당신의 교리에 이런 식으로 말씀하시는 하나님을 받아들일 여지가 있는지 생각해보라.

"내가 그를 책망하여 말할 때마다(하나님은 스물아홉 장에 걸쳐 자기 백성을 가차 없이 꾸짖으셨다) 깊이 생각하노라." 여기에서 '생각한다'는 것은 기억을 새롭게 떠올린다는 의미가 아니다. 말씀의 주체는 하나님이다. 그분은 모든 것을 알고 계신다. 그분은 모든 것에 대한 모든 진리를 항상 완벽하게 알고 계신다. 여기서 '생각한다'는 것은 언약의 용어다. 이것은 망각하지 않는다는 의미가 아니라 버리지 않는다는 의미이다.

그리고 나서 마침내 예레미야서의 중간에 자리잡은 네 개의 장의 핵심 구절의 핵심 어구가 등장한다. 그것은 "그러므로 그를 위하여 내 창자가 들끓으니"라는 말씀이다.

―――

'마음'을 뜻하는 전형적인 히브리어 단어는 '레브'다(예를 들면, 예레미야애가서 3장 33절-"주께서 인생으로…근심하게 하심은 본심이 아니시로다"). 그러나 예레미야서 31장에서는 '메아'라는 단어가 사용되었다. 이 단어는 문자적으로 사람의 내장, 곧 창자를 가리킨다. 이것이 〈킹 제임스 성경〉과 같은 오래된 번역 성경들이 이것을 '창자'로 옮긴 이유다(한글 개역개정에서도 '창자'로 번역함―편집주). 이 용어는 사무엘하 20장 10절에서도 사용된다. "요압이 칼로 그(아마사)의 배를 찌르매 그의 창자가 땅에 쏟아지니."

물론, 하나님은 창자가 없으시다. 이것은 하나님의 가장 깊은 내면에서 일어나는 반사 작용, 곧 내면에서 마구 솟구쳐오르는 가장 깊은 감정을 나타내는 표현이다(인간의 감정은 하나님의 그런 감정을 반영하도록 창조되었다). 칼빈은 하나님의 창자나 심장을 언급하는 것은 "그분께 해당하는 적절한 표현이 아니다"라고 주의를 상기시켰지만, 그렇다고 해서 하나님이 "우리를 향한 자신의 위대한 사랑을 위 구절에서 진정으로 드러내 보이고 계신다"는 진리가 희석되는 것은 아니라고 덧붙였다.[1]

하나님의 마음이 어떤 상태인지를 묘사한 본문의 표현에 주목하라. "내 창자가 들끓으니." 들끓는다는 것은 무슨 의미일까? 그것은 구원한다거나 축복한다거나 심지어는 사랑한다는 것과도 구별되는 의미를 지닌다. 여기에 사용된 히브리어 '하마'는 '쉴 새 없이 흔들리다, 동요하다, 으르렁거리다, 아우성치다, 시끄럽게 떠들다, 사납게 요동하다'라는 뜻을 갖는다. 하나님이 자신에 대해 어떤 식으로 계시하시고, 어떤 주장을 펼치고 계시는지 이해하겠는가? 자기 백성을 향한 그분의 넉넉한 애정은 그들의 변덕스러움에 좌우되지 않는다. 왜냐하면 하나님의 마음에서 쏟아져 나오는 것은 신적 열망의 소용돌이이다. 그리고 하나님은 자신이 원하는 것을 반드시 이루신다.

---

1. John Calvin, *Commentaries on the Prophet Jeremiah and the Lamentations*, vol. 4, trans. J. Owen (repr., Grand Rapids, MI: Baker, 2003), 109.

하나님은 "내가 반드시 그를 불쌍히 여기리라"라고 말씀하셨다. 이 말씀을 문자대로 번역하면 "나는 긍휼이 있기 때문에 그를 긍휼히 여길 것이다."라는 다소 어색한 문장이 생겨난다. 히브리어는 때로 동사를 두 번 사용해 강조의 의미를 표시한다(앞서 '생각한다'라는 용어가 사용된 구절도 이와 똑같은 문장 구조로 되어 있다). 하나님의 들끓는 마음은 죄를 지적하는 데 무려 스물아홉 장이나 소요될 정도로 삶의 깊은 시궁창 속에 빠져 허우적거리는 죄인들, 곧 스스로의 힘으로는 구원을 온전히 이루는 것은 고사하고 시도조차 할 수 없는 죄인들을 구원하고, 또다시 구원하는 긍휼을 나타낸다.

죄와 고난 속에서 허덕일 때 당신은 하나님을 어떤 분으로 인식하는가? 하나님을 어떤 분으로 생각하는가? 나는 단지 이론상으로 하나님을 어떤 분으로 믿느냐고 묻는 것이 아니다. 당신이 실제로 기도할 때 당신의 기도를 들어주시는 인격체로서 하나님을 어떤 분으로 생각하는가? 하나님이 당신에 대해 어떤 감정을 느끼신다고 생각하는가? 하나님의 구원은 냉랭하지도 않고, 계산적이지도 않다. 그것은 들끓는 열망이다. 물론, 그 열망은 페이스북과 같은 것을 통해 우리 주위의 사람들에게 드러내 보이는 우리의 모습이나 우리가 되고 싶어 하는 모습이 아닌 참된 우리, 곧 다른 사람들에게 보여주는 우리의 겉모습 아래에 있는 진정한 모습을 향한다.

신앙생활을 얼마나 오래 했는지와 상관없이, 곧 성경 전체를 한 번도 읽어보지 못했든 성경에 해박한 박사가 되었든 상관없이 우리는 모두 이런 사실을 거부하려는 삐딱한 성향을 지니고 있다. 하나님의 마음에서는 긍휼이 흘러나오고, 우리의 마음에서는 그것을 받아들이기를 거부하는 성향이 흘러나온다. 우리는 냉정하고, 계산적이지만 하나님은 그렇지 않으시다. 그분은 우리를 향해 양팔을 활짝 벌리시고, 우리는 그분을 양팔로 밀어낸다. 우리는 우리 자신을 쉽게 용납하지 않고, 엄격하게 대하는 까닭에 하나님의 마음도 냉랭할 것이라고 생각해야만 편안함을 느끼는 듯하다. 그런 엄격함은 도덕적으로 진지하기에 적절한 것으로 느껴진다. 그러나 하나님의 들끓는 마음을 그런 식의 굴절된 시각으로 바라보는 것은 그분이 자기 백성에게 느끼는 감정을 묘사하는 성경의 가르침과 일치하지 않는다. 물론, 하나님은 도덕적으로 우리보다 훨씬 더 진지하시다. 그러나 성경은 우리를 향한 하나님의 마음이 우리의 사랑스러운 정도에 따라 보류될 수 있다는 생각이 잘못된 것이라고 가르친다. 하나님의 마음은 그분의 실체에 관한 우리의 본능적인 생각을 여지없이 깨부순다.

토머스 굿윈은 예레미야서 31장 20절을 인용하고 나서 그것이 하나님의 참모습이라면 그리스도께서는 더욱더 그렇지 않으시겠느냐는 논의를 전개했다. 그는 그런 성경 본문이 삶 속에서 많은 죄와 함께 살아가는 "우리에게 가장 강력한 위로와 용기를 줄 수 있다"고 말했다.

> 우리의 죄가 하나님의 분노가 아닌 긍휼을 자극한다는 것은 우리의 연약함을 달래주는 크나큰 위로가 아닐 수 없다…그리스도께서는 우리의 편을 들어주신다. 그분은 우리의 죄에 모든 분노를 쏟아부어 그것을 없애려고 하실 뿐, 우리를 향해서는 결코 화를 내지 않으신다. 오히려 혐오스러

운 질병에 걸린 자식을 대하는 아버지의 마음처럼 그분의 긍휼은 더욱더 증폭된다. 몸의 지체에 나병이 걸린 사람은 자기 몸의 일부인 지체를 미워하지 않는다. 그는 질병을 미워할 뿐이다. 그는 질병에 감염된 부위를 크게 염려하며 동정한다. 그리스도와 우리 자신을 거스르는 우리의 죄가 그리스도께서 우리를 더욱 불쌍히 여기시는 계기가 된다면 무엇이 우리에게 유익이 되지 않겠는가?[2]

굿윈은 우리의 동정심과 애정의 강도가 우리가 누군가를 사랑스럽게 보는 정도에 따라 달라진다고 말했다. "상대방이 사랑스러울 때는 불행이 크면 클수록 동정심도 더 커지기 마련이다. 죄는 모든 불행 가운데서 가장 큰 불행이다." "그리스도께서는 죄를 그런 식으로 바라보신다." 그렇다면 그리스도께서는 우리의 삶 속에 그런 추악한 것이 있을 때 어떤 반응을 보이실까? "당신의 인격을 사랑하고 죄만 미워하시는 그리스도께서는 모든 증오심을 온전히 죄에만 쏟아부어 그것을 파괴함으로써 당신을 죄에서 자유롭게 하신다. 당신에 대한 그분의 애정 affection은 더욱더 커진다. 이런 이치는 다른 고난을 겪을 때와 마찬가지로 죄 아래 있을 때도 똑같이 적용된다. 그러므로 두려워하지 말라."[3]

---

2. Thomas Goodwin, *The Heart of Christ* (Edinburgh: Banner of Truth, 2011), 155-56.

3. Goodwin, *Heart of Christ*, 156.

어떤 사람들은 죄와 고난을 분리해서 생각한다. 그들은 죄는 우리의 책임이지만 고난은 타락으로 인해 파괴된 세상에서 우리에게 닥치는 외적인 불행일 뿐이라고 말한다. 다시 말해, 우리는 하나님이 고난받는 우리를 대하는 것과 똑같은 방식으로 우리의 죄에 대해서도 긍휼을 베푸실 것이라고 기대하기를 어려워하는 경향이 있다. 우리는 "내가 직접 죄를 지었을 때보다 내가 다른 사람이 지은 죄의 피해자가 되었을 때 하나님이 나를 더욱 동정하시지 않을까?"라고 생각한다.

그러나 굿윈의 논리를 생각해보라. 사랑의 강도가 사랑하는 사람이 겪는 불행의 강도에 따라 달라지고, 또 죄가 우리의 가장 큰 불행이라면 우리가 죄를 지었을 때 하나님이 가장 강렬한 사랑을 베푸실 것이 틀림없다. 굿윈이 말한 대로, 하나님은 죄를 미워하신다. 하나님은 우리를 사랑하고, 죄를 미워하시기 때문에 언젠가는 우리를 죄에서 온전히 해방해 우리를 기뻐하는 자신의 마음을 아무런 거리낌 없이 마음껏 누릴 수 있는 날을 허락하실 것이 분명하다.

세상은 들끓는 사랑, 곧 내버리기보다 기억해주는 사랑을 갈망한다. 세상은 우리의 사랑스러운 정도에 좌우되지 않는 사랑, 우리의 엉망진창인 모습에 좌절하지 않고 그 아래로 뚫고 도달하는 사랑, 우리를 온통 에워싸고 있는 어둠보다 더 큰 사랑, 가장 뛰어난 인간의 로맨스조차도 한갓 희미한 그림자처럼 보이게 만드는 사랑을 원한다.

예레미야가 말한 하나님의 마음은 추상적이고, 주관적이며, 감상적이고, 아무런 형체도 없는 것처럼 들릴 수 있다. 그러나 굿윈은 예레미야가 언급한 하나님의 마음으로부터 곧장 그리스도의 마음으로 나아갔다. 추상적인 것이 구체적인 현실이 되었다면 어떻게 될까? 하나님의 마음이 단지 하늘에서 우리에게로 내려오는 것이 아니라 이곳 세상에서 우리 가운데 나타났다면 어떻게 될까? 하나님의 마음을 단지 선지자가 전한 말이 아닌 말씀 자체이신 분, 곧 하나님이 우리에게 말씀하고 싶으셨던 모든 것을 체현하신 분이 전한 말씀 속에서 보게 된다면 어떻게 될까?

"그를 위하여 내 창자가 들끓으니"(렘 31:20)라는 말씀이 육신을 입고 나타났다면 그 말씀은 과연 어떤 모습일까?

더는 궁금해할 필요가 없다. 그것은 치유와 귀신 축출과 가르침과 포옹과 용서를 통해 남자들과 여자들의 존엄성과 인간성과 건강과 양심을 회복시켰던 중동 지역의 한 목수의 형상으로 나타났다.

예레미야서 31장 20절에 내재된 갈등, 곧 구약성경 전체를 관통하며 서서히 추진력을 형성하면서 갈수록 더욱 증폭되기 시작했던 갈등이 해결되기 시작했다. 그것은 바로 신적 정의와 신적 긍휼의 갈등이었다. 하나님은 '내가 그를 책망했다'라고 말씀했고, 또 '내가 그를 깊이 생각하노라'라고 말씀하셨다. 구약성경 전체에서 확인되는 것과 같이 여기에서도 책망과 사랑, 정의와 긍휼이 교차한다.

그러나 인류의 역사가 절정에 이른 순간에 정의가 온전히 충족되고 긍휼이 온전히 임했다. 성부께서 영원히 사랑하는 아들이자 기뻐하는 자식을 로마 제국의 십자가에 내주셨다. 십자가에서 하나님은 '그를 참으로 책망하셨고,' 무죄한 예수 그리스도께서는 죄인들을 위해 피를 쏟으셨다. 그 결과, 하나님은 비록 예수님은 버리셨지만 우리에 대해서는 '내가 그를 깊이 생각하노라'라고 말씀할 수 있으셨다.

우리는 십자가에서 하나님이 우리를 향한 들끓는 마음을 만족시키기 위해 무엇을 하셨는지 본다. 그분은 그렇게까지 하셨다. 하나님의 들끓는 창자가 결국 그리스도의 못 박힘을 가져왔다.

하나님의 마음에 대한 당신의 협소한 생각을 회개하라. 회개하고, 그분의 사랑을 받아들이라.

19장
긍휼이 풍성하신 하나님

"긍휼이 풍성하신 하나님이"

에베소서 2:4

우리에게 전해진 토머스 굿윈의 저서는 모두 열두 권이고, 각 권 모두 500쪽이 넘을 뿐 아니라 깨알 같은 글자가 빼곡하게 들어차 있다. 그 가운데 제2권은 에베소서 2장만을 다루고 있다. 이 책은 일련의 설교로 이루어져 있다. 굿윈은 서서히 진행해 나가다가 4절에 이르자 그 한 구절을 중심으로 여러 편의 설교를 전했다.

"긍휼이 풍성하신 하나님이 우리를 사랑하신 그 큰 사랑을 인하여."

1절부터 3절까지는 우리에게 구원이 필요한 이유를 설명한다. 우리는 영적으로 죽었었다. 5-6절은 구원이 무엇인지를 밝힌다. 구원은 하나님이 우리를 다시 살리신 것이다. 그 중간에 있는 4절은 하나님이 우리를 구원하신 이유에 관해 말한다. 1-3절은 문제를 다루고, 5, 6절은 해결책을 언급하며, 4절은 하나님이 우리를 내버려 두지 않고 문제를 해결하려고 나서신 이유를 설명한다.

그 이유는 무엇일까? 그 이유는 하나님이 긍휼에 인색하지 않고, 풍성하시기 때문이다.

하나님이 다른 어떤 것에 풍성하시다고 일컫은 성경 구절은 어디에도 없다. 오직 긍휼과 관련해서만 그분에게 풍성하시다는 표현이 적용되었다. 이것이 무슨 의미일까? 여기에는 하나님이 우리가 본능적으로 생각하는 하나님과는 다른 분이라는 의미가 함축되어 있다. 또한 신앙생활이란 하나님의 선하심에 관한 그릇된 생각을 평생 조금씩 극복해 나가는 과정이라는 의미가 함축되어 있다. 하나님은 정의를 엄격하게 베푸시지만 긍휼이 풍성하시다. "그분은 모두에게 풍성하시다. 즉, 그분은 선하심이 무한히 넘쳐나고, 선하심을 아낌없이 베풀고, 풍성하게 쏟아부으며, 넘치게 나타내신다."[1] 구약성경이 예레미야서 31장 21절에서 '긍휼히 여긴다'라는 말을 두 차례나 사용한 것처럼, 신약성경은 하나님을 '긍휼이 풍성하시다'라고 일컫는다. 앞에서 살펴본 대로, 구약성경은 사복음서와 마태복음 11장 29절을 통해 인류의 역사 속에서 밝히 드러나게 될 사실을 미리 암시했다. 앞으로 남은 몇 장에서는 신약성경을 중심으로 논의를 전개할 생각이다.

에베소서 2장 4절은 "긍휼이 풍성하신 하나님"이라고 말씀한다.

---

1. Thomas Goodwin, *The Works of Thomas Goodwin*, 12 vols. (repr., Grand Rapids, MI: Reformation Heritage, 2006), 2:182.

'풍성하게 되어가다'가 아닌 '풍성하다'라는 표현이 사용되었다. 이런 식의 진술은 창조주의 깊은 내면, 곧 휘장 뒤에 있는 하늘의 지성소로 우리를 안내해 하나님의 존재^{being}와 본성^{nature} 자체를 생생하게 엿볼 수 있게 해준다. "하나님은 모든 긍휼의 원천이시다…긍휼은 그분의 본성이다…그것이 그분의 본성이요 성향인 이유는 그분이 온 마음을 다해 긍휼을 베푸시기 때문이다."[2] 이것이 하나님이 긍휼을 베풀기를 기뻐하시는 이유다(미 7:18).

다윗도 하나님께 기도를 드리면서 그분이 '자기의 뜻대로' 자신에게 긍휼을 베푸셨다고 말했다(대상 17:19). 하나님은 긍휼의 원천이시다. 그분은 긍휼이 무한히 풍성하시다. 우리가 평생 죄를 지으면서 그분의 긍휼을 받더라도 그것은 줄어들지 않고, 더욱더 많아진다.

어떻게 그럴 수 있을까? 그 이유는 긍휼이 곧 그분의 실체이기 때문이다. 긍휼이 하나님의 깊은 본질과는 별개로서, 그것이 하나님이 지니고 계신 무언가에 불과하다면 그분이 베푸는 긍휼의 양에는 한계가 있을 수밖에 없다. 그러나 하나님이 본질적으로 긍휼이 풍성하시다면 긍휼을 베푸는 것은 곧 그분의 실체에 의거하여 행동하시는 것이다. 그것은 단지 하나님의 하나님 되심이다. 하나님이 긍휼을 베푸시는 것은 자신의 본성에 일치하는 행동이다. 물론, 다시 말하지만 하나님이 단지 긍휼만을 베푸시는 것은 아니다. 그분은 온전히 정의롭고 거룩하시다. 그분이 죄와 죄인들을 향해 진노하시는 것은

---

2. Goodwin, *Works*, 2:179.

지극히 정당하다. 그러나 하나님에 관한 성경의 증언을 살펴보면, 도덕적인 기준을 나타내는 그런 속성들은 그분의 가장 깊은 마음을 반영하지 않는다.

에베소서 본문은 긍휼이 풍성하신 하나님을 그분의 위대한 사랑과 결합시킨다. "긍휼이 풍성하신 하나님이 우리를 사랑하신 그 큰 사랑을 인하여." 굿윈은 이렇게 말했다.

> 가정이나 질문의 형식을 빌려 하나님께 그분의 백성 가운데 누군가를 버리거나 내치실 것인지 묻는다면, 그분은 크게 분노하며 그 말을 단호히 물리치실 것이 틀림없다. 그분의 사랑은 지극히 크다…하나님은 그분 안에 그런 생각이 있다는 것에 대해 극도로 혐오를 담아 말씀하신다.
>
> …하나님은 자기 백성을 너무나도 사랑하기 때문에 그와 반대되는 말을 단 한마디도 듣지 않으신다…그렇다. 하나님의 사랑은 지극히 강하기 때문에 어떤 참소가 있더라도, 즉 죄나 마귀가 참소하더라도 하나님은 오히려 축복을 베푸신다. 하나님의 사랑은 축복을 더 많이 베풀 기회만을 찾을 정도로 강렬하고, 확고하다.[3]

"우리를 사랑하신 그 큰 사랑을 인하여"라는 성경 말씀을 생각하면, 굿윈이 우리의 이해를 도우려고 애썼던 것이 무엇인지를 알 수 있다. 하나님의 사랑은 관용이나 오래 참음이나 인내가 아니다. 하나님은 우리에게 오래 참으시지만, 그분의 사랑은 더욱 깊고 적

---

3. Goodwin, *Works*, 2:176.

극적인 성격을 띤다. 그분의 사랑이 위대한 이유는 자기가 사랑하는 자들이 위협을 당할 때, 설혹 그 위협이 그들 자신의 어리석음 때문에 빚어진 것일지라도 더욱더 풍성하게 솟구치기 때문이다. 인간적 차원에서도 이 점을 어렵지 않게 이해할 수 있다. 세상의 아버지도 자기 자녀가 비난을 받거나 고통을 받는 것을 보면 그런 비난과 고통이 아무리 정당한 것이라고 하더라도 마음속에서 사랑이 솟구치는 것을 느낀다. 그의 내면에서는 사랑이 새롭게 끓어오른다.

긍휼은 그런 사랑의 결과물이다. 굿윈이 에베소서 2장 4절에 관한 설교를 통해 거듭 언급한 대로, 하나님은 '천하무적의 사랑'으로 우리를 사랑하신다.[4] 사랑이 솟아나면 긍휼이 흘러나온다. 위대한 사랑이 하나님의 마음을 가득 채우고 있고, 풍성한 긍휼이 그분의 마음에서 흘러나온다.

아마 이런 말들이 약간 추상적으로 들릴 것이다. 긍휼과 사랑은 결국 개념일 뿐이지 않은가? 듣기에는 그럴듯하지만 무기력한 월요일, 실망스러운 수요일, 외로운 금요일, 지루한 일요일 아침을 보내는 우리에게 이것이 대체 무슨 의미가 있다는 말인가?

다음 두 가지 생각이 도움이 될 것이다. 하나는 그런 풍성한 긍휼의 필요성에 관한 것이고, 다른 하나는 그런 풍성한 긍휼의 실제적인 구현에 관한 것이다.

---

4. Goodwin, *Works*, 2:170–80.

먼저, 풍성한 긍휼의 필요성부터 살펴보자. 에베소서 2장 4절은 단독으로 존재하지 않는다. 이 구절은 여섯 장으로 이루어진 에베소서의 일부다. 그 바로 앞의 구절을 인용하면 다음과 같다.

"그는 허물과 죄로 죽었던 너희를 살리셨도다 그 때에 너희는 그 가운데서 행하여 이 세상 풍조를 따르고 공중의 권세 잡은 자를 따랐으니 곧 지금 불순종의 아들들 가운데서 역사하는 영이라 전에는 우리도 다 그 가운데서 우리 육체의 욕심을 따라 지내며 육체와 마음의 원하는 것을 하여 다른 이들과 같이 본질상 진노의 자녀이었더니"(엡 2:1-3).

그리스도께서는 상처 입은 사람들을 치유하거나 잠든 사람들을 깨우거나 혼란스러운 사람들에게 조언하거나 지루한 사람들에게 활력을 불어넣거나 게으른 사람들을 독려하거나 무지한 사람들을 교육하기 위해서가 아니라 죽은 자들을 살리기 위해 세상에 오셨다.

이 세 구절의 전체적인 취지를 생각해보라. 바울은 우리가 종종 말하는 식으로 '나는 망했어.'라거나 '나는 실수를 저질렀어.'라거나 '나는 고민이 많아.'라는 식으로 죄에 대해 말하지 않았다. 그는 죄를 우리의 삶 전체에 영향을 미치는 냉엄한 현실로 간주했다. 우리의 죄는 이따금 한 번씩 걸려 넘어지는 건강한 사람보다는 머리부터 발끝까지 온통 질병에 걸린 사람과 비슷하다. 에베소서 2장의 표현을 액면 그대로 받아들인다면 생명이 없는 죽은 사람과 같다.

우리는 부지중에 사탄("공중의 권세 잡은 자")을 따랐다. 우리는 단지 지옥의 권세에 복종한 것이 아니었다. "지금 불순종의 아들들 가운데서 역사하는 영"이라는 말씀대로, 지옥의 권세는 우리 안에서 역사하고 있었다. 우리는 "본질상 진노의 자녀"였다. 우리는 진노의 자녀였기 때문에 하나님의 진노를 받아 마땅했다. 우리는 이따금 한 번씩만 육신의 욕심을 따랐던 것이 아니라 그 욕심을 따라 '지냈다.' 그것은 우리가 숨 쉬며 살았던 공기였다. 추악하고, 무절제한 정욕과 우리의 관계는 물과 물고기의 관계와 같았다. 우리는 하나님을 거부했고, 멸망을 자초했으며, 심판을 받기에 합당한 삶을 살았다. 우리는 겉으로는 마트에서 미소를 짓고, 우체부에게 명랑하게 인사말을 건네면서도 속으로는 은밀히 자아를 받들어 섬기며, 우리의 영혼이 창조된 본래의 목적인 하나님께 대한 예배와 아름다움과 존엄성을 내팽개친다. "육체와 마음의 원하는 것을 하여"라는 말씀대로, 죄는 우리가 이따금 저지르는 것이 아니라 말과 행위와 생각과 욕망의 차원에서 매 순간 우리의 실존을 규정짓는 현실이다. 우리는 죄 가운데서 살았을 뿐 아니라 그 가운데서 사는 것을 즐겼다. 우리는 죄 가운데서 살기를 원했다. 죄는 우리가 소중히 여겼던 보물이자 골룸의 반지요 지속적인 즐거움이었다. 간단히 말해, 우리는 영적으로 죽었고, 완전히 절망적인 상태였다. 그런 우리가 하나님의 긍휼로 인해 되살아났다.

어떤 사람들은 "그것은 나와는 거리가 먼 이야기야. 나는 법을 준수하는 가정에서 자랐고, 교회에 다녔으며, 점잖게 행동했고, 경찰에 체포된 적도 없으며, 이웃들도 예의 바르게 대했어."라고 말할는지도 모른다. 그러나 바울의 말에 주목하라. 그는 "우리도 다 그 가운데서 우리 육체의 욕심을 따라 지내며"라고 말했다.

바울은 전에 바리새인이었다. 그는 누구보다도 율법을 철저하게 지켰다. 그는 "나는…히브리인 중의 히브리인이요 율법으로는 바리새인이요 열심으로는 교회를 박해하고 율법의 의로는 흠이 없는 자라"(빌 3:5-6)라고 말했다. 그런데 어떻게 그런 그가 육체의 욕심을 따라 지내는 사람들의 범주에 스스로를 포함시킬 수 있었을까? 더욱이 바울은 자기 자신을 단 한 번만 그런 식으로 소개한 것이 아니었다. 그는 빌립보서 3장과 같은 자기소개를 사도행전에서 여러 차례 반복했다. 그는 젊었을 때부터(행 26:4) "조상들의 율법의 엄한 교훈을 받았고"(행 22:3), "우리 종교의 가장 엄한 파를 따라"(행 26:5) 생활했다고 말했다. 그러면서도 그는 디도서 3장에서 "어리석은 자요 순종하지 아니한 자요 속은 자요 여러 가지 정욕과 행락에 종노릇한 자요"(딛 3:3)라는 말로 자신의 이전 생활을 묘사했다. 과연 어느 쪽이 진실일까?

모든 규칙을 어기든 모든 규칙을 지키든, 둘 다 육체의 욕심을 따라 사는 삶이 될 수 있다는 것을 이해해야만 이 말의 의미를 옳게 파악할 수 있다. 이 두 가지 삶 모두 육체의 욕심을 따라 사는 것이기 때문에 새로운 탄생이 필요하다. 우리는 부도덕한 상태로 죽은 사람이거나 도덕적인 상태로 죽은 사람이거나 둘 중 하나다. 어떤 경우가 되었든 죽은 것은 똑같다.

하나님의 긍휼은 명백하게 드러난 악인들은 물론, 도덕군자인 체하는 사람들을 깨끗하게 해준다. 이 두 종류의 사람들 모두 똑같이 부활이 필요하다.

하나님은 긍휼이 풍성하시다. 그분은 일부 죄인은 긍휼히 여기고 일부는 긍휼히 여기지 않는 분이 아니다. 긍휼은 그분의 본성이다. 그분은 "긍휼이 풍성하신" 하나님이기 때문에 모든 죄인에게 긍휼을 베푸신다. 그분의 긍휼은 우리의 죽은 영혼을 되살릴 뿐 아니라 좀비와도 같은 공허한 우리의 존재 양식을 새롭게 한다.

우리가 지은 죄의 무게를 의식한다면 에베소서 2장 4절의 긍휼이 알맹이 없는 추상적 개념처럼 들리지 않을 것이다.

―――

이번에는 풍성한 긍휼의 실제적인 구현에 관해 잠시 살펴보기로 하자.

우리의 본성이 전적으로 부패했다는 것을 깨닫고, 하나님의 마음에서 강수처럼 흘러나오는 긍휼이 인간의 형상을 취했다는 것을 이해하면, 하나님의 풍성한 긍휼이 우리에게 현실이 되어 다가온다. 아마도 천상의 긍휼이라는 개념은 추상적으로 보일 것이다. 그러나 그 긍휼이 우리가 보고, 듣고, 만질 수 있는 것이 되었다면 어떨까?

그런 일이 성육신을 통해 이루어졌다. 바울은 그리스도의 구원하시는 나타나심에 관해 말하면서 "모든 사람에게…하나님의 은혜가 나타났다"고 말했다(딛 2:11). 하나님의 은혜와 긍휼은 예수 그리스도와 밀접하게 관련되고, 그분 안에서 나타난다. 그리스도의 나타나심에 관해 말하는 것은 곧 은혜의 나타남에 관해 말하는 것이다. 십스는 "그리스도께서는 인간의 본성을 덧입은 순수한 은혜이시다."라

고 말했다.[5]

따라서 사복음서에 기록된 그리스도의 사역을 살펴보면 '풍성한 긍휼'이 어떤 것인지를 알 수 있다. 다시 말해, 풍성한 긍휼이 어떤 식으로 말을 하고, 죄인들과 고난받는 자들을 어떻게 대하는지를 알 수 있다. 예수님은 우리를 대신해 십자가에서 죽으심으로써 하나님이 긍휼이 풍성하시다는 사실을 입증해 보이셨고, 그 긍휼을 얻어내셨다. 예수님은 하나님의 풍성한 긍휼이 어떤 것인지를 구체적으로 보여주셨다.

하나님의 사랑이 (굿윈이 표현한 대로) 아무도 꺾을 수 없는 천하무적의 사랑인 이유는 그리스도께서 세상에 오셨기 때문이다. 바울은 에베소서 2장 6절에서 우리가 지금 그리스도와 함께 하늘에 앉아 있다고 말했다. 이것은 우리가 그리스도 안에 있는 한, 우리도 그분처럼 천하무적이 된다는 뜻이다. 십스는 "그리스도께서 자유로우신 것은 무엇이든 나도 그것으로부터 자유롭다. 지금 하늘에 계시는 그분을 해칠 수 있는 것이 아무것도 없는 것처럼 나를 해칠 수 있는 것도 아무것도 없다."고 말했다.[6] 만일 하나님이 우리를 다시 죽이고, 풍성한 긍휼을 더 이상 베풀지 않으신다면 예수 그리스도께서도 하늘에서 다시 내려와 아리마대 요셉의 무덤 속에 들어가셔야 할 것이다. 그런 일은 절대 있을 수 없으니 우리는 절대적으로 안전하다.

---

5. Richard Sibbes, *The Church's Riches by Christ's Poverty*, in *The Works of Richard Sibbes*, ed. A. B. Grosart, 7 vols. (Edinburgh: Banner of Truth, 1983), 4:518.

6. Sibbes, *Works*, 4:504.

각자의 삶에서 경험하는 하나님의 풍성한 긍휼을 생각해보라.

하나님은 우리의 삶에 어설프게 관여하지 않으신다. 그분은 죽음을 물리치고, 생명을 가져다주신다. 하나님은 우리가 처음 회심할 때 단번에 그렇게 하실 뿐 아니라 그 후로도 우리의 죄와 어리석음에도 불구하고 계속해서 은혜를 베풀어주신다. 굿윈은 "우리는 부르심을 받은 이후에도 하나님의 분노를 자극하는 일들을 얼마나 많이 하는지 모른다. 모든 그리스도인이 다 그렇다…그러나 우리가 구원받은 이유는 하나님의 사랑이 천하무적이기 때문이다. 그분의 사랑은 모든 어려움을 극복한다."라고 말했다.[7]

당신의 삶을 되돌아보면 그리스도 안에 나타난 하나님의 긍휼이 당신을 거부했다고밖에 달리 결론지을 수 없는 것처럼 보일지도 모른다. 당신은 학대받고, 오해받고, 믿을 수 있는 유일한 사람이라고 생각했던 사람에게 배신당하고, 버림받고, 이용당했을 수도 있다. 죽을 때까지 사라지지 않을 고통을 겪고 있을 수도 있다. 그런 상황에서는 "내 삶이 그리스도 안에 나타난 하나님의 긍휼을 보여주는 증거라면 그런 것은 없어도 상관없어."라는 생각이 들 수 있다.

그러나 당신의 삶은 당신을 향한 그리스도의 긍휼을 보여주는 증거가 아니다. 당신을 향한 그분의 긍휼을 보여주는 증거는 그분 자신의 삶이다. 그분은 당신을 대신해 학대받고, 오해받고, 배신당하고, 영원히 버림받으셨다.

---

7. Goodwin, *Works*, 2:175.

그리스도 안에 나타난 하나님의 풍성한 긍휼을 받아들이기가 어려운 이유는 다른 사람들이 당신에게 저지른 행위 때문이 아니라 단 한 번의 그릇된 결정으로 엄청난 실수를 저질렀거나 그릇된 작은 결정을 수천 번 반복함으로써 당신 스스로 당신의 삶을 파괴해 버린 것 때문일 것이다. 만일 하나님의 긍휼을 헛되이 낭비했다면 스스로가 잘 알 것이다.

당신은 예수님이 자신의 긍휼을 헛되이 낭비한 사람들을 어떻게 대하시는지 아는가? 그분은 더 많은 긍휼을 쏟아부으신다. 하나님은 긍휼이 풍성하시다. 그것이 요점이다.

우리가 스스로 죄를 지어 불행해졌든 다른 사람들의 죄로 인해 고통을 겪든, 성경은 하나님이 긍휼에 인색하지 않고, 그것을 풍성히 베푸신다고 말씀한다. 그분은 긍휼을 아낌없이 넘치게 베푸신다.

하나님의 긍휼이 풍성하다는 것은 당신의 가장 큰 수치와 후회 때문에 하나님의 긍휼이 당신을 건너뛰고 지나치는 것이 아니라 오히려 그 때문에 하나님의 긍휼이 당신 위에 거한다는 뜻이다.

그것은 당신이 가장 움츠려들 때 하나님이 당신을 가장 꽉 안아 주신다는 뜻이다.

그것은 그분의 긍휼이 우리의 긍휼과 달리 조심스럽거나 계산적이 아니라는 뜻이다. 하나님의 긍휼은 홍수처럼 아무런 제약도 받지 않고 거침없이 크고 넓게 흘러나온다.

그것은 하나님이 우리를 항상 따라다니는 수치로 인해 우리를 멀리하시지 않고, 오히려 그 때문에 우리를 가장 열렬히 도와주고자 하신다는 뜻이다.

그것은 우리의 죄가 하나님의 사랑을 방해하는 장애물이 아니라는 뜻이다. 우리의 죄는 오히려 그분의 사랑이 더욱더 세차게 솟구쳐 오르게 만든다.

그것은 우리가 장차 하나님 앞에 서는 날에 조용하고, 차분한 태도로 안도의 눈물을 흘리며, 긍휼이 풍성한 그분의 마음을 편협한 시각으로 바라보았던 잘못을 깨닫고 깜짝 놀라게 될 것이라는 뜻이다.

20장
우리의 율법적인 마음과
그리스도의 너그러운 마음

"나를 사랑하사…자신을 버리신 하나님의 아들"

갈라디아서 2:20

신앙생활을 하는 방법은 두 가지로 나뉜다. 하나는 그리스도의 마음을 의지하고 사는 것이고, 다른 하나는 그분의 마음과 무관하게 사는 것이다. 우리는 하나님의 온화한 미소를 느끼며 살거나 그것과 무관하게 살 수 있고, 하나님의 자녀라는 새로운 정체성을 의식하고 살거나 그것과 무관하게 살 수 있으며, 그리스도와 연합된 삶을 살거나 그것과 무관한 삶을 살 수 있다.

신앙생활의 과제는 우리의 마음을 그리스도의 마음에 일치시키는 것, 곧 매일 아침 잠자리에서 일어날 때마다 우리 자신을 고아처럼 생각하는 본성적 사고방식을 버리고, 우리의 맏형이신 그리스도, 곧 우리를 사랑하사 충만하게 흘러넘치는 은혜로운 마음으로 우리를 위해 자기를 내주신 주님의 사역을 통해 아무런 대가 없이 온전히 하나님의 가족으로 입양되었다는 생각으로 살아가려고 노력하는 것이다.

사랑이 넘치는 행복한 가정에서 자라는 열두 살 된 소년을 생각해보자. 그는 어느 정도 성장하자 부모에게 아무런 문제가 없는데도 가정에서 스스로의 위치를 확고하게 확립할 수 있는 길을 찾으려고 노력하기 시작했다. 어느 날은 스스로 출생증명서를 만들려고 노력했고, 또 어느 날은 남은 시간에 부엌을 깨끗하게 청소하려고 애썼으며, 또 어느 날은 최선을 다해 자기 아버지가 하는 대로 해보겠다고 결심했다. 마침내 그의 부모는 그에게 그런 이상한 행동을 하는 이유가 무엇이냐고 물었다. 그러자 그는 "저는 단지 집안에서 제 위치를 확고히 다지려고 노력하고 있을 뿐입니다."라고 대답했다. 그의 아버지는 어떤 반응을 보였을까? 그는 "사랑하는 아들아, 차분히 내 말을 좀 들어보거라. 네가 우리 집에서 네 위치를 공고히 다지려고 공을 세워야 할 필요는 전혀 없다. 너는 우리의 아들이다. 네가 처음에 우리 가정에 태어났을 때 너는 아무 일도 하지 않았다. 지금도 너는 우리의 가족이다. 네가 우리의 아들이라는 것은 취소될 수 없는 확고부동한 사실이다. 이 사실을 염두에 두고 생활하거라."라고 말했다.

우리는 우리의 순종이 하나님의 사랑을 강화한다는 미묘한 신념을 바탕으로 살아가려는 고질적인 성향이 있다. 이번 장에서는 갈라디아서를 상고해봄으로써 그리스도의 마음에 대한 깨달음이 우리의 그런 성향에 어떤 영향을 미치는지를 살펴보고자 한다. 우리는 위에서 예를 든 열두 살 소년처럼 행동하려는 경향이 있다. 우리의 아버지 하나님은 우리의 잘못된 태도를 사랑으로 바로잡아주신다.

갈라디아서는 우리가 우리 자신의 행위가 아닌 그리스도께서 성취하신 일을 통해 하나님 앞에서 의롭게 되었다고 가르친다. 따라서 공로를 세워 복음에 무언가를 덧붙이겠다고 나서는 것은 복음을 잃는 결과를 초래할 뿐이다. 갈라디아서는 회심을 통해 복음을 처음 알게 된 때의 상황이 아닌 그 후에 신자로서 살아가면서 복음에서 쉽게 멀어질 수 있는 문제에 초점을 맞춘다. "성령으로 시작하였다가 육체로 마치겠느냐"(갈 3:3). 갈라디아서의 요점은 하나님의 값없는 은혜와 사랑이 신앙생활의 관문이자 경로라는 것이다.[1]

바울은 갈라디아서에서 갈라디아 신자들이 건강한 신앙생활을 하도록 돕기 위해 믿음으로 의롭다 하심을 받는다는 교리를 설명했다. 칭의는 구원의 객관적인 측면에 해당한다. 또한, 바울은 "나를 사랑하사 나를 위하여 자신을 버리신 하나님의 아들"(갈 2:20)이라는 말로 구원의 주관적인 측면, 곧 그리스도의 사랑에 관해 말했다. 건강한 신앙생활은 복음의 객관적 측면과 주관적 측면, 곧 그리스도의 사역에 근거한 칭의와 그분의 마음에서 흘러나오는 사랑에 근거한다.

이 둘은 서로 밀접하게 관련된다. 목회자이자 찬송가 작가인 존 뉴턴은 1767년 3월에 한 친구에게 보낸 편지에서 이렇게 말했다.

자네가 가난하고 곤고한 죄인이지만 주님은 자네를 생각하시네. 그러니

---

1. 루터는 그의 유명한 갈라디아서 주석을 통해 이 점을 명확하게 밝혔다. Martin Luther, *Galatians*, Crossway Classic Commentaries, ed. A. McGrath and J. I. Packer (Wheaton, IL: Crossway, 1998).

자네가 얼마나 큰 소망을 가지고 있는지 생각하면 참으로 놀랍지 않은가? 자네의 생각으로 스스로를 낙심시키지 말게나. 우리의 의원이신 주님이 전능하시다면 우리의 질병은 절망적일 수 없을 것이네. 그분이 자기에게 나오는 자를 내쫓지 않으시는데 두려워할 이유가 무엇인가? 우리의 죄는 많지만 그분의 긍휼은 더 많고, 우리의 죄는 크지만 그분의 의는 더 크며, 우리는 연약하지만 그분은 강하시네. 우리의 문제는 대부분 불신앙에서 비롯한다네. 그것들은 율법적인 정신의 잔류물이네.[2]

뉴턴이 "자네가 가난하고 곤고한 죄인이지만 주님은 자네를 생각하시네…그분은 자기에게 나오는 자를 내쫓지 않으시네"라고 말한 것에 주목하라(앞서 6장에서 요한복음 6장 37절을 논의한 내용을 참조하라). 그는 그리스도의 마음을 언급했을 뿐 아니라 "율법적인 정신"을 그런 확신을 거부하게 만드는 궁극적인 요인으로 제시했다. 그것은 행위를 통해 의롭게 되려는 노력, 곧 율법주의를 의미하는 18세기의 표현 방식으로 우리의 행위로 그리스도의 은혜를 더욱 진작시키려는 은밀하고도 고질적인 성향을 가리킨다.

뉴턴은 우리가 그리스도의 마음을 편협한 시각으로 바라보는 이유가 맹목적으로 율법적인 정신을 따라 행하기 때문이라고 지적했다. 행위를 통해 의롭게 되려고 노력하는 것은 우리의 본성적 특성이다. 그런 특성이 그리스도의 마음에 관한 우리의 의식을 마비시키

---

2. John Newton, *Cardiphonia*, in *The Works of John Newton*, 2 vols. (New York: Robert Carter, 1847), 1:343.

는 이유는 율법적인 정신이 그분의 마음을 의식하지 못하게 가로막고 영적 행위에만 관심을 기울이도록 이끌기 때문이다. 보일러와 연결된 침실의 열풍 전달관을 생각해보라. 추운 겨울날에 그 관을 닫아두면 열풍이 관을 따라 집안 여기저기에 전달될 수 없어서 따뜻한 온기를 느낄 수 없다. 그러나 그 관을 열면 따뜻한 온기가 방안을 가득 채우기 시작한다. 열풍은 이미 관 안에 있으면서 개폐구가 열리기만을 기다리고 있지만, 그것을 꼭 닫아두면 그로 인한 유익을 누릴 수 없다.

갈라디아서는 마음을 열어 하나님의 은혜를 받아들이게 하기 위해 존재한다.

―――

그러나 그런 사랑과 은혜는 기본적인 것이 아닌가? 그리스도인인 우리는 이미 그것을 잘 알고 있지 않은가?

그렇기도 하고, 그렇지 않기도 하다. 바울은 갈라디아서 3장 10절에서 간과하기 쉬운 중요한 사실을 언급했다. 그것은 "율법 행위를 의지하는 자들은 저주 아래에 있나니"라는 말씀이다(저자가 사용하는 영어 성경은 이 말씀을 '율법 행위를 의지하는'으로 번역한다. 한글 개역개정 성경에는 '율법 행위에 속한'으로 번역되어 있다—역자주). 이어지는 내용은 이 말씀의 의미를 좀 더 분명하게 설명한다. 구체적으로 말해, 우리의 행위로 의롭게 되려고 시도한다면 모든 것을 완벽하게 이행해야 한다. 구원에 대한 율법적인 접근 방식을 선택하면 사소한 실수 하나로 모든 것이 물거품이 되고 만다,

"율법 행위를 의지하는 자들은 저주 아래 있나니"라는 바울의 말이 무슨 의미인지 좀 더 자세히 살펴보면 다음과 같다. 이 말씀은 문자대로 옮기면 "율법 행위에 속한 자들은 저주 아래 있나니"라는 뜻이다(바울은 로마서 9장 32절에서 율법을 추구하는 이스라엘 사람들을 가리키면서 이와 똑같은 문구를 사용했다. 한글 개역개정 성경은 그곳에서는 이 문구를 '의지함이라'라고 번역했다―역자주). 바울은 율법의 행위를 행하는 자들이 저주 아래에 있다고 말하지 않았다. 그는 "율법 행위에 속한 자"들이 저주 아래에 있다고 말했다. 여기 '행하는 것'이 어느 정도 포함되어 있어서 서로 중첩되는 면이 있지만, 바울은 분명히 "율법 행위에 속한" 것에 대해 말했다.

바울은 우리의 가장 깊은 본성을 드러내고 있다. 이것은 "우리가 교리적으로 무엇에 동의하느냐?"가 아닌 "우리가 무엇에 속했느냐?"는 문제다. 행위에 속했다는 것은 무언가가 좀 부족한 것이 아니다. 그것은 그릇된 방향으로 행진해 나가는 것이다. 즉 그것은 확실한 율법적 정신을 가리킨다.

세월이 흐르면서 복음에 대한 이해가 더욱 깊어지고 그리스도의 마음 안으로 더 깊숙이 들어가게 되면 복음이 우리의 옛 삶을 감싸고 있는 외피 가운데 하나인 '행위를 통해 인정받으려는 성향'을 꿰뚫고 들어가기 시작한다. 그러나 거기에는 한층 더 깊은 차원, 곧 반드시 해체되어 제거되어야 하는 본능적 성향 내지 '속함'이 존재한다. 우리는 겉으로는 행위로 하나님을 기쁘시게 하려는 것은 무익한 일이라고 외칠 수 있다. 다시 말해, '행위에 속한' 마음을 지니고 있으면서도 입으로는 얼마든지 올바른 말을 할 수 있다. 행위를 지향하는 우리의 본성은 이신칭의 교리에 대한 거부를 반영할 뿐 아니라 더 깊게는 그리스도의 마음에 대한 거부를 반영한다.

―――

우리는 타락 이후로 다른 사람들 앞에서 우리 자신의 가치를 높이려고 애쓰고, 두려움에 지배되며, 초조함을 느끼고, 늘 득실을 따지며, 신경과민적인 통제를 일삼고, 불안감에서 비롯한 어리석음에 이끌리는 성향이 있다. 이런 성향은 단지 우리의 말이나 생각이 아닌 존재 전체에 영향을 미친다. 어떤 사람들은 이런 성향을 숨기는 능력이 비교적 뛰어나지만, 대다수 사람에게서는 쉽게 확인할 수 있다. 갈팡질팡하며 조급해하는 이런 성향은 다양한 형태를 띠고 있으며, 그 뿌리, 곧 그 근본 원인을 추적해보면 어린 시절의 불행한 경험이나 마이어스-브리그스 성격 유형에 따른 분석 결과나 프로이트적 충동과는 아무런 상관이 없다는 것을 알 수 있다. 그 근본 원인은 복음의 결핍에 있다. 바꾸어 말하면, 그리스도의 마음을 의식하지 못하기 때문이다. 걱정근심과 역기능과 분노는 율법적인 정신세계 속에서 살아가는 데서 자연스레 비롯하는 결과물이다. 그리스도의 사랑을 의식하면 안식, 온전함, 번영, 평화를 누릴 수 있다. 복음을 의식하는 순간마다 우리는 차분하게 진정되고, 행위를 추구하려는 거센 충동에서 벗어나 실존적 평안을 느낄 수 있다. 그런 순간이면 우리가 그리스도 안에서 진정으로 무적이라는 사실을 실감할 수 있다. 그 무엇도 우리를 해칠 수 없다는 판결이 내려졌다. 그리스도께서는 우리를 자신의 소유로 삼으셨기 때문에 결코 우리를 내치지 않으신다.

 율법적인 잠재의식 속에서 그리스도의 마음을 거부하려는 우리의 습성은 깊고, 미묘하고, 광범위하다. 우리는 어리석은 갈라디아 신자들처럼 그런 습성을 잘 피하고 있는 것처럼 생각하는 경향이 있다. 우리는 이따금 우리에게 행위를 통해 의를 얻으려는 습성이 있다는 것을 자각하지만, 이 습성은 우리가 자각하는 것보다 훨씬 더 광범위하다. 물론, 그런 자각은 은혜의 선물이기 때문에 무시해서는 안 된다. 그러나 그것들은 단지 보이지 않는 빙산의 일각일 뿐이다. 그것들은 표면에 드러난 징후에 불과하다. 율법적인 정신, 곧 행위 지향적 성향은 쉽게 감지되지 않는다. 그 이유는 그것이 우리에게 매우 자연스럽기 때문이다. 그것은 정상처럼 느껴진다. '행위에 속한 것'과 타락한 인간의 관계는 물과 물고기의 관계와 같다.

 그렇다면 복음은 무엇이라고 말할까? 복음은 우리 모두의 입 안에 "하나님의 아들이 나를 사랑하사 나를 위해 자기 자신을 버리셨다."라는 말을 넣어준다. '나'를 향한 그분의 마음은 하늘에 머물러 있을 수 없었다. 우리의 죄로 인해 그분의 은혜로운 마음에 대한 의식이 어두워졌지만, 몇 조각의 구름이 지나가거나 폭풍우가 몰아닥친다고 해서 태양의 존재가 위협을 받지 않는 것처럼 그분의 마음도 그분의 백성들이 죄를 지었다고 해서 결코 작게 축소되지 않는다. 태양은 그런 순간에도 여전히 빛을 비추고 있다. 그 어떤 구름도 태양을 멈추게 할 수 없다. 그와 마찬가지로 우리가 그 어떤 죄를 지었더라도 그리스도의 자애로운 마음은 여전히 우리를 향하고 있다. 그것은 확고부동한 감정이다.

신약성경의 전반적인 가르침은 나를 정의하는 것이 구름과 같은 우리의 죄가 아닌 태양과 같은 그리스도의 마음이라고 가르친다. 우리는 그리스도와 연합했기 때문에 그분이 십자가에서 감당하신 형벌이 곧 내가 감당한 형벌이 된다. 다시 말해, 그리스도 안에 있는 자들은 모든 인류를 기다리고 있는 마지막 심판을 이미 받은 셈이다. 그리스도 안에 있는 우리는 미래에 정죄의 심판을 받지 않고 과거에 이미 십자가에서 받았다. 예수님 안에서 우리의 모든 죄가 형벌을 받았다. 회복되지 않은 우리는 사랑받아 회복된 우리에 의해 삼켜졌다. 이 순서는 뒤집히지 않는다.

신앙생활은 자아에 대한 의식, 곧 '나'라는 자기중심적인 정체성과 복음의 결핍으로 인한 초조함과 두려움이 마구 소용돌이치고 있는 나의 내면세계에서 빠져나와 근본적인 진리를 향해 나아가는 과정을 의미한다. 복음은 우리를 그리스도의 마음 안으로 초청해 평안과 기쁨을 누리게 한다. 우리는 이미 그 안에서 발견되었고, 그 안으로 인도되었으며, 그 안에 포함된 상태다. 따라서 우리는 기복이 심한 우리의 도덕적 행위를 예수님이 우리에 관해 느끼시는 감정, 곧 그분의 확고부동한 마음에 복종시킬 수 있다.

우리는 죄인이다. 우리는 죄를 짓는다. 우리는 단지 과거만이 아닌 지금도 죄를 짓고, 불순종만이 아닌 행위 지향적인 순종을 통해서도 죄를 짓는다. 우리는 우리를 향한 그리스도의 사랑에 고집스럽게 저항한다. 플라벨은 "자신의 평화를 왜 그렇게 완강하게 거부하는 것인가? 왜 우리의 영혼을 향한 하나님의 사랑의 증거들을 받아들이지 않는 것인가?…왜 우리에게 주어지는 그런 위로를 거부하고,

회피할 궁리만 하는 것인가?"라고 말했다.[3]

우리는 복음 안에서 우리에게 주어지는 위로를 자유롭게 받아들일 수 있다. 그것을 거부하지 말라. 마음을 열고 우리를 사랑하사 우리를 위해 자기를 버리신 그리스도의 사랑을 받아들이라.

그리스도의 아낌없이 베푸시는 마음을 받아들이면 우리의 율법적인 마음이 쉼을 얻을 것이다.

---

3. John Flavel, *Keeping the Heart: How to Maintain Your Love for God* (Fearn, Scotland: Christian Focus, 2012), 94.

21장
과거에도 우리를 사랑하셨고, 지금도 우리를 사랑하시는 하나님

"하나님께서 우리에 대한 자기의 사랑을 확증하셨느니라"

로마서 5:8

하나님은 우리가 거듭나기 전에 저지른 과거의 모든 죄를 용서하고, 덮어주셨다. 그것은 말로 다 할 수 없이 풍성한 긍휼이 아닐 수 없다. 그것들은 우리가 어둠에 있을 때 지은 죄들이다. 우리는 이제 새로운 피조물이 되었고, 빛 가운데서 행하며 우리의 삶으로 하나님을 영화롭게 할 수 있는 능력을 부여받았다.

그런 사실을 믿는 것과 하나님이 중생 이후에 우리가 저지르는 모든 죄를 지금도 계속해서 값없이 용서해주신다는 사실을 믿는 것은 서로 별개다.

물론, 신자인 우리는 하나님이 우리를 사랑하신다는 것을 알고 있다. 우리는 이 사실을 진정으로 믿는다. 그러나 우리가 매 순간 우리의 하늘 아버지와 어떤 식으로 관계를 맺고 있는지를 좀 더 면밀하게 살펴보면 우리가 지닌 믿음의 실상이 고스란히 드러난다. 우리는 우리가 말하는 것을 이론적으로만 믿는 경향이 있다. 우리 가운데는 하나님의 사랑이 실망과 뒤섞여 있다고 생각하는 사람들이 많다. 하나님은 우리를 사랑하시지만 그것은 속상하고 당혹스러운 감정과 뒤섞인 사랑이라는 것이 많은 사람의 생각이다. 우리는 하나님이 아버지의 사랑으로 우리를 지켜보면서도 다소 못마땅한 듯한 심정을 느끼실 것이라고 생각한다. 구체적으로 말해, 우리는 하나님이 "저 녀석들은 내가 자기들을 위해 모든 것을 해주었는데도 어떻게 저렇게 한없이 부족하기만 할까?"라고 의아해하시는 것처럼 생각한다. 청교도들이 종종 말한 대로, 우리는 지금도 여전히 '빛을 거슬러' 죄를 짓는다. 우리의 마음은 근본적으로 변화되었지만 우리는 여전히 넘어지기를 반복한다. 다시 말하지만, 이것은 우리 자신이 지닌 사랑의 능력으로 하나님을 판단하려는 오류에서 비롯된 결과다. 우리는 하나님의 진정한 마음을 알지 못한다.

이것이 로마서 5장 6-11절 말씀이 성경에 기록된 이유다.

"우리가 아직 연약할 때에 기약대로 그리스도께서 경건하지 않은 자를 위하여 죽으셨도다 의인을 위하여 죽는 자가 쉽지 않고 선인을 위하여 용감히 죽는 자가 혹 있거니와 우리가 아직 죄인되었을 때에 그리스도께서 우리를 위하여 죽으심으로 하나님께서 우리에 대한 자기의 사랑을 확증하셨느니라 그러면 이제 우리가 그의 피로 말미암아 의롭다 하심을 받았으니 더욱 그로 말미암아 진노하심에서 구원을 받을 것이니 곧 우리가 원수 되었을 때에 그의 아들의 죽으심으로 말미암아 하나님과 화목하게 되었은즉 화목하게 된 자로서는 더욱 그의 살아나심으로 말미암아 구원을 받을 것이니라 그뿐 아니라 이제 우리로 화목하게 하신 우리 주 예수 그리스도로 말미암아 하나님 안에서 또한 즐거워하느니라."

―――

그리스도인의 양심은 정화된 양심이다. 우리는 하나님을 아버지로 부른다. 우리의 눈이 열려 창조주를 거역한 불순종의 죄를 깨닫게 되었다. 우리는 죄의 추악함을 이전보다 더욱 분명하게 의식한다. 전과는 달리 죄를 지으면 영혼이 크게 움츠러든다. 따라서 바울은 죄인들을 구원하시는 하나님의 은혜로운 축복 안에서 기뻐하라고 말하고 나서(롬 5:1-5), 5장 6-11절을 통해 하나님의 임재와 은혜가 앞으로도 계속될 것이라는 확신을 심어주려고 했다.

그는 로마서 5장의 두 번째 본문에서 비슷한 말을 세 차례나 되풀이했다.

"우리가 아직 연약할 때에 기약대로 그리스도께서 경건하지 않은 자를 위하여 죽으셨도다"(5:6).

"우리가 아직 죄인되었을 때에 그리스도께서 우리를 위하여 죽으심으로"(5:8).

"우리가 원수 되었을 때에 그의 아들의 죽으심으로 말미암아 하나님과 화목하게 되었은즉"(5:10).

이 말씀들을 반대로 뒤집어서 같은 의미를 지닌 말로 고치면 다음과 같다. 예수님은 우리가 강할 때 우리를 위해 죽지 않으셨고

(5:6), 우리가 우리의 죄성을 극복하기 시작했을 때 우리를 위해 죽지 않으셨으며(5:8), 하나님은 우리가 그분의 친구가 되었을 때 우리와 화목하지 않으셨다(5:10).

하나님은 우리를 미온적으로 대하지 않으셨다. 그분은 망설이면서 조심스럽게 우리의 가치를 헤아리지 않으셨다. 그것은 그분의 마음이 아니었다. 하나님과 그분의 아들은 오직 은혜만을 조건으로 먼저 나서셨다. 그분은 우리의 자격을 따지지 않으셨다. 우리는 겉으로는 공손한 척 미소를 지으면서도 실제로는 최대한 빠르게 하나님에게서 멀리 도망치려고 애쓰고, 우리의 왕국을 건설하며, 우리의 영광을 추구하고, 세상의 기만적인 쾌락을 즐기며, 하나님의 아름다우심을 멀리하고, 집으로 돌아오라는 그분의 부르심을 외면했다. 하늘의 왕자께서는 그런 혐오스러운 삶을 더 이상 두고 볼 수 없었기 때문에, 자유를 얻어 스스로 씻겠다면서 품 안에서 빠져나가려고 몸부림치는 죄인들을 가슴에 꼭 껴안고, 더러운 그들을 정결하게 하기 위해 영원 전에 계획된 하나님의 뜻에 따라 자기를 찬양하는 천사들에게 작별을 고한 채 세상에 내려와 반역자들의 잔혹한 손에 자기를 내주셨다. 그리스도께서는 그렇게 죽임을 당하셨다. 워필드는 죄인들이 환호하는 동안 그리스도께서는 '자발적으로 말로 다 할 수 없는 고통을 감내하셨다'라고 말했다.[1] 우리는 그분의 죽음을 조금도 개의치 않았다. 우리는 연약하기 짝이 없는 죄인들이요 원수들이었다.

---

1. B. B. Warfield, *The Person and Work of Christ* (Oxford, UK: Benediction Classics, 2015), 134.

성령께서 우리의 마음에 부어지시고 나서야 우리는 비로소 그리스도께서 나를 대신하여 죽으셨다는 사실을 깨닫게 되었다. 그분은 단지 죽으신 것이 아니라 정죄되어 죽으셨다. 그분은 나를 위해 하늘을 떠나셨을 뿐 아니라 지옥의 형벌을 감당하셨다. 그분은 정죄받을 이유가 전혀 없었지만, 마땅히 정죄받아야 할 나를 대신해 정죄받으셨다. 이것이 그분의 마음이다. 하나님은 목마른 자에게 냉수 한 잔을 주는 것처럼 우리의 텅 빈 영혼 속에 자신의 성령을 부어주어 우리의 마음속에서 자신의 사랑을 실제로 경험하게 하셨다(5절).

왜 그런 구원을 베푸셨을까? 그 이유는 '우리에 대한 자기의 사랑을 확증하시기' 위해서였다(8절). '확증하다'로 번역된 헬라어는 '아무런 의문의 여지 없이 명백하게 드러내다, 분명하게 보여주다'라는 뜻이다. 하나님은 그리스도의 죽음을 통해 하나님에 대한 우리의 그릇된 생각, 곧 신적 사랑은 한계가 있고, 끝이 있으며, 다함이 있다는 우리의 고정 관념을 깨뜨리셨다. 그리스도의 죽음은 신적 사랑이 유효 기간이 있다는 우리의 본능적인 생각을 여지없이 뒤흔들었다. 조나단 에드워즈가 말한 대로, 그분은 하나님의 사랑이 '해안도 없고, 바닥도 없는 대양'과 같다는 것을 보여주기 위해 죽으셨다.[2] 하나님의 사랑은 그분 자신처럼 무한하다. 이것이 바울 사도가 하나님의 사랑을 측량할 수 없는 '너비와 길이와 높이와 깊이'를 가진 현실로 제시한 이유다(엡 3:18). 하나님의 사랑만큼 무한한 것은 우주에서 오

---

2. Jonathan Edwards, "That God Is the Father of Lights," in *The Blessing of God: Previously Unpublished Sermons of Jonathan Edwards*, ed. Michael McMullen (Nashville, TN: Broadman, 2003), 350.

직 하나님 외에는 없다. 하나님의 사랑은 하나님만큼이나 광대하다.

하나님이 자기 백성을 사랑하는 것을 그치신다면, 그분은 존재하길 그치셔야 할 것이다. 왜냐하면 하나님은 단지 사랑을 지닌 분이 아니라 사랑 자체이시기 때문이다(요일 4:16). 하나님은 우리 죄인들을 위한 그리스도의 죽음 안에서 우리를 향한 자기의 사랑을 확실하게 드러내기를 원하셨다.

―――

이것은 인류 역사상 가장 위대한 소식이다. 그러나 심지어는 이것조차도 바울이 6-11절에서 말한 핵심에 해당하지 않는다. 그가 말하려는 핵심은 다른 것에 있었다.

바울이 로마서 5장 6-11절을 통해 말하려던 핵심은 무엇일까? 그는 하나님의 과거 사역에 초점을 맞추지 않았다. 그가 말하려고 했던 핵심은 우리의 현재의 확실한 구원과 안전이었다. 그가 그리스도의 과거 사역을 언급한 이유는 이 점을 주지시키기 위해서였다. 즉 "하나님이 우리가 자기에게 아무런 관심도 기울이지 않았던 악한 죄인이었을 때도 그런 사랑을 보여주셨다면 지금 걱정해야 할 것이 무엇인가?"라는 것이 그의 요점이었다. 9절 초두의 "그러면"은 6-11절의 요지가 무엇인지 시사한다. "그러면 이제 우리가 그의 피로 말미암아 의롭다 하심을 받았으니 더욱 그로 말미암아 진노하심에서 구원을 받을 것이니." 10절은 이 요점을 더욱 분명하게 드러낸다. "곧 우리가 원수 되었을 때에 그의 아들의 죽으심으로 말미암아 하나님과 화목하게 되었은즉 화목하게 된 자로서는 더욱 그의 살아나심으로 말미암아 구원을 받을 것이니라."

9절과 10절의 '구원'은 이 세상에서 회심하는 순간이 아닌 궁극적인 구원, 곧 내세에 들어가서 하나님의 임재를 경험하는 것을 가리킨다. 바울은 우리가 회심을 통해 의롭다 하심을 받았다면 하나님이 우리를 끝까지 안전하게 천국으로 인도하실 것이라고 말했다. 회심을 통해 진정으로 거듭나면 미래가 안전하게 보장된다. 우리가 원수였을 때 하나님이 우리를 의롭게 하셨다면 친구, 아니 자녀가 된 지금은 우리를 더욱더 극진하게 보살펴주시지 않겠는가? 존 플라벨은 "하나님이 과거에 우리가 잘나서 선택하신 것이 아닌데 지금 우리가 못났다고 해서 우리를 버리실 리 만무하다."라고 말했다.[3]

그리스도와 연합한 우리는 하나님이 지금 죄를 지으며 살아가는 우리를 어떻게 생각하실지 궁금해한다. 그러나 로마서 5장은 "하나님이 우리가 자기를 미워할 때도 자기 아들을 통해 우리에게 가까이 다가오셨는데 우리가 자기를 기쁘시게 할 수 있게 된 지금 어찌 우리를 멀리하시겠는가?"라는 논리를 전개한다.

그리스도께서는 우리가 고아와 같은 상태로 죄를 지을 때도 우리를 위해 기꺼이 고난을 감당하셨는데 하나님의 자녀로 입양된 지금 우리가 죄를 지었다고 해서 과연 팔짱을 낀 채 나 몰라라 하시겠는가?

그리스도의 마음은 우리가 잃어버린 상태였을 때도 우리를 향해

---

3. John Flavel, *Keeping the Heart: How to Maintain Your Love for God* (Fearn, Scotland: Christian Focus, 2012), 43.

온유하고, 겸손했는데 지금 우리를 도로 찾았다고 해서 그 마음이 달라질 리 없지 않겠는가?

우리가 연약할 때, 죄인이었을 때, 원수였을 때 하나님은 엉망진창인 우리를 사랑하셨다. 하나님은 지금 우리가 엉망진창이더라도 여전히 우리를 사랑하신다. 죄 짓는 것에 대한 우리의 고뇌 자체가 우리가 하나님의 자녀로 입양된 열매이다. 냉랭한 마음은 죄를 지어도 별로 개의하지 않을 것이다. 우리는 과거의 우리가 아니다.

죄를 지었거든 철저하게 회개하라. 죄를 다시 미워하라. 성령께 새롭게 헌신하고, 그분의 순결한 길을 추구하라. 하나님의 온유한 마음이 조금 냉랭해지고, 조금 뻣뻣해졌다는 마귀의 속삭임에 속지 말라. 하나님은 우리가 자기의 마음을 의심할 때 가장 크게 실망하신다. 그리스도께서는 우리에게 하나님의 사랑을 보여주기 위해 죽으셨다.

그리스도 안에 있는 사람이라면 설혹 죄를 짓더라도 하나님의 사랑에서 배제되지 않는다(오직 그리스도 안에 있는 영혼만이 그분을 거스른 것으로 인해 참으로 괴로워할 것이다). 역사가 사라졌으면 사라졌지 그런 일은 절대로 일어나지 않는다. 가장 어려운 일이 이미 해결되었다. 하나님은 우리의 영원한 행복을 보장하는 데 필요한 모든 것을 이루셨다. 그분은 우리가 고아와 같은 상태로 있을 때 그 일을 행하셨다. 우리에게서 자녀의 신분을 박탈할 수 있는 것은 아무것도 없다. 그리스도 안에 있는 사람들은 영원히 하나님의 온유하신 마음 안에 있다. 내세에서는 지금처럼 죄를 짓는 일은 없을 테지만 현세에서도 내세에서만큼이나 안전하기는 마찬가지다. 그리스도와 연합했으면 이미 천국에 있는 것과 다름없다. 스펄전은 이렇게 말했다.

그리스도께서는 창세 전부터 우리를 사랑하셨다. 샛별이 어둠을 가로질러 빛을 발하고, 천사가 날개를 펄럭이며 아무도 지나간 적이 없는 태초의 창공 위를 날아가고, 무(無)의 자궁에서 그 어떤 피조물이 빠져나오려고 버둥거리기 오래전부터 하나님, 곧 우리의 하나님은 자신의 자녀들에게 마음을 기울이셨다.

그 후로 그분이 태도를 달리하거나 얼굴을 돌려 외면하거나 마음이 변하신 적이 단 한 번이라도 있었는가? 그런 일은 단 한 번도 없었다. 하나님의 사랑을 맛보고, 그분의 은혜를 아는 사람들은 나의 증인이 되어 그분이 불확실한 상황에서 항상 확실한 친구가 되어주셨다고 말할 것이다… 우리는 하나님을 떠날 때가 많았지만 그분이 우리를 떠나신 적이 있었던가? 우리가 많은 시련과 어려움을 겪을 때 그분이 우리를 버리신 적이 있었던가? 그분이 마음을 바꾸시거나 동정심을 버리신 적이 한 번이라도 있었던가? 없었다. 하나님의 자녀라면 '없었다'라고 말하고, 그분의 신실하심을 증언해야 할 엄숙한 의무가 있다.[4]

---

4. Charles Spurgeon, "A Faithful Friend," in *Sermons of C. H. Spurgeon* (New York: Sheldon, Blakeman, 1857), 13-14.

22장
자기 백성을
끝까지 사랑하시는 그리스도

"세상에 있는 자기 사람들을 사랑하시되 끝까지 사랑하시니라"

요한복음 13:1

존 번연은 "그리스도 안에 있는 사랑은 쇠하지 않는다. 지금이나 앞으로나 사랑하는 대상에게 어떤 일이 일어나더라도 결코 그렇게 되지 않는다."라고 말했다.[1] 앞서 몇 장에 걸쳐 논의한 대로, 죄인들과 고난받는 자들을 향한 그리스도의 마음은 이따금 한 번씩 일시적으로 잠시 온유했다가 곧 사그라지는 것이 아니다. 그리스도의 마음은 우리의 사랑스러움이 모두 사라지더라도 항상 영원토록 변함없이 온유하고 겸손하다.

그런 사실을 어떻게 알 수 있을까?

요한복음 13장 1절을 읽어보면 알 수 있다. 사복음서의 마지막

---

[1]. John Bunyan, *The Saints' Knowledge of the Love of Christ*, in *The Works of John Bunyan*, ed. G. Offor, 3 vols. (repr., Edinburgh: Banner of Truth, 1991), 2:17.

몇 장을 통해 알 수 있는 대로, 예수님은 십자가 죽음을 목전에 두고서도 결심을 조금도 바꾸지 않으셨다. 그분은 기꺼이 죽음을 받아들이셨다.

요한복음은 다른 어떤 복음서보다 예수님의 생애 마지막 일주일 동안의 일에 더 많은 지면을 할애한다. 요한복음 13장 1절은 그 마지막 부분이 시작되는 첫 구절이다. 예수님이 자기 사람들을 끝까지 사랑하셨다는 요한의 진술로 수난 기사가 시작된다. 예수님이 심문을 받고 십자가에 못 박혀 죽으신 것은 요한복음 13장 1절의 진술을 실제로 입증해 보인 역사적 증거다. 우리는 다른 사람들을 희생적으로 사랑할 때도 우리 자신의 모든 것을 다 내주지는 않는 경향이 있지만 예수님은 자기를 위한 것을 조금도 남겨두지 않고 온전히 내주셨다. 이것이 요한복음 13장 1절의 요점이다. 그분의 사랑은 우리의 사랑과는 다르다.

우리의 사랑은 배신당하기 전까지만 지속되지만, 예수님은 배신에도 불구하고 기꺼이 십자가를 받아들이셨다. 우리의 사랑은 버림받기 전까지만 지속되지만 예수님은 버림을 받고 나서도 여전히 사랑하셨다.

우리의 사랑은 한계가 있지만 예수님은 끝까지 사랑하신다.

―――

요한복음 13장 1절은 "끝까지"라는 짧은 문구로 죄인들과 고난받는 자들에게 무엇을 전하려고 하는 것일까? 이것은 앞 장에서 살펴본 로마서 5장의 전반부가 전하려는 요점과도 비슷하다. 바울은 로마서 3장부터 5장 마지막까지 칭의 교리를 설명했다. 그곳에서는 객관적인 진리에 초점이 맞춰졌다. 요한복음에서도 그와 비슷한 확신이 발견되지만, 여기에서는 예수님의 사랑이라는 주관적인 현실에 초점이 맞춰졌다. 로마서 5장은 우리가 버림받는다면 하나님의 정의가 무너지는 결과가 초래된다고 가르치고, 요한복음 13장은 우리가 버림받는다면 그리스도의 마음에 관한 진리에 위반하는 결과가 초래된다고 가르친다.

요한복음 13장 1절은 이렇게 말한다.

"유월절 전에 예수께서 자기가 세상을 떠나 아버지께로 돌아가실 때가 이른 줄 아시고 세상에 있는 자기 사람들을 사랑하시되 끝까지 사랑하시니라."

예수님은 자신의 마지막이 이른 줄 아셨다. 그분은 자신의 지상 사역의 종착지, 곧 그 가장 깊은 골짜기에 진입하셨다. 그분은 "자기가 세상을 떠나 아버지께로 돌아가실 때가 이른 줄 아셨다." 요한은 그렇게 기록하고 나서 가슴이 뭉클해지는 것을 느끼며 예수님의 지나간 사역을 돌아봄과 동시에 마지막 일주일의 일을 떠올렸다. 그는 뒤를 돌아보면서는 "세상에 있는 자기 사람들을 사랑하시되"라고 말했고, 앞을 바라보면서는 "끝까지 사랑하시니라"라고 말했다.

이 시점에 이르기까지 예수님의 사역은 참으로 힘들고, 고달팠다. 그분은 육체적으로는 피로와 굶주림을 견뎌야 했고, 관계적으로는 친구들과 가족들로부터 오해와 박대를 받았으며, 공적으로는 종교 지도자들의 비난과 음모에 시달리셨다. 그러나 그 모든 일도 지금 그분 앞에 놓인 일과는 비교조차 되지 않았다. 찬 이슬을 조금 맞는 것과 물에 빠져 죽은 것이 어떻게 비교가 되며, 비난의 소리를 듣는 것과 처형장으로 향하는 것이 어떻게 비교가 될 수 있겠는가?

임박한 일이 무엇인지 생각해보라. 예수님은 조금도 흔들림 없이 항상 아버지의 뜻을 행하셨다. 성부 하나님은 그 과정에서 늘 예수님을 기뻐하고, 사랑하셨다. 그런 사실이 하늘로부터 분명하게 공표되었다(마 3:17, 17:5). 이번에는 가장 혹독한 고난이 그분을 기다리고 있었다. 구체적으로 말하면, 지옥(비유가 아닌 실제)이 아가리를 벌리고, 정죄와 어둠과 죽음의 공포가 엄습해 오는 중이었다.

십자가의 수혜자라고 주장하는 우리를 위해 그곳에서 대체 무슨 일이 일어났던 것일까?

물론, 이것은 우리의 이해를 넘어서는 것이다. 배우자가 바람을 폈을 때 느끼는 성인의 고통을 세 살 된 어린아이가 이해할 수 없는 것처럼, 하나님이 자기 백성의 모든 죄에 대한 심판을 다 모아서 한 사람에게 쏟아부으신 것이 무슨 의미인지를 우리로서는 이해하기가 불가능하다. 그러나 악랄한 범죄자가 무고한 희생자에게 저지른 잔인한 범죄에 대한 소식을 접할 때 느껴지는 감정을 잠시 생각해보라. 그런 경우, 우리는 의로운 인간적 분노를 느끼기 마련이다(그런 분노를 느끼지 못한다면 무엇인가 잘못된 것이 분명하다). 그렇다면 마지막 아담이신 그리스도께서 자기 백성의 죄를 위해 나서셨을 때 그분을 바라보시는 하나님의 심정이 어떠했는지를 조금은 이해할 수 있다. 그러나 악에 대한 우리의 분노가 한 방울의 물과 같다면 성부 하나님이 쏟아 내신 의로운 신적 분노는 바닷물과 같았다.

하나님은 예수님께 단지 한 사람의 죄가 아닌 많은 사람의 죄에 대한 형벌을 부과하셨다. 이사야가 여호와의 종에 관해 "여호와께서는 우리 모두의 죄악을 그에게 담당시키셨도다"(사 53:6)라고 한 말의 의미는 무엇일까? 그리스도께서 선택받은 자들의 죄, 곧 자아를 높이고, 본성적으로 하나님을 미워하며, 패역한 행위를 서슴지 않는 죄를 모두 감당하셨다는 것이 대체 무슨 의미이고, 단지 한 사람의 죄가 아닌 "우리 모두의 죄악"으로 인해 야기된 하나님의 의로운 분노가 한 개인의 영혼에 오롯이 쏟아 부어졌다는 것이 과연 무슨 의미일까?

사변처럼 들릴지 모르지만, 나는 극심한 물리적 고통이 그리스도를 죽였다고 생각하지 않는다. 어떻게 물리적인 고통을 역사 대대로 누적되어 온 진노의 무게나 거대한 산처럼 높이 쌓인 공포에 비할 수 있다는 말인가? 예수님은 선택받은 백성들의 마음에서 나오는 음욕적인 생각과 행위(이것은 우리의 많은 죄 가운데 고작 하나에 지나지 않는다)를 한꺼번에 징벌하는 것을 감당하면서 과연 심리적으로 온전한 상태를 유지하실 수 있었을까? 아마도 그분을 죽게 만든 것은 완전한 절망이었을 것이다. 하나님께 버림당할 것을 생각만 해도 땀이 핏방울처럼 흘렀는데(눅 22:44), 그것을 실제로 경험했을 때는 과연 어땠을까? 하나님이 예수님의 폐에서 산소를 거두셨기 때문이 아니라 자기의 마음에서 사랑을 거두셨기 때문에 예수님이 죽으신 것은 아닐까? 하나님의 백성이 받아 마셔야 할 잔을 대신 마시면서 온전한 정신을 유지할 수 있는 사람이 어디에 있겠는가? 워필드는 "이런 정신적 고통에 비하면 십자가형의 물리적 고통은 그야말로 아무것도 아니다. 주님은 십자가에서 죽으셨지만 십자가 때문이 아니라 상심한 마음 때문에 죽으셨다고 생각하는 것이 온당할 것이다."라고 말했다.[2] 그리스도께서 마음으로 느끼신 고통은 그분의 육체가 버틸 수 있는 한계를 훨씬 넘어섰다.

신약성경 학자 리처드 보캄은 시편 22편 1절("내 하나님이여 내 하나님이여 어찌 나를 버리셨나이까")은 본래 히브리어로 기록되었지만 예수님은 아람어로 외치심으로써 그 말씀을 개인적으로 전유하셨다고 말했다.[3] 예수님은 천 년 전의 다윗의 경험을 편리한 병행적 표현으로 되풀이하지 않으셨다. 천 년을 지나며 시편 22편 1절을 부르짖어 온 모든 사람의 고뇌가 예수님 안에서 압축되고, 완료되고, 더 깊어졌다. 그분이 외치신 시편 22편 1절의 고뇌는 현실이고, 우리의 외침은 그림자에 지나지 않는다. 하나님의 백성인 우리가 느끼는 버림받았다는 감정이 갈보리의 두려운 고뇌의 순간에 실제적 현실이 되어 한 개인의 마음을 휩쓸고 지나갔다.

과연 누가 그런 현실을 견딜 수 있겠는가? 그런 상황에서 울부짖다가 숨이 넘어가지 않을 사람이 누가 있겠는가? 일평생 단 한 순간도 죄로 인해 방해받지 않고, 호흡을 하듯, 음식을 먹듯 하나님과 매

---

2. B. B. Warfield, *The Person and Work of Christ* (Oxford, UK: Benediction Classics, 2015), 133.

3. Richard Bauckham, *Jesus and the God of Israel*: God Crucified *and Other Studies on the New Testament's Christology of Divine Identity* (Grand Rapids, MI: Eerdmans, 2008), 255–56.

순간 교제를 나눠오다가 갑자기 말로 다 할 수 없이 무거운 우리 모두의 죄의 무게를 짊어지게 된 상황에서 살아남을 수 있는 사람이 누가 있겠는가? 그런 깊은 교제가 단절된다는 것 자체가 곧 죽음이었다. 우주의 중심에 있던 위대한 사랑이 둘로 갈라지고, 세상의 빛이 서서히 꺼져갔다.[4]

하나님의 의로운 진노는 도덕적으로 중립적인 나무 위에 부어지지 않았다. 하나님은 사랑스러운 아들을 산산이 부서뜨리셨다. "하나님께 맞으며 고난을 당한다 하였노라"(사 53:4)라는 말씀대로, 아름답고, 선하신 분이 추한 악인처럼 취급되었다.

그 결과 추한 우리가 아무런 대가 없이 아름답게 되고, 용서받고, 평화롭게 되었다. 그분의 지옥을 통해 우리에게는 천국이 열렸다. 그분이 하나님의 사랑을 잃으신 덕분에 우리는 하나님의 사랑을 얻었다.

이것이 끝까지 사랑하셨다는 말의 의미다. 그리스도께서는 십자

---

4. 이 말은 성자께서 성부의 사랑을 완전히 잃어버렸다는 뜻이 아니다. 삼위일체는 깨어질 수 없다. 세 위격이 존재하지만 하나님은 여전히 한 분이시다. 따라서 성부와 성자의 관계에 관해 말할 때는 주의해야 한다. 이 말은 성자께서 참된 인간으로서 선택받은 모든 사람을 대신해 하나님의 사랑을 느낄 수 있고, 성부와의 자유로운 교제를 경험할 수 있는 길이 일시적으로 차단되는 고통을 맛보셨다는 뜻이다. 이 점에 대해서는 특별히 다음의 자료를 참조하라. *Institutes of Elenctic Theology*, 3 vols., trans. G. M. Giger, ed. J. T. Dennison (Phillipsburg, NJ: P&R, 1997). 이 책의 열네 번째 주제는 '그리스도의 중보 사역'이라는 주제이고 투레티누스는 이 주제를 설명하면서 십자가는 성부의 사랑을 완전히 잃어버린 것이 아니라 그분의 사랑을 경험할 기회를 잃게 되었다는 뜻이라고 말했다. 수난 기사에 사용된 표현들을 자세히 살펴보면, 그리스도께서 십자가에서 버림당하신 것이 성부께서 성자를 버리셨다는 의미가 아니라 죄를 지은 인류를 대표하는 예수님이 하나님께 버림을 당하셨다는 의미라는 것을 분명하게 알 수 있다.

가의 두려움을 뚫고 나아가 우리가 보기에도 역겹기 그지없는 죄, 곧 역사 대대로 누적되어 온 모든 죄의 더러운 강물을 들이키셨다.

―――

그리스도께서 그런 고통을 감수하신 이유는 무엇일까? 그분은 형벌을 받을 만한 이유가 아무것도 없었는데 무엇 때문에 그런 무서운 정죄의 두려움을 감내하셨을까?

요한복음 본문은 "자기 사람들을 사랑하시되 끝까지 사랑하시니라"라고 대답한다. 번연은 이 사랑에 대해 이렇게 말했다.

동등한 자들끼리 서로 사랑하거나 우월한 자가 사랑을 받는 것이 일반적이다. 그러나 만왕의 왕이요 하나님의 아들이신 예수 그리스도께서 인간을 사랑하셨다. 참으로 놀라운 일이다. 그분이 사랑의 대상으로 삼으신 인간이 성경의 여기저기에 묘사된 대로 그토록 비천하고, 야비하고, 비열하고, 무가치하고, 하찮은 것을 생각하면 더더욱 놀랍기 그지없다.

그리스도께서는 영광의 왕이신 하나님으로 불리신다. 그러나 그분이 사랑하신 사람들은 범법자, 죄인, 원수, 먼지, 재, 벼룩, 벌레, 그림자, 안개, 더러운 자, 죄악된 자, 사악한 자, 불경건한 우매자, 미치광이로 불린다. 그러니 어찌 놀라워하지 않고, 감격스러워하지 않을 수 있겠는가? 우리 같으면 그런 자에게 눈길이나 주겠는가? 그러나 그리스도께서는 우리에게 마음을 주셨다.

그리스도에게 사랑은 존재의 본질적 요소다. 하나님은 사랑이시다. 그리스도께서는 하나님이시다. 따라서 그리스도는 사랑이시다. 그분은 본성적으로 사랑하신다. 사랑하지 않는 하나님은 존재할 수 없다.

그리스도의 사랑은 사랑하는 대상의 아름다움을 요구하지 않는다. 그 사랑은 아무것에도 의존하지 않고, 본성에서 저절로 흘러나온다. 주 예수님은 자신의 마음을 고정하여 그들을 사랑하신다.[5]

번연이 그리스도의 사랑을 그분의 마음을 우리에게 고정하는 것으로 표현한 것에 주목하라. 요한 사도는 예수님이 자기 사람들을 끝까지 사랑하셨다고 말했다. 그 말은 휘장을 걷어내 예수님의 참된 실체를 깊이 들여다볼 수 있게 해준다. 자기 사람들을 향한 그분의 마음은 빠르게 날아와서 곧 땅에 떨어지는 화살이나 문을 박차고 신속하게 뛰어나가서는 차츰 느려지다가 비틀거리는 사람과 같지 않다. 그분의 마음은 시간이 지날수록 추진력이 더해가는 눈사태나 갈수록 사납게 퍼져나가는 들불과 같다.

물론, 그리스도께서 무분별하게 아무나 다 사랑하신다는 말은 아니다. 본문은 "자기 사람들을 사랑하시되 끝까지 사랑하시니라"라고 말한다. "자기 사람"은 요한복음에서 그리스도의 참된 제자들, 곧 하나님의 자녀들을 가리키는 용어로 사용되었다. 예를 들어, 예수님은 요한복음 10장에서 제자들을 자신의 양으로 일컬으며 '자기 양의 이름을 각각 부른다'고 말씀하셨다(3절). 예수님은 자기 사람이 아닌 사람들에게는 분노를 달래거나 가라앉히기가 불가능한 두려운 재판관이시다. 성경은 장차 "주 예수께서 자기의 능력의 천사들과

---

5. Bunyan, *Works*, 2:16 – 17.

함께 하늘로부터 불꽃 가운데 나타나실 때에 하나님을 모르는 자들과 우리 주 예수의 복음에 복종하지 않는 자들에게 형벌을 내리실"것이라고 말씀한다(살후 1:7, 8). 그리스도께 속하지 않은 자들은 "영원한 멸망의 형벌"을 받을 것이다(살후 1:9).

그러나 예수님은 자기 사람들을 위해 친히 그 형벌을 감당하셨다. 그분은 자기 사람들에게 마음을 기울이신다. 그들은 그분의 소유다. 오웬은 "세상에서 가장 비천하고, 연약하고, 가난한 신자일지라도 그리스도께서는 그를 온 세상보다 더 귀하게 여기신다."라고 말했다.[6]

그리스도께서는 자기 사람들을 죽기까지 사랑하셨다. 이것은 당신에게 어떤 의미일까? 첫째, 이것은 당신의 미래가 안전하다는 뜻이다. 당신이 그분의 소유라면 천국과 구원을 반드시 얻게 될 것이다. 왜냐하면 당신이 그리스도의 소유가 아닌 것으로 될 가능성은 절대로 없기 때문이다. 그분이 친히 당신을 자기의 소유로 삼으셨다. 당신은 그분의 손에서 꿈틀대며 빠져나올 수 없다.

둘째, 이것은 그리스도께서 당신을 끝까지 사랑하신다는 뜻이다. 당신의 미래는 그리스도의 죽음 덕분에 더할 나위 없이 안전하고, 당신의 현재도 그분의 마음속에 안전하게 보장되어 있다. 그리스도께서 당신을 끝까지 사랑하시는 이유는 그렇게 하지 않고서는 못 견디시기 때문이다. 수틀리면 철회하거나 결별하는 일은 절대로 없다.

---

6. John Owen, *Communion with God* (Fearn, Scotland: Christian Heritage, 2012), 218.

그분은 끝까지, 곧 '그들의 삶이 다하고, 그들의 죄가 그치고, 그들의 유혹이 멈추고, 그들의 두려움이 온전히 사라질 때까지' 사랑하신다.[7]

---

7. John Bunyan, *The Work of Jesus Christ as an Advocate*, in *Works*, 1:201.

23장
그리스도의 마음속에 영원히 간직되어 있는 우리

"그 은혜의 지극히 풍성함을 오는 여러 세대에 나타내려 하심이라"

에베소서 2:7

모든 것의 궁극적인 의미는 무엇일까? 우리의 작고, 평범한 삶은 어떤 거대한 목적과 이유를 지니고 있을까?

만일 '하나님의 영광'이라고 대답한다면 성경적으로나 역사적으로 견고한 토대 위에 서 있는 셈이다.

달리 또 다른 이유가 있을까? 우리는 아름답게 설계된 예술품이기 때문에 우리를 창조한 예술가에게 관심을 기울여야 마땅하다. 우리는 다른 목적을 위해 창조되지 않았다. 하나님을 영화롭게 하기 위해 산다면 진정으로 인간다운 삶을 사는 것이다. 그것이 자동차가 오렌지 주스가 아닌 휘발유로 움직이는 것처럼 우리가 올바르게 작동하는 것이다. 그보다 더 즐거운 삶이 어디에 있겠는가? 자아를 추구하는 불행한 삶은 심신을 고갈시키지만, 하나님의 영광을 위해 사는 기쁨은 무한한 활력을 가져다준다.

그러나 하나님을 영화롭게 하는 것이 삶의 궁극적인 목적이라면 그 목적에 도달하는 길은 무엇일까? 바꾸어 말해, 삶의 목적에 대해 동의했다면 '어떻게'라는 것에도 동의할 수 있어야 하지 않겠는가? 우리는 어떤 식으로 하나님을 영화롭게 할 수 있을까? 또 장차 영원한 세상에 들어가서는 어떻게 하나님을 영원히 영화롭게 할 수 있을까?

하나님을 영화롭게 하는 한 가지 방법은 그분께 순종하는 것이다. 우리가 무엇이든 가장 잘 알고 있다는 생각을 버리고, 하나님의 길을 신뢰하는 것이 생명의 길이다. 성경은 '너희 선한 일을 보고 하나님께 영광을 돌리게 하기' 위해 불신자들 가운데서 '선하게' 살아가라고 명령한다(벧전 2:12).

나는 그리스도의 마음을 탐구하는 이 책의 마지막 장에서 현재에도 하나님을 영화롭게 하고, 앞으로도 항상 그렇게 할 수 있는 또 다른 한 가지 방법을 잠시 살펴보고 싶다. 조나단 에드워즈가 우리의 길잡이가 되어줄 것이다.

―――

조나단 에드워즈는 생애 말기에 전한 한 설교에서 "세상은 특별히 이 목적, 곧 ……를 위해 창조된 것으로 보인다."라고 말했다. 이 문장을 어떻게 완성하고 싶은가? 에드워즈는 이렇게 말했다.

세상은 특별히 이 목적, 곧 하나님의 영원하신 아들께서 배우자를 맞아들여 자신의 본성에서 우러나는 무한한 자비심을 온전히 베풀고, 자기의 마음속에 있는 겸손과 사랑과 은혜의 무한한 원천을 열어 쏟아부음으로써 하나님이 영광을 받으시게 하기 위해 창조된 것으로 보인다.[1]

에드워즈가 자신의 사역과 글을 통해 강조했던 것 가운데 하나가 하나님의 영광이었다. 그는 철저하면서도 독특하게 하나님 중심적인 삶을 지향했던 사상가였다. 그는 《하나님의 천지 창조 목적》이라는 소책자를 저술했다. 그는 그 책에서 세상은 하나님의 영광을 위해 존재한다는 한 가지 요점을 강조했다.

그러나 우리는 에드워즈가 어떻게 그런 일이 이루어질 수 있는지에 대해 설명한 말에 대해서는 잘 모를 때가 많다. 위에서 인용한 글이 대표적인 경우다. 하나님이 세상을 창조하신 목적은 성자 예수님의 마음을 드러내시기 위해서다. 요즘에는 '자비심^{benevolence}'과 같은 용어를 많이 사용하지 않는다. 이 말은 친절하고, 선한 성향, 곧 언제라도 용수철처럼 튀어나갈 준비가 되어 있는 동정심을 가리킨다. 댐에 갇힌 채로 당장에라도 터져 나올 듯 넘실대는 강물을 생각해보라. 그리스도의 마음속에 있는 동정심이 바로 그와 같다. 그분은 무한히 선하시다. 인류의 역사는 그리스도께서 자신의 '겸손과 사랑과 은혜의 무한한 원천을 열어 쏟아부으시는' 기회의 마당이다. 세상의 창조와 그 후에 이루어진 파괴적인 타락(그로 인해 재창조 사역이 필요하게 되었다)이 그리스도의 마음이 무한정 쏟아져 나오는 계기가

---

1. 에드워즈는 〈성경 주해(Notes on Scripture)〉에서도 이사야서 62장 5절을 인용하고 나서 비슷한 내용의 말을 했다.

되었다. 그리스도의 마음이 홍수처럼 쏟아짐으로써 하나님의 영광이 이전보다 더 찬란하게 빛나고, 더 밝히 드러난다.

그리스도와 그분의 신부 사이에 존재하는 혼인의 기쁨은 이미 시작되었지만, 이 땅에서 우리가 경험하는 것은 상대적으로 그렇게 크지 않아 보인다. 그러나 천국이 "신부가 남편을 위하여 단장한 것 같이"(계 21:2) 세상에 임하게 될 마지막 날에는 그리스도와 그분의 신부가 온전히 결합할 것이다. 그때로부터 영원히 우리는 하나님의 영광을 즐거워할 것이다. 그렇다면 우리는 어떤 영광을 즐거워하게 될 것인가? 우리는 죄인들에 대한 그리스도의 사랑을 통해 가장 밝히 드러난 하나님의 영광을 즐거워하게 될 것이다.

끝까지 포기하지 않고 아메리카 원주민들에게 복음을 전했던 유명한 인디언 선교사 데이비드 브레이너드는 1747년 10월에 매사추세츠 서쪽 지역에 있던 에드워즈의 집에서 세상을 떠났다. 조나단 에드워즈는 그의 장례식에서 말씀을 전했다. 에드워즈는 내세에서 보게 될 그리스도를 생각하며 이렇게 말했다. "내세에서 보게 될 그리스도의 영광이 지니는 본질적 특성이 그들의 관심을 사로잡고, 그들을 크게 고무할 것이다. 그들은 무한한 위대함과 장엄함만이 아니라 그런 위엄과 동등한, 무한한 은혜와 겸손과 온유와 온화함과 친절함을 보게 될 것이다."라고 말했다. 따라서 "그리스도의 위대한 왕적 위엄을 보더라도 조금도 두렵지 않고, 오히려 기쁨과 놀라움이 더욱더 증대될 것이다." 이를 좀 더 구체적으로 말하면 다음과 같다.

세상을 떠나 천국에서 그리스도와 함께 있는 성도들의 영혼은 온전히 드러난 그리스도, 곧 영원 전부터 그곳에 있던 무한히 풍성한 사랑을 자신들에게 나타내시는 그리스도를 보게 될 것이다…그들은 풍성하게 먹고, 마시며, 사랑의 바다에서 헤엄을 치고, 무한히 밝고, 무한히 온화하고, 은혜로운 신적 사랑의 빛에 온통 휩싸일 것이다.[2]

세상의 창조는 그리스도의 은혜로운 마음이 드러나는 기회를 가져왔다. 천국의 기쁨이란 그리스도의 온전한 마음을 아무런 제약 없이 영원히 즐거워하는 것을 의미한다.

―

그렇다면 이런 주장이 성경적일까?

앞에서 에베소서 2장 4절의 "긍휼이 풍성하신"이라는 문구를 살펴보았다. 에베소서의 긴 문장의 마지막 부분(7절)에서 바울은 구원의 궁극적인 이유를 제시했다. 그는 구원을 우리 자신에게만 맡겨두면 절망적인 상황에서 빠져나올 수 없다고 말하고 나서 이렇게 덧붙였다.

"(그러나) 긍휼이 풍성하신 하나님이 우리를 사랑하신 그 큰 사랑을 인하여 허물로 죽은 우리를 그리스도와 함께 살리셨고 (너희는 은혜로 구원받은 것이라) 또 함께 일으키사 그리스도 예수 안에서 함께 하늘에 앉히시니

---

2. Jonathan Edwards, "True Saints, When Absent From the Body, Are Present With the Lord," in *Works*, 25:233.

이는 그리스도 예수 안에서 우리에게 자비하심으로써 그 은혜의 지극히 풍성함을 오는 여러 세대에 나타내려 하심이라."

우리가 새 하늘과 새 땅에서 영원한 생명을 누리는 목적은 하나님이 "그리스도 예수 안에서 우리에게 자비하심으로써 그 은혜의 지극히 풍성함을 오는 여러 세대에 나타내"시기 위해서다.

우리는 평범한 인간, 곧 불안한 마음으로 삶을 살고, 죄를 짓기도 하고, 고난을 겪기도 하고, 방황하기도 하고, 다시 돌아오기도 하고, 후회하기도 하고, 절망하기도 할 뿐 아니라 그리스도 안에 있는 우리가 무엇을 영원히 즐거워하며 살게 될 것인지를 마음으로 의식하면서도 고집스럽게 그것을 거부하기를 좋아하는 사람들이다.

에베소서 2장 7절과 같은 성경 말씀은 과연 우리의 현실적인 삶과 실질적인 관련이 있을까, 아니면 단지 신학자들이 글을 쓰는 데 필요한 소재일 뿐일까?

나는 그리스도의 마음에 관한 탐구를 마무리하면서 에베소서 2장 7절을 좀 더 주의 깊게 살펴보며 이 짧은 성경 구절이 어떤 자유로움 안으로 우리를 인도하고 있는지를 생각해보고 싶다. 이 구절에는 우리의 미래에 관한 성경의 가르침이 폭넓게 반영되어 있다.

"그리스도 예수 안에서 우리에게 자비하심으로써 그 은혜의 지극히 풍성함을 오는 여러 세대에 나타내려 하심이라." 이 말씀은 그리스도 안에 있는 자들에게 어떤 의미일까? 이것은 하나님이 장차 우리를 옷장 문을 통해 나니아로 데리고 들어가실 것이고, 우리는 그곳에서 기쁨과 놀라움과 경이로움과 안도감을 느끼며 감격스러워할 것을 의미한다.

이것은 우리가 그곳에서 이 세상의 죄로 인해 책망을 받거나, 비웃음을 사거나, "이것을 마음껏 즐겨라. 그러나 너는 이런 즐거움을 누릴 자격이 없다는 것을 기억하라"라는 말을 듣는 일이 결코 없을 것을 의미한다. 천국과 영생은 하나님의 '자비로운 은혜'를 즐거워하는 것이다. 천국이 자비로운 은혜의 지극히 풍성함을 나타내는 곳이라면 우리는 안전하다. 왜냐하면 우리를 그곳에서 쫓아낼 것이라고 우리가 두려워하는 한 가지, 곧 우리의 죄가 오직 하나님의 은혜와 자비만을 더욱 분명하게 드러낼 것이기 때문이다.

이것은 우리의 타락한 현재 상태가 천국을 즐거워하는 것을 방해할 수 없다는 뜻이다. 우리의 현재 상태는 오히려 천국을 즐거워하기 위한 발판이 된다. 우리의 삶에서 저지르는 죄와 실수까지도 우리의 궁극적인 영광과 평화와 빛의 한 부분이다. 우리의 삶을 붕괴시키는 잘못을 저질렀더라도 오히려 그것을 통해 그리스도 안에서 하나님이 이 땅의 삶에서 그 어느 때보다 더 현실이 되시고, 내세에서는 더욱 경이롭게 느껴질 것이다. (우리 가운데 상당히 깨끗하게 살아온 사람들도 장차 천국에 가면 죄와 자기 의와 교만을 비롯해 잠재의식 속에서 일어난 모든 종류의 강퍅한 반항 행위가 우리의 내면에 얼마나 깊이 뿌리를 내리고 있었는지를 깨닫게 되고, 그 모든 죄로 인해 하나님의 자비로운 은혜가 풍성하게 임했다는 것을 알게 될 것이다. 우리도 그곳에 함께 서서 우리를 위한 하나님의 마음이 얼마나 큰지 알고 놀라워할 것이다.)

하나님의 자비로운 은혜가 '측정할 수 없게 크다면(지극히 크다면)' 우리의 실패는 결코 그분의 은혜를 이길 수 없다. 삶의 무게에 완전히 압도당했다는 생각이 들 때마다 하나님의 마음이 우리에게로 향한다. 우리를 가장 크게 괴롭히는 실패나 후회가 있을수록 그분의 마음은 더욱더 확고부동하게 우리에게로 향한다.

하나님의 자비로운 은혜가 '지극히 풍성하다면' 우리의 죄는 결코 그분의 마음을 고갈시킬 수 없다. 지극히 풍성하다는 것은 한계가 있는 평범한 은혜와는 정반대다. 연약함과 실패가 크면 클수록 자기 백성을 향한 그분의 마음도 더욱 커진다.

에베소서 2장 7절은 단지 "은혜의 지극히 풍성함"이 아니라 "자비하심으로써 그 은혜의 지극히 풍성함"이라고 말씀한다. "자비하심kindness"으로 번역된 헬라어는 자신의 능력의 한도 내에서 다른 사람들에게 불편을 초래할 일을 막아주기를 원한다는 의미를 지닌다. 이와 똑같은 용어가 마태복음 11장 30절에 사용되었다. 예수님은 그곳에서 "내 멍에는 쉽고kind"라고 말씀하셨다. 그분의 멍에는 자비롭다. 굿윈은 에베소서 2장 7절의 "자비하심"에 관해 "이 용어는 여기에서 그리스도의 온전한 마음이 담겨 있는 완전한 은혜로움, 완전한 솔직함, 완전한 친절함, 완전한 진실함, 완전한 선함을 의미한다."라고 말했다.[3]

하나님의 자비로운 은혜는 "우리에게" 주어지는 것이다. '우리에게'를 '우리 위에'나 '우리를 향한'으로 번역할 수도 있다. 이것은 추상적인 은혜가 아닌 인격적인 은혜다. 그분의 마음과 생각은 지금이

---

3. Thomas Goodwin, *The Works of Thomas Goodwin*, 12 vols. (repr., Grand Rapids, MI: Reformation Heritage, 2006), 2:277.

나 영원토록 우리를 향한다. 그분의 은혜는 어떻게 그것을 얻어야 할지 생각해야 할 만큼 막연하지 않다. 그분은 인격적으로, 개인적으로, 영원히 우리에게 자신의 은혜를 부어주신다. 은혜라는 '물건'은 없다(그런 것은 로마 가톨릭교회의 견해다). 그분은 자기 자신을 주신다. 그분은 추상적인 은혜가 아닌 그리스도를 보내주신다. 이것이 바울이 "그리스도 예수 안에서"라는 문구를 덧붙인 이유다.

"그리스도 예수 안에서"라는 문구를 생각하면 그리스도 안에 있는 자들에게 어떤 일이 이루어질 것인지를 짐작할 수 있다. 그리스도와 연합한 자들에게는 모든 관계, 모든 대화, 모든 가족, 모든 이메일, 모든 일, 모든 휴가는 물론, 아침에 잠에서 깨어나는 순간 등, 삶의 모든 것에 영향을 주는 괴로운 상처들이 언젠가는 말끔히 치유될 것이라는 약속이 주어졌다. 현세에서 우리가 경험하는 어둠과 고통이 크면 클수록 내세에서 우리가 받는 위로와 영광도 클 것이다. 루이스의 《천국과 지옥의 이혼》에 등장하는 한 인물은 성경적인 가르침을 생각하며 이렇게 말했다. "그것이 유한한 인간들이 오해하는 것이오. 그들은 일시적인 고난에 관해 말하면서 '미래의 그 어떤 축복도 그것을 보상해 줄 수 없어요.'라고 말합니다. 그들은 일단 천국에 들어가면 모든 것이 거꾸로 되돌려지고, 심지어 고통조차도 영광으로 바뀐다는 것을 모르고 있어요."[4] 우리가 그리스도 안에 있다면 우리는 영원히 무적이다. 에베소서 본문은 하나님이 상처 난 사람들을 돕는 것이 아니라 죽은 자들을 살려내신다고 말씀한다. 하나님은

---

4. C. S. Lewis, *The Great Divorce* (New York: HarperCollins, 2001), 69.

어떻게 우리를 살리실까? 존 오웬은 "하나님은 사랑으로 우리에게 생명을 주신다."라고 말했다.[5] 사랑이 곧 시체 속으로 흘러 들어가는 부활의 능력이다.

에베소서 2장 7절은 죽음이 끝이 아닌 시작, 벽이 아닌 문, 출구가 아닌 입구라는 사실을 일깨워준다.

인류의 역사는 물론, 영원의 목적도 온전히 다 보여줄 수 없는 것을 보여주고, 적절하게 나타내기가 불가능한 것을 나타내는 데 있다. 우리는 장차 하나님의 자비로운 은혜와 그분의 마음 속으로 더 깊이 들어갈 것이다. 이 점을 더 많이 알면 알수록 그것이 이해를 초월한다는 것, 곧 무한하다는 것을 더 많이 깨닫게 된다.

그리스도 안에 있지 않은 사람들에게 현세는 그들이 누릴 수 있는 최상의 삶이다. 그러나 그리스도 안에 있는 자들의 경우는 에베소서 2장 7절이 말씀하는 대로 영원한 삶이 기다리고 있다. 그들에게 현세는 그들이 누릴 수 있는 최악의 삶이다.

부활의 아침에 의의 태양이신 주님이 하늘 위에 나타나 찬란한 빛과 영광을 밝게 비추실 것이다. 그분은 신랑이 되어 임하실 것이다. 그분은 아버지의 영광으로 거룩한 천사들과 함께 오실 것이다.

영광스러운 신랑과 신부는 서로 기쁘게 만날 것이다. 그때에는 신랑이 아무것도 가리지 않고 자신의 영광을 온전하게 드러내고, 성도들이 구원

---

5. John Owen, *On Communion with God*, in *The Works of John Owen*, ed. W. H. Goold (repr., Edinburgh: Banner of Truth, 1965), 2:63.

자의 오른편에 서서 아버지의 나라에 있는 해처럼 빛날 것이다.

그 날에 그리스도께서는 다정하게 신부의 손을 붙잡고 영광의 궁궐로 들어가실 것이다(이것은 그분이 창세 전부터 신부를 위해 준비해 오신 것이다). 영광스러운 신랑과 신부는 찬란하게 빛나는 온갖 장신구로 치장한 모습으로 함께 하늘들의 하늘 안으로 올라가고, 영광스러운 천사들의 무리가 시중을 들 것이다. 하나님의 아들과 딸은 함께 하나로 연합된 영광과 기쁨 속에서 아버지께 자신들을 드릴 것이다. 그리스도께서는 "여기 아버지께서 제게 주신 자녀들과 제가 있나이다."라고 말씀하실 것이고, 그들은 그런 관계와 연합 안에서 아버지가 베푸시는 축복을 함께 받고 나서 변함이나 중단이 없는 지극히 뛰어난 영광을 영원토록 누리며 서로를 얼싸안고 사랑하며, 함께 아버지의 사랑을 만끽하며 기뻐할 것이다.[6]

---

6. Jonathan Edwards, "The Church's Marriage to Her Sons, and to Her God," in *The Works of Jonathan Edwards*, vol. 25, *Sermons and Discourses, 1743-1758*, ed. Wilson H. Kimnach (New Haven, CT: Yale University Press, 2006), 183-84.

맺는말

그렇다면 지금은 무엇을 해야 할까?

이것은 그리스도와 하나님의 마음에 관한 책이다. 이것으로 무엇을 해야 할까?

대답은 아무것도 할 필요가 없다는 것이다. "이것을 나의 삶에 어떻게 적용해야 하는가?"라고 묻는 것은 이 책의 요점을 하찮게 만드는 것이다. 한 에스키모가 응모에 당첨되어 햇살이 내리쬐는 따뜻한 지역으로 휴가를 떠났다고 가정해보자. 그는 호텔에 도착하고 나서 발코니에 나가 그의 삶에 어떻게 적용해야 할지 고민하지 않는다. 그는 단지 즐기며 햇볕을 쬔다.

그러나 우리가 해야 할 한 가지 일이 있다. 예수님은 마태복음 11장 28절에서 "내게로 오라"고 말씀하셨다.

그렇게 해야 할 이유는 무엇일까? 굿윈에게서 그 대답을 들을 수 있다. 이것이 예수님의 마음에 관한 탐구의 핵심이다.

사람들이 가까이 다가오지 않는 이유는 그리스도의 생각과 마음을 모르기 때문이다…사실은 우리가 그분을 기쁘게 생각하는 것보다 그분이 우리를 더 기쁘게 생각하신다. 탕자의 아버지는 먼저 앞장서서 아들과 기쁘게 재회했다. 이해하겠는가? 주님이 친히 본문에서 말씀한 대로, 주님은 우리를 위해 죽기 위해 세상에 오셨다. 그분은 탕자의 아버지가 했던 것처럼 힘껏 달려와 맞아주신다…오, 주님께 나아오라. 그분의 마음을 안다면 기꺼이 그렇게 할 것이다.[1]

주님께 나아가라. 그저 주님께 마음을 열면 된다. 주님의 사랑을 받아들이라. 신앙생활은 두 단계로 압축할 수 있다.

1. 예수님께 나아가는 것.
2. 예수님의 마음을 보는 것.

삶 속에서 우리의 주위에 있는 무엇이 무너져 내리거나 어떻게 해야 할지 몰라 답답한 심정이 느껴지더라도 우리를 향한 그리스도의 마음이 온유하고 겸손하다는 사실은 조금도 변하지 않는다. 그러니 그분께 나아가라. 가장 큰 좌절을 맛보았다고 생각되는 그곳에 그분이 계신다. 그분은 바로 그곳에 살고 계신다. 우리를 향한 그분의 마음은 그런 어둠 밖이 아닌 그 안에서도 여전히 온유하고, 겸손하다.

그리스도께서는 우리의 고통 속에 거하신다. 그분께 나아가라.

---

1. Thomas Goodwin, *Encouragements to Faith*, in *The Works of Thomas Goodwin*, 12 vols. (repr., Grand Rapids, MI: Reformation Heritage, 2006), 4:223–24.

"그분의 마음을 안다면 기꺼이 그렇게 할 것이다."[2]

---

2. Goodwin, *Works of Thomas Goodwin*, 4:223.

개혁된실천사 도서 소개

개혁된 실천 시리즈

1. 깨어 있음
깨어 있음의 개혁된 실천
브라이언 헤지스 지음 | 조계광 옮김

성경은 모든 그리스도인에게 신분이나 인생의 시기와 상관없이 항상 깨어 경계할 것을 권고한다. 브라이언 헤지스는 성경과 과거의 신자들의 가르침을 바탕으로 깨어 있음의 "무엇, 왜, 어떻게, 언제, 누가"에 대해 말한다. 이 책은 반성과 자기점검과 개인적인 적용을 돕기 위해 각 장의 끝에 "점검과 적용" 질문들을 첨부했다. 이 책은 더 큰 깨어 있음, 증가된 거룩함, 삼위일체 하나님과의 더 깊은 교제를 향한 길을 발견하고자 하는 사람을 위한 책이다.

2. 기독교적 삶의 아름다움과 영광
그리스도인의 삶의 개혁된 실천
조엘 R. 비키 편집 | 조계광 옮김

본서는 그리스도인의 삶에서 정말로 중요한 요소들을 압축적으로 담고 있다. 내면적 경건생활부터 가정, 직장, 전도하는 삶, 그리고 이 땅의 적대적 환경에 대응하며 살아가는 삶에 대해 정확한 성경적 원칙을 들어 말하고 있다.
이 책은 주제들을 잘 선택해 주의 깊게 다루는데, 주로 청교도들의 글에서 중요한 포인트들을 최대한 끌어내서 핵심 주제들을 짚어 준다. 영광스럽고 아름다운 그리스도인의 삶의 청사진을 맛보고 싶다면 이 책을 읽으면 된다.

3. 목사와 상담
목회 상담의 개혁된 실천
제레미 피에르, 디팍 레주 지음 | 차수정 옮김

이 책은 목회 상담이라는 어려운 책무를 어떻게 수행해야 하는지 차근차근 단계별로 쉽게 가르쳐준다. 상담의 목적은 복음의 적용이다. 이 책은 이 영광스러운 임무를 효과적으로 수행할 수 있도록 첫 상담부터 마지막 상담까지 상담 프로세스를 어떻게 꾸려가야 할지 가르쳐준다.

4. 장로 핸드북
모든 성도가 알아야 할 장로 직분
제랄드 벌고프, 레스터 데 코스터 공저 | 송광택 옮김

하나님은 복수의 장로를 통해 교회를 다스리신다. 복수의 장로가 자신의 역할을 잘 감당해야 교회 안에 하나님의 통치가 제대로 편만하게 미친다. 이 책은 그토록 중요한 장로 직분에 대한 성경의 가르침을 정리하여 제공한다. 이 책의 원칙에 의거하여 오늘날 교회 안에서 장로 후보들이 잘 양육되고 있고, 성경이 말하는 자격요건을 구비한 장로들이 성경적 원칙에 의거하여 선출되고, 장로들이 자신의 감독과 목양 책임을 잘 수행하고 있는가? 우리는 장로 직분을 바로 이해하고 새롭게 실천하여야 할 것이다. 이 책은 비단 장로만을 위한 책이 아니라 모든 성도를 위한 책이다. 성도는 장로를 선출하고 장로의 다스림에 복종하고 장로의 감독을 받고 장로를 위해 기도하고 장로의 직분 수행을 돕고 심지어 장로 직분을 사모해야 하기 때문에 장로 직분에 대한 깊은 이해가 필수적이다.

5. 집사 핸드북
모든 성도가 알아야 할 집사 직분
제랄드 벌고프, 레스터 데 코스터 공저 | 황영철 옮김

하나님의 율법은 교회 안에서 곤핍한 자들, 외로운 자들, 정서적 필요를 가진 자들을 따뜻하고 자애롭게 돌볼 것을 명한다. 거룩한 공동체 안에 한 명도 소외된 자가 없도록 이러한 돌봄이 잘 이루어져야 한다. 이 일은 기

본적으로 모든 성도가 힘써야 할 책무이지만 교회는 특별히 이 일에 책임을 지고 감당하도록 집사 직분을 세운다. 오늘날 율법의 명령이 잘 실천되어 교회 안에 사랑과 섬김의 손길이 구석구석 미치고 있는가? 우리는 집사 직분을 바로 이해하고 새롭게 실천하여야 할 것이다. 그것은 교회 공동체를 향한 하나님의 거룩한 뜻이다.

6. 지상명령 바로알기
지상명령의 개혁된 실천
마크 데버 지음 | 김태곤 옮김

이 책은 지상명령의 바른 이해와 실천을 알려준다. 지상명령은 복음전도가 전부가 아니며 예수님이 분부하신 모든 것을 가르쳐 지키게 하는 것까지 포함하는 포괄적인 명령이다. 따라서 이 명령 아래 살아가고 있는 그리스도인들은 모든 것을 가르쳐 지키게 하는 그러한 시스템을 구축하고 이를 실천해야 한다. 이 책은 예수님이 이 명령을 교회에게 명령하셨다고 지적하며 지역 교회가 이 일을 수행할 수 있는 실천적 방법들을 구체적으로 다루고 있다. 삶으로 그리스도를 따르는 제자들로 가득 찬 교회를 꿈꾼다면 이 책이 큰 도움이 될 것이다.

7. 예배의 날
제4계명의 개혁된 실천
라이언 맥그로우 지음 | 조계광 옮김

제4계명은 십계명 중 하나로서 삶의 골간을 이루는 중요한 계명이다. 하나님의 뜻을 따르는 우리는 이를 모호하게 이해하고, 모호하게 실천하면 안 되며, 제대로 이해하고, 제대로 실천해야 한다. 이를 위해 우리는 이 계명의 참뜻을 신중하게 연구해야 한다. 이 책은 가장 분명한 논증을 통해 제4계명의 의미를 해석하고 밝혀준다. 하나님은 그날을 왜 제정하셨나? 그날은 얼마나 복된 날이며 무엇을 하면서 하나님의 복을 받는 날인가? 교회사에서 이 계명은 어떻게 이해되었고 어떤 학설이 있고 어느 관점이 성경적인가? 오늘날 우리는 이 계명을 어떻게 지킬 것인가?

8. 단순한 영성
영적 훈련의 개혁된 실천
도널드 휘트니 지음 | 이대은 옮김

본서는 단순한 영성을 구현하기 위한 영적 훈련 방법에 대한 소중한 조언으로 가득하다. 성경 읽기, 성경 묵상, 기도하기, 일지 쓰기, 주일 보내기, 가정 예배, 영적 위인들로부터 유익 얻기, 독서하기, 복음전도, 성도의 교제 등 거의 모든 분야의 영적 훈련에 대해 말하고 있다. 조엘 비키 박사는 이 책의 내용의 절반만 실천해도 우리의 영적 생활이 분명 나아질 것이라고 한다. 그리고 한 장씩 주의하며 읽고, 날마다 기도하며 실천하라고 조언한다.

9. 힘든 곳의 지역 교회
가난하고 곤고한 곳에 교회가 어떻게 생명을 가져다 주는가
메즈 맥코넬, 마이크 맥킨리 지음 | 김태곤 옮김

이 책은 각각 브라질, 스코틀랜드, 미국 등의 빈궁한 지역에서 지역 교회 사역을 해 오고 있는 두 명의 저자가 그들의 실제 경험을 바탕으로 쓴 책이다. 이 책은 그런 지역에 가장 필요한 사역, 가장 효과적인 사역, 장기적인 변화를 가져오는 사역이 무엇인지 가르쳐준다. 힘든 곳에 사는 사람들을 긍휼히 여기는 마음이 있다면 꼭 참고할 만한 책이다.

10. 생기 넘치는 교회의 4가지 기초
건강한 교회 생활의 개혁된 실천
윌리엄 보에케스타인, 대니얼 하이드 공저

이 책은 두 명의 개혁과 목사가 교회에 대해 저술한 책이다. 이 책은 기존의 교회성장에 관한 책들과는 궤를 달리하며, 교회의 정체성, 권위, 일치, 활동 등 네 가지 영역에서 성경적 원칙이 확립되고 '질서가 잘 잡힌 교회'가 될 것을 촉구한다. 이 4가지 부분에서 성경적 실천이 조화롭게 형성되면 생기 넘치는 교회가 되기 위한 기초가 형성되는 셈이다. 이 네 영역 중 하나라 교회의 삶은 혼탁해지며 교회는 약해지게 된다.

11. 북미 개혁교단의 교회개척 매뉴얼
URCNA 교단의 공식 문서를 통해 배우는 교회개척 원리와 실천

이 책은 북미연합개혁교회(URCNA)라는 개혁교단의 교회개척 매뉴얼로서, 교회개척의 첫 걸음부터 그 마지막 단계까지 성경의 원리에 입각한 교회개척 방법을 가르쳐준다. 모든 신자는 함께 교회를 개척하여 그리스도의 나라를 확장해야 한다.

12. 아이들이 공예배에 참석해야 하는가
아이들의 예배 참석의 개혁된 실천
대니얼 R. 하이드 지음 | 유정희 옮김

아이들만의 예배가 성경적인가? 아니면 아이들도 어른들의 공예배에 참석해야 하는가? 성경은 이에 대해 무엇을 말하는가? 아이들의 공예배 참석은 어떤 유익이 있으며 실천적인 면에서 주의할 점은 무엇인가? 이 책은 아이들의 공예배 참석 문제에 대해 성경을 토대로 돌아보게 한다.

13. 신규 목회자 핸드북
제이슨 헬로포울로스 지음 | 리곤 던컨 서문 | 김태곤 옮김

이 책은 새로 목회자가 된 사람을 향한 주옥같은 48가지 조언을 담고 있다. 리곤 던컨, 케빈 드영, 앨버트 몰러, 알리스테어 베그, 팀 챌리스 등이 이 책에 대해 극찬하였다. 이 책은 읽기 쉽고 매우 실천적이며 유익하다.

14. 마음을 위한 하나님의 전투 계획
청교도가 실천한 성경적 묵상
데이비드 색스톤 지음 | 조엘 비키 서문 | 조계광 옮김

묵상하지 않으면 경건한 삶을 살 수 없다. 우리 시대에 일어나고 있는 일이 바로 이것이다. 오늘날은 명상에 대한 반감으로 묵상조차 거부한다. 그러면 무엇이 잘못된 명상이고 무엇이 성경적 묵상인가? 저자는 방대한 청교도 문헌을 조사하여 청교도들이 실천한 묵상을 정리하여 제시하면서, 성경적 묵상이란 무엇이고, 왜 묵상을 해야 하며, 어떻게 구체적으로 묵상을 실천하는지 알려준다. 우리는 다시금 이 필수적인 실천사항으로 돌아가야 한다.

15. 마크 데버, 그렉 길버트의 설교
설교의 개혁된 실천
마크 데버, 그렉 길버트 지음 | 이대은 옮김

1부에서는 설교에 대한 신학을, 2부에서는 설교에 대한 실천을 담고 있고, 3부는 설교 원고의 예를 담고 있다. 이 책은 신학적으로 탄탄한 배경 위에서 설교에 대해 가장 실천적으로 코칭하는 책이다.

16. 개혁교회 공예배
공예배의 개혁된 실천
대니얼 R. 하이드 지음 | 이선숙 옮김

많은 신자들이 평생 수백 번, 수천 번의 공예배를 드리지만 정작 예배에 대해서 제대로 이해하지 못하는 경우가 많다. 당신은 예배가 왜 지금과 같은 구조와 순서로 되어 있는지 이해하고 예배하는가? 신앙고백은 왜 하는지, 목회자가 왜 대표로 기도하는지, 말씀은 왜 읽는지, 축도는 왜 하는지 이해하고 참여하는가? 이 책은 분량은 많지 않지만 공예배의 핵심 사항들에 대하여 알기 쉽게 알려준다.

17. 존 오웬의 그리스도인의 교제 의무
그리스도인의 교제의 개혁된 실천
존 오웬 지음 | 김태곤 옮김

이 책은 그리스도인 상호 간의 교제에 대해 청교도 신학자이자 목회자였던 존 오웬이 저술한 매우 실천적인 책으로서, 이 책에서 우

리는 청교도들이 그리스도인의 교제를 얼마나 중시했는지 엿볼 수 있다. 이 책은 그리스도인의 교제에 대한 핵심 원칙들을 담고 있다. 교회 안의 그룹 성경공부에 적합하도록 각 장 뒤에는 토의할 문제들이 부가되어 있다.

18. 신약 시대 신자가 왜 금식을 해야 하는가
금식의 개혁된 실천
대니얼 R. 하이드 지음 | 김태곤 옮김

금식은 과거 구약 시대에 국한된, 우리와 상관없는 실천사항인가? 신약 시대 신자가 정기적인 금식을 의무적으로 행해야 하는가? 자유롭게 금식할 수 있는가? 금식의 목적은 무엇인가? 이 책은 이런 여러 질문에 답하면서, 이 복된 실천사항을 성경대로 회복할 것을 촉구한다.

19. 네덜란드 개혁교회의 자녀양육
자녀양육의 개혁된 실천
야코부스 꿀만 지음 | 유정희 옮김

이 책에서 우리는 17세기 네덜란드 개혁교회 배경에서 나온 자녀양육법을 살펴볼 수 있다. 경건한 17세기 목사인 야코부스 꿀만은 자녀양육과 관련된 당시의 지혜를 한데 모아서 구체적인 282개 지침으로 꾸며 놓았다. 부모들이 이 지침들을 읽고 실천하면 큰 도움을 받을 수 있게 하였다. 의도는 선하더라도 방법을 모르면 결과를 낼 수 없다. 우리 그리스도인 부모들은 구체적인 자녀양육 방법을 배우고 실천해야 한다.

20. 조엘 비키의 교회에서의 가정
설교 듣기와 기도 모임의 개혁된 실천
조엘 비키 지음 | 유정희 옮김

이 책은 가정생활의 두 가지 중요한 영역에 대한 실제적 지침을 포함하고 있다. 첫째, 공예배를 위해 가족들을 어떻게 준비시켜야 하는지, 설교 말씀을 어떻게 받아야 하는지, 그 말씀을 어떻게 실천해야 하는지 설명한다. 둘째, 기도 모임이 교회의 부흥과 얼마나 관련이 깊은지 역사적으로 고찰하면서, 기도 모임의 성경적 근거를 제시하고, 그 목적을 설명하며, 나아가 바람직한 실행 방법을 설명한다.

21. 장로와 그의 사역
장로 직분의 개혁된 실천
데이비드 딕슨 지음 | 김태곤 옮김

장로는 무슨 일을 하는 사람인가? 스코틀랜드 개혁교회 장로에게서 장로의 일에 대한 조언을 듣자. 이 책은 장로의 사역에 대한 지침서인 동시에 남을 섬기는 삶의 모델을 보여주는 책이다. 이 책 안에는 비단 장로뿐만 아니라 모든 그리스도인이 본받아야 할, 섬기는 삶의 아름다운 모델이 담겨 있다. 이 책은 따뜻하고 영감을 주는 책이다.

22. 개혁교회의 가정 심방
가정 심방의 개혁된 실천
피터 데 용 지음 | 조계광 옮김

목양은 각 멤버의 영적 상태를 개별적으로 확인하고 권면하고 돌보는 일을 포함한다. 이를 위해 교회는 역사적으로 가정 심방을 실시하였다. 이 책은 외국 개혁교회에서 꽃피웠던 가정 심방의 실제 모습을 보여주며, 한국 교회 안에서 행해지는 가정 심방의 개선점을 시사해준다.